栄東中学・高等学校

SAKAE HIGASHI

SCHOOL GUIDE

JUNIOR&SENIOR HIGH SCHOOL

※写真・イベント等はコロナ禍以前のものです

全国学生美術展 最高位賞!!

国際化学オリンピック日本代表候補!!
科学の甲子園 県大会２位!!

最年少!! 15歳(中3)
行政書士試験合格!!

全国鉄道模型コンテスト
理事長特別賞!!

すべて生徒たちだけで演出
「アラジン」上演!!

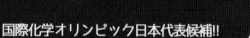

フードドライブ
Stamp Out Hunger!!

栄東の誇るサメ博士!!
サンシャインでトークショー

栄東のクイズ王!!
東大王全国大会 日本一!!

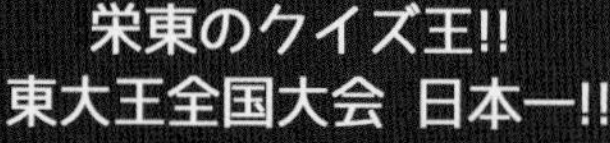

〒337-0054 埼玉県さいたま市見沼区砂町2-77（JR東大宮駅西口 徒歩８分）
◆アドミッションセンター TEL：048-666-9200 FAX：048-652-5811

CONTENTS

SHUTOKU Progress Center

『君はもっとできるはずだ』

2022 EVENT SCHEDULE

新型コロナウイルス感染症対策により密にならないようにご案内いたします。ご安心してご来校ください。

2022年度入試日程

試験日	2／1(火)		2／2(水)		2／3(木)	2／4(金)	2／6(日)
	午前	午後	午前	午後	午後	午後	午後
試験科目	国・算 個人面接	国・算・英 から 1科目選択 個人面接	国・算・英 から 1科目選択 個人面接	国・算・英 から 1科目選択 個人面接	国・算・英 から 1科目選択 個人面接		
		総合学力 テスト※	総合学力 テスト※				

※総合学力テスト⇒公立中高一貫校適性検査に対応した作文（50分）

学校説明会

予約不要

場所：SHUTOKU ホール
時間：14：00～　※個別入試相談あり

11／20(土)
12／ 4(土)
12／11(土)
2022 1／ 8(土)
2022 1／15(土)

修徳中学校

〒125-8507　東京都葛飾区青戸8-10-1　TEL.03-3601-0116
JR常磐線・東京メトロ千代田線連絡「亀有駅」徒歩12分　京成線「青砥駅」徒歩17分
http://shutoku.ac.jp/

準備はOK！

試験当日はこれを持っていこう

みなさんは、入試当日の準備はできていますか？　このページでは、中学受験の代表的な持ちものを紹介しています。ただし、ものによっては学校が試験会場に持ちこみを禁止している場合もあるので、募集要項をよく確認してください。事前に持ちものをチェックし、余裕をもって入試本番を迎えましょう。

❶受験票　クリアファイルに入れておけば持ち運ぶ際に折れたり汚れたりする心配もありません。

❷筆記用具　鉛筆の場合は芯が折れ

❶ 受験票

他校のものとまちがえないよう、カバンに入れる前によく確認しましょう。

❷ 筆記用具

※鉛筆はまとめて輪ゴムでとめておけば転がりません。

鉛筆ならHBなど慣れたものを6～8本、シャープペンシルなら2～3本用意。

試験当日はこれを持っていこう

たときのために鉛筆削りも持っていきます。シャープペンシルの場合は替え芯も忘れずに。

❸腕時計　アラーム機能はあらかじめ切っておきます。電池切れにも注意が必要です。なお、学校によっては持ちこみを禁止していることもあるので、事前に確認しましょう。

❹消しゴム　消しクズがまとまるタイプであれば、解答用紙が消しクズだらけにならないので、なおよしです。

❺三角定規・コンパス　学校によっては持ちこみを禁止している場合もあるので、募集要項をよく確認しましょう。分度器は持ちこめないことがほとんどですから、カバンに入れないでください。

❻ハンカチ・タオル　タオルも持っていくと、洋服や持ちものが雨などでぬれたときに便利です。新品だと水分を吸い取りにくいので、一度洗濯したものがいいでしょう。

❼上ばき　ふだん学校で使っているものを、きれいに洗って持っていきます。

❽カバン　防寒具や上ばきを含めた荷物をすべて入れられるくらいのサイズを用意してください。リュックサックでも大丈夫です。

❺ 三角定規・コンパス

学校から持ちこみの指示がある場合は、忘れないようにしましょう。

❹ 消しゴム

消しやすく良質なものを、予備も含めて2～3個持っていきます。

❸ 腕時計

計算機能のないものを選びましょう。不要な機能はスイッチをオフに。

❽ カバン

口の閉まるタイプなら、持ちものが飛びださないので安心です。

❼ 上ばき

スリッパは脱げやすく、歩きづらいので避けるようにしてください。

❻ ハンカチ・タオル

エチケットとして、ハンカチはかならず用意しましょう。

❾お金　試験当日に必要となる出費は、指定文房具を忘れてしまったときの買いものや交通費程度です。小銭も用意しておくと、両替をしなくてすみます。

❿飲みもの　温かい飲みものにはリラックス効果があります。たとえば、ホット麦茶や蜂蜜入りのホットレモネードなどがおすすめ。保温性の高い小型のマグボトルに入れておけば、冷めにくく、カバンにも入れやすいです。

⑩ 飲みもの

寒い時期なので、冷たいものよりも、温かい飲みものがおすすめ。

⑨ お金

交通機関用ＩＣカードが使えないときのために持っていきます。

⑫ お弁当

緊張して食欲がわかなくても食べられるように、消化のいいおかずにします。

⑪ 交通機関用ＩＣカード

交通機関を利用する場合は用意しておきましょう。チャージ忘れに注意！

試験当日はこれを持っていこう

⓫交通機関用ICカード　切符を買うよりも割安に交通機関を利用できることが多く、券売機が混雑していてもスムーズに移動することができます。ただし、一部交通機関では使用できない場合があります。

⓬お弁当　午後にも試験や面接があるときは必要です。豪華なものではなく、お子さんが好きなおかずをひと口サイズで、食べきれる量だけ詰めてあげてください。

⓭替えソックス　天候が悪くなったときのために持っておくと、風邪予防の観点からも安心です。靴下がぬれたままだと、冷たさやぬれた感触が気になって試験に集中できなくなってしまいます。

⓮雨具　傘やレインコート、雨靴などを準備します。ぬれた雨具を入れるビニール袋も用意すると◎

⓯ブラシ・手鏡　面接がある場合は、身だしなみを整えるために持っておきましょう。

⓰ティッシュペーパー　鼻をかむときだけでなく、消しゴムのカスが散らばってしまわないようにくるんで捨てたり、机のガタつきが気になるときに机の脚の下に挟んだりと、意外といろいろな場面で役立つアイテムです。

⑭ 雨具

傘以外に、防水性のある靴やレインコートなどを準備しておくといいでしょう。

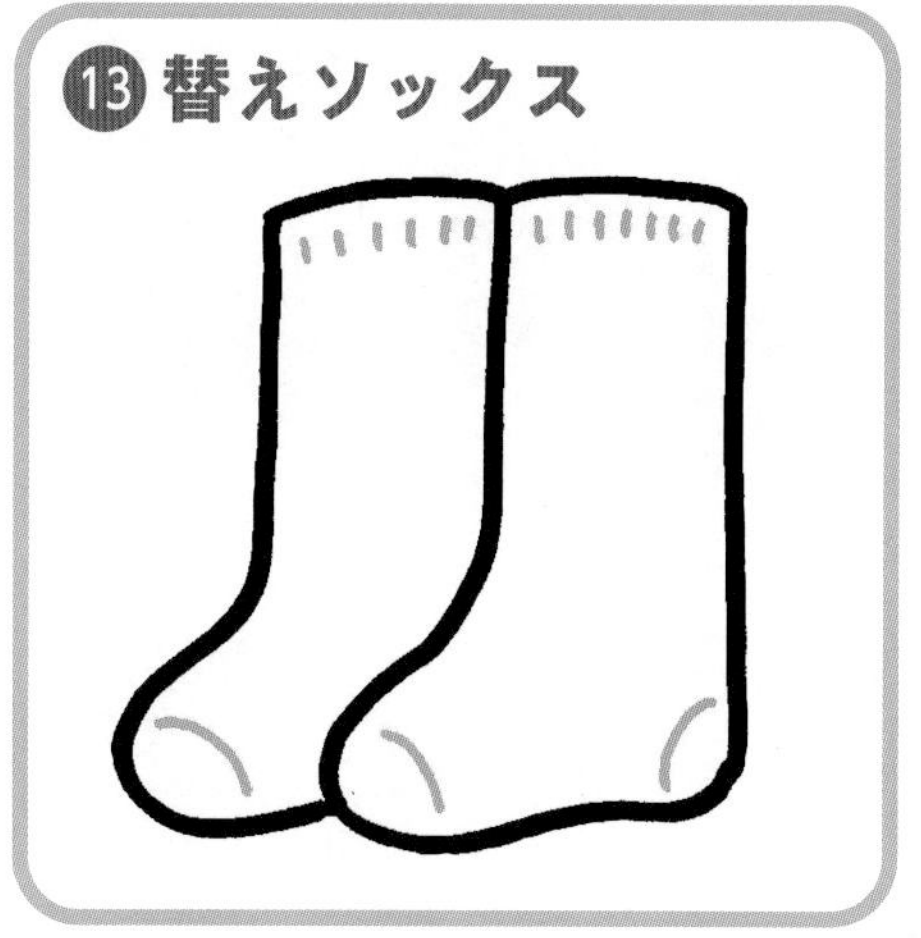

雨や雪でぬれたときの履き替え用に1足持っておきます。

身だしなみアイテムとして、忘れずに用意しておきましょう。

小型のもので大丈夫です。エチケットブラシも持っておくことをおすすめします。

⑰マスク　汚れたりぬれたりしてしまったときのために、個包装された予備のマスクをカバンに入れておきましょう。

⑱カイロ　洋服に貼るタイプのものや、足裏用のものなどを用途によって使い分けてください。低温やけどには要注意!

⑲アルコールスプレー　スプレーのほかに、殺菌効果のあるウェットティッシュもあると、持ちものなどもこまめにふけて便利です。

いかがだったでしょうか。当日の朝にあわてないように、これらの持ちものをしっかり準備しておきましょう。

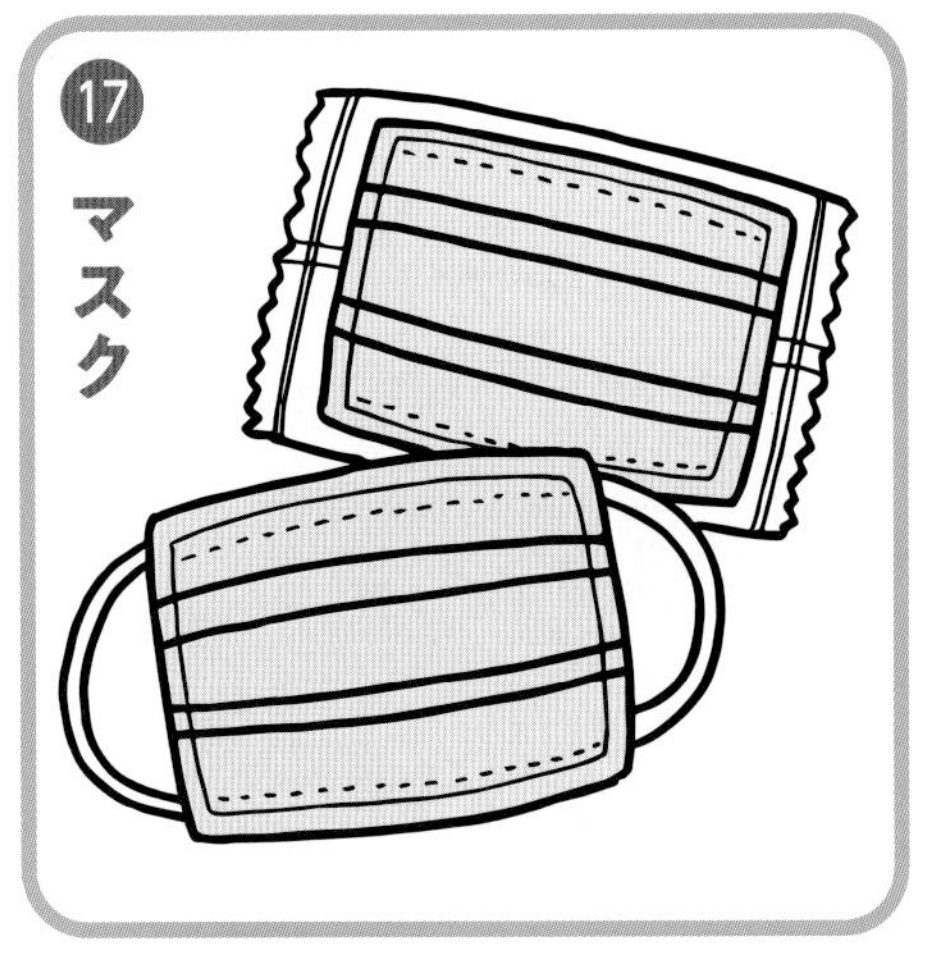

体調管理のためだけでなく、まわりへの配慮のためにも身につけてください。

持ち歩くタイプのものは、カイロケースなどに入れておきましょう。

マスク同様、感染予防のためにかならず用意してください。

保護者の持ちもの

携帯電話

スマホ利用入試がある場合以外は試験会場には持ちこめないので、保護者のものを使います。

メモ帳

控室に問題や解答が提示されていることがあるので、用意しておくと便利です。

※新型コロナウイルス感染症の影響で控室が用意されない場合があります。

サレジアン国際学園中学校高等学校

※2022年4月 共学化・校名変更予定、認可申請中

「世界市民の育成」を掲げ共学化で新たなスタート

北区赤羽台の女子校・星美学園中学校高等学校が2022年4月より共学化し、「サレジアン国際学園中学校高等学校」として新たにスタートします。「21世紀に活躍できる世界市民の育成」を教育目標に掲げ、PBL型授業を全教科で展開、主要教科を英語で学べるインターナショナルクラスを新設します。

「本校の設立母体はカトリック女子修道会『サレジアン・シスターズ』ですが、現在では世界97ヶ国に広がり、男女問わず若者の教育に携わっています。サレジアン・シスターズの学校である本校にとっても、共学化は時代の要請に応えるという意味で必然的な選択でした。創立者、聖ヨハネ・ボスコは19世紀の産業革命のただ中にあるイタリアで、混迷の時代に生きる子どもたちに必要な教育とはなにかを考え、実践した人でした。新校名に冠した『サレジアン(salesian)』は、英語で『サレジオ的』を意味します。創立者の意志を受け継ぎ、変わりゆくグローバル社会の一線で活躍できる世界的な市民を育てていくという決意が込められています」と校名変更・共学化への思いを、募集広報部長の川上武彦先生は話されます。

　サレジアン国際学園では、教育目標である「21世紀に活躍できる世界市民の育成」のためには、考え続ける力、コミュニケーション力、言語活用力、数学・科学リテラシー、そしてそれらの力を培う土台となる心の教育が必要と考えており、これら5つのキーワードに基づき教育プログラムも一新し、学校改革に取り組んでいます。

全教科でPBL型授業 考え続ける力を育む

　まず取り組んだのは学びの中心である授業の改革です。問題解決型の学習法であるPBL型授業を全教科で導入することで、知識詰め込み型ではない、自ら問題を発見し、解決することを重視した能動的な学びにより、考え続ける力を伸ばします。

「ディスカッションや自分の考えをプレゼンテーションする機会が増えることで、コミュニケーション力も身につきます。多様な考え方に触れながら自分の考えを再構築して、

結論を導き出すという、『考えるプロセス』を体得していくことを大切にしています」（川上先生）

PBL型授業においてはICTの活用も欠かせないといいます。同校では、生徒は1人1台タブレット端末を持っていて、調べ学習にとどまらず、アプリや教材を取り入れ、問題解決の過程で「考える」ことをサポートしたり促進したりするツールとして活用されています。

主要教科を英語で学ぶ インタークラス新設

同校の学校改革のもう1つの注目すべき点は、「本科」と「インターナショナル」、異なる特色を備える2つのクラス展開です。本科クラスでは、PBL型授業を中心に思考力を培うとともに、英語授業も週8時間あり、言語活用力も同時に伸ばしていきます。また、生徒がテーマを設定し研究を行う「個別研究」という探究型の学びが用意されています。

一方、インターナショナルクラスでは、中学から英語学習を本格的に始める生徒と、帰国生など英語が堪能な生徒をともに受け入れ、1つのHRクラスで学校生活を過ごします。英語授業は週10時間あり、言語活用力の伸長に注力したクラスといえます。授業は英語力に応じてStandard と Advanced の2展開で実施し、Advanced では英語、数学、理科、社会の授業はオールイングリッシュで行います。

「Standard の生徒にとっては帰国生がそばにいるだけでなく、ネイティブスピーカーの教員が副担任を務めるため、休み時間や課外活動の時間など、英語でのコミュニケーションが当たり前の環境で刺激を受け、英語力を飛躍的に伸ばすことが期待できます。また、Advanced の生徒はもともと持つ高い英語力を維持・向上させながら、中高6年間学ぶことができます」（川上先生）

高校にも本科、インターナショナルそれぞれのコースを設置。インターナショナルコースの Advanced では中学に引き続き主要教科の授業は英語で実施します。

1人ひとりを輝かせる アシステンツァ教育

大きな学校改革に乗り出し教育内容を一新することとなった同校ですが、その学びの基礎となっていくのが心の教育であると川上先生は言います。

「毎日の学校生活の中で、教員や家庭が生徒と関わりをもちながら、生徒1人ひとりの心に愛情と信頼を形成することではじめて教育目標が達成されると考えています。こうした働きかけによる教育を私たちは『共に喜び、共に生きる（アシステンツァ）』教育と呼んでいます。この考え方をすべての基礎として、本校独自の教育プログラムが組み立てられています。

世界市民として1人ひとりが輝き、変わりゆく世界に飛び出していくための、その土台となる6年間を、ぜひサレジアン国際学園で過ごしてもらいたいと考えています」

学校情報

所在地：東京都北区赤羽台4-2-14
アクセス：JR「赤羽駅」北改札西口出口より徒歩10分／東京メトロ南北線・埼玉高速鉄道「赤羽岩淵駅」2番出口より徒歩８分
ＴＥＬ：03-3906-7551（募集広報部直通）
ＵＲＬ：https://www.salesian.international.seibi.ac.jp

学校説明会

11月14日(日)、12月19日(日)
社会情勢等により中止・変更の場合があります。詳細はHPでお知らせします。

2022年度 首都圏中学入試予測

9月模試でみえた「厳しい春」の継続

コロナ禍で行われた2021年度入試。引きつづき新型コロナウイルス感染症対策を講じながら迎えることになる2022年度入試はどのような様相を呈するのか。森上教育研究所の森上展安先生に、9月に行われた模試状況からみた予測を行っていただきました。

森上教育研究所 所長 **森上展安**

中間成績層の受験は高倍率で激戦の予感

2022年度の中学入試はどうなるか、推測してみましょう。

上位成績層の入試は、もともと難度が高く多くの受験者数を集めますが、このことは来春も変わらないでしょう。変化がありそうなのは中位成績層の受験先。この層の受験者数の伸びが大きいため、その受験先がにわかに高倍率の入試状況になりそうなのです。中位成績層にとって来春入試は激戦になりそうです。

2021年度入試を振り返ってみると、2月1日は偏差値65以上から偏差値45くらいまで段階的に難度を区切って、段階ごとの平均をとると、それぞれで3倍前後の倍率となり、結果として7割もの不合格者が、どの難度でもでる結果となりました。

じつは来春入試では、その偏差値45より受けやすい35までの学校でも大きく受験者が増えることが模試から予想されます。ただ、手もとに届いたばかりの9月模試状況（四大模試志願者合計数）では、2021年入試では多くの受験生に活用された午後入試で、低い倍率のままのところが散見されます。こののち終盤に向けて、午後入試活用が模索されていくことになりそうです。

なお、コロナ禍における入試では、県をまたいだ受験は減少傾向となりました。変異株は小学生にも感染しやすいといわれているため、県をまたいだ受験の減少傾向はつづき、それは今春以上かもしれません。

ここからは四大模試の9月模試状況（志願者合計数）からみた、各校の来春入試状況を日程ごとに予測していきます。

埼玉・千葉

増加基調の埼玉各校 減少基調の千葉御三家

1月中に入試がある埼玉や千葉では、冒頭でふれたとおり、中位成績層が志望する学校の受験者数が増加しそうです。

まず埼玉の学校について。1月10日の入試では、男女とも大きく増加しそうなのが浦和実業で、男子は前年に比べた増加率が1・8倍増、女子は1・5倍増という大幅な志望者の増加ぶりです。ついで埼玉栄の進学コースは、このままいくと実倍率が男女とも2・2〜2・3倍の倍率になりそうで、1倍台だった今春とは異なる厳しい状況が予想されます。

また、青山学院大浦和ルーテル学院の女子は増加率にして1・5倍増で、実倍率は今春の3倍弱が、4倍強になる勢いです。大宮開成は1・1倍強の増加率ですので、実倍率は2倍そこそこにとどまるでしょう。獨協埼玉も増加率1・2倍増と人気ですが、実倍率は1倍台なかばで受けやすい状況と予想されます。

倍率が大きく激化しそうなのは1月11日の開智・先端特待の男子実倍率で、今春の1・5倍以上に増加しそうです。1月12日の栄東・東大特待、同日午後の開智・算数特待などの男子にも勢いを感じます。

つづいて、千葉は、今春入試では、東京の入試直前に行われる千葉の上位成績層の受験先となる学校の受験者数が減少しました。この基調は来年もつづきそうです。増加率の減少が、最も顕著なのは渋谷教育学園幕張の10％減で0・9倍。市川は4％減0・96倍、東邦大東邦は2％減の0・98倍ですが、今春の減少よりさらに減少するので、実倍率はいずれも2倍そこそこの倍率が予想され、大変受けやすくなりそうです。

また、午後入試で増加していた昭和秀英は特別入試も27％ほども減って0・73倍、実倍率は4・6倍（今春）から3倍強に緩和しそうです。

一方、大学附属の中位成績層の受験先である東海大浦安、千葉日大一などは大きく増加し、なかでも東海大浦安は男子が実倍率2・5倍にもなりそうです。

また、中位成績層の受験先としては、日出学園、八千代松陰が大きく受験者数を伸ばしそうで、とくに日出学園の女子は、実倍率で今春の3倍から5倍近くの激戦になりそうです。共学化した光英VERITAS（特待）も女子の志願者が倍増しており、このままなら6倍にもなるおそれも。昭和学院（アドバンストチャレンジ）の男子も前年からの増加率2倍強の志願者を集めており、高倍率になりそうです。なお、中堅難度では芝浦工大柏の男子2回が実倍率3倍から4倍に激化しそうです。

東京・神奈川

広尾小石川が高い人気に各校とも男女差に注意を

2月1日の午前入試で、男女とも群を抜いて大幅な志望増なのが広尾学園小石川で、昨年比で増加率3倍増の激増ぶり。今春2月1日午前入試では、実倍率ちょうど2倍でしたが、この基調なら6倍にもなりかねない勢いです。

これを追う三田国際学園も増加率1・6（男子）～1・8（女子）倍の志望増で、これにつづく開智日本橋学園も1・4（女子）～1・6（男子）倍増という人気です。

なお、男子校、女子校に別れている聖学院（男子校）は増加率1・5倍。女子聖学院（女子校）が驚くべきことに増加率3倍となっていて、例年のような2倍そこそこの実倍率とはまったく異なる入試状況になっています。

このような志望増、倍率激化の状

況は、男女でようすが異なります。

　男子は日大一が倍増の勢いで、2倍だった実倍率は高倍率になる予想です。さらに文教大付属1回が志望者増加率1・6倍で、2倍弱だった実倍率は3倍近くになるかもしれません。そしてドルトン東京学園、東洋大京北、国学院久我山が前年からの増加率1・4倍、日大三、日大豊山、渋谷教育学園渋谷などが1・3倍、日大中、明大中野八王子、かえつ有明が1・2倍、中大附属、山手学院、青山学院横浜英和が1・1倍強、芝浦工大附属、慶應普通部、帝京大中、鎌倉学園が1・1倍とつづきます。

　以上のように、男子は中位成績層の志望者増がめだち、難関校についての増加は一部にとどまります。

　一方女子は、増加率1・5倍校に芝浦工大附属、かえつ有明、跡見学園、駒込など。同1・4倍弱に山脇学園、昭和女子大昭和。1・3倍弱に帝京大中、創価、1・2倍前後に清泉女学院、横浜雙葉、田園調布学園などがつづきます。

　男子と比較すると、女子校の志望者増加が目につきます。増加率1・1倍強に、江戸川女子、三輪田学園、吉祥女子、晃華学園、日大中、洗足学園、日本女子大附属とつづくので、その傾向はさらに鮮明でしょう。

　なお、志望者の増加率1・1倍以下の増加校は、早稲田実業の女子が1・09倍増、男子が1・07倍増で、増加率は10％に届かないといっても、実倍率は大きく上昇し、厳しい入試になりそうです。

　そのほかにも、女子の1・1倍以下の志望者増加校はまだまだあり、渋谷教育学園渋谷と、女子学院が増加率にして1・09倍増、女子美術大付属と中大附属が1・08％増、成蹊が1・07％増です。これらの学校はもともと高倍率ですから、さらに厳しい実倍率になります。

　反対に、緩和する学校もありそうです。とくに男子校は、難関の駒場東邦、早稲田、サレジオ学院が前年比の0・9倍の減少ですから、実倍率が0・3ポイントくらいは緩和します。これはボーダーの受験生にとって朗報です。

　女子でも東洋英和女学院、大妻、共立女子、国学院久我山などが0・9倍強の減少で、やはり倍率で0・3ポイントくらい緩和します。なお、あくまで9月時点の話ですが、東京女学館が0・7倍の減少となっていて穴場です。

午後入試では女子校人気が再燃 目に付く共学校の「男子人気」

　2月1日午後入試で最も志望者伸び率の高い共学校は第一に広尾学園小石川で、増加率2・7倍強。

　ついで宝仙学園理数インターで、前年比1・5倍強の志望者を集めています。2022年度入試でも実倍率1倍台をキープできるなら、人気はさらに継続できると思います。なにしろ都立富士と同じ大学進学実績で、かつ入りやすい、として注目されているからです。

　女子の伸び率トップは麴町学園女子で、約3・5倍もの志望者増です。ついで品川翔英もこちらは女子についてだけですが2・6倍の志望者増です。

　この「女子だけ」に着目すると、1・85倍が湘南白百合、1・7倍が中村、1・6倍が昭和女子大昭和と文教大付属（女子）、カリタス女子が1・5倍、実践女子が1・3倍……とつづきます。数年前までの女子校不人気が不思議なくらい、女子校が人気です。

　一方、男子の人気校も女子校ほどではないですが、前年比での増加率1・5倍弱の獨協、1・35倍の京華などが目につきます。そして、じつは共学校の「男子人気」という現象もでてきました。増加率1・4倍の順天、東京成徳大中、目黒日大、1・36倍の関東学院、1・34倍の淑徳などの名前がつづきます。

　同じ学校の女子の志望者数の増加はこのようには顕著ではないので、注目しておきたいところです。

　なお、2月1日午後入試の部分でつけたしておきたい情報として、前年比増加率で多摩大目黒の男子1・08倍増、国学院久我山で1・07倍増です。女子では文京学院女子ポテンシャル②科学実験・英語インタラクティブと安田学園先端特待が1・09倍増、東洋大京北と日大中A2が1・08倍増、1・06倍増には十文字などの名がみえます。

　緩和しそうな学校として桐蔭学園、東京都市大等々力男子の前年比0・8倍に減少などが目につきます。

難関校や附属校入試は大きく変わらぬ予想

　2月2日午前入試の増加率の高いところは男女ともドルトン東京学園で、男子で前年比1・7倍増、女子で2倍増です。

　また、男子では日大一（男子）と

獨協が1・7倍増。暁星が1・25倍増、国学院久我山が1・17倍増、高輪Bが1・16倍増です。女子では渋谷教育学園渋谷が1・4倍もの増となっています。

志望者増加の数の多さでは、本郷の1・14倍増で160名増。法政二の1・13倍増で80名増。攻玉社の1・12倍増で70名増などがめだちます。

女子では2日の大型入試校の吉祥女子が1・24倍増で180名増、神奈川大附属の1・14倍増で50名増、青稜の1・18倍で40名増、国学院久我山の1・15倍増で30名増などがあげられます。

なお、2月2日の午前入試は、男子中堅上位校が低倍率で例年受けやすい入試状況です。実倍率予想ではいっそうはっきりしていて、来年も城北、桐朋、巣鴨、世田谷学園などが実倍率で2倍そこそこか2倍を切るかもしれないという受けやすい状況となっています。

女子でも共立女子や森村学園などが実倍率2倍を切りそうな予想となっています。

また、2月2日午前入試といえば、神奈川男子難関校の入試があり、栄光学園も聖光学院もやや緩和基調です。女子では洗足学園や白百合学園、豊島岡女子学園などの入試がありますが、洗足学園微増、白百合学園変わらず、豊島岡女子学園変わらず、という基調です。

大学附属では明大明治、青山学院、立教池袋、学習院中等科、慶應湘南藤沢などの入試がありますが、いずれも大きな変化はなさそうです。

2月2日午後・3日午前も増加傾向の学校が多数

2月2日午後入試は、2月1日同様、やはり中位成績層の受験先の志望者が増加しています。女子は、前年比志望者増加率で実践女子が2・4倍増、八雲学園が1・9倍増、宝仙学園理数インターが1・7倍増。男子でも順天が2・8倍増で、広尾学園小石川、淑徳、開智日本橋学園なども1・8倍増です。

むしろ、普連土学園、東京女学館など、中位校が実倍率で2倍そこそこの倍率へと緩和しそうです。

2月3日の午前入試は、まず女子は東京女学館が増加率1・4倍増で、そのほかカリタス女子、大妻中野、関東学院も1・4倍増です。

男子は日大一が増加率で1・8倍、東海大高輪台が1・45倍増、日大豊山が1・4倍増、関東学院が1・2倍増などとなっています。中堅中位校のどれをとっても、2月3日午後入試も入れると、大幅な増加傾向となっており、倍率は大変厳しいものになるでしょう。

ここまで、入試日程に沿ってさまざまな学校の入試予測をしてきました。最後に改めてお伝えしておきたいのは、同じ学校でも午前入試、午後入試でまったくちがう倍率、難度になりそうだということです。直前まで注意が必要です。

◇

つぎのページからは、当研究所・小泉壮一郎による、データからみた来年度入試予測を掲載しています。

データからみる中学入試予測

1 過去20年における長期分析

2021年中学入試は「コロナショック」の影響がどの程度あるかに注目が集まりました。過去の事例では経済的なダメージとして、「リーマンショック」で受験者数が急減したことがあり、今回も同様に減少することが考えられました。

2008年に起こったリーマンショックの影響は、**【資料1】**の中学受験比率が2009年に急減していることからもわかります。

確かに、これまでは不況の影響で中学受験者数が極端に減少したことがありませんでした。たとえば、「リーマンショック」以降、「東日本大震災」のときも日経ダウ平均が急落しましたが、翌年2012年の中学受験比率に顕著な減少はありませんでした。つまり、「リーマンショック」は近年最大の不況の原因となり、受験者数の減少を招きました。

しかし、2021年2月1日の中学入試受験者数は前年対比99・9%で、昨年とほぼ同じに推移しました。ただし、2月1日の入試は、多くが東京・神奈川の中学校となるため、茨城・千葉・埼玉の中学校はほとんど除外されます。

ちなみに茨城・千葉・埼玉・東京・神奈川を含む首都圏の中学入試受験者数は、前年対比97・3%で3ポイント弱の減少となりました。原因はいくつかあると思われますが、このコーナーでは分析要素（学校ランク、学校所在地、男子校・女子校・共学校別、付属校・進学校別、私立校・国立校・公立校別）に分けて探っていきます。その結果として、2022年中学入試の動向を詳しく分析することもできると思います。

2021年の大手模試受験者は、2022年入試を受験する生徒と同じなので、今後、新たな情報を得られれば、2022年入試の受験者数の予想精度を高めることができるでしょう。なお、9月に行われた大手模試では、模試受験者数前年比が105・6%となっていますが、今後の模試では変化すると思います。

さて、中学受験者数は、公立小学校卒業者数と中学受験比率で決まります。公立小6人口は、前年の小5人口がわかっているため、ほぼ正確に人数を予想できます。

2000年からの推移をみると、1都3県の公立小卒者数は少子化の影響で減少傾向であることがわかります。もちろん、東京は例外的に増加しているなど、地域によって異なる場合があります。2022年入試の小6人口前年比予想は99・7%で、ほぼ横ばいです。

中学受験比率（2月1日受験者数÷1都3県公立小卒者数×100）は、公立小卒者100人あたり何人が中学受験をしたかがわかる指標です。つまり、中学入試の人気がわかる指標ともいえるもので、経済の影響や文科省の教育方針変更などによって増減が起こります。

【資料1】のグラフをみると2015年以降は増加傾向となっています。しかし、千葉・埼玉など多くの中学を除外しているため、実態よりも少ない数値となっています。千葉・埼玉の中学を入れると、お試し受験をする東京・神奈川の受験生が入ってしまい、実態よりも多い数値となってしまうためです。実態とは異なりますが、ここでは中学受験比率は推移をみるための指標と考えてください。

ここで、リーマンショックの直前・直後の受験者数に注目すると、2007年は増加し、2008年は減少しています。原因は1都3県の公立小卒者（小6人口）でした。

小6人口が2007年は増加し、2008年は減少、2009年には再び増加したため、受験者数は2008年から減少し始め、2009年には「リーマンショック」の影響がめだたないようにみえたのです。小6人口の影響を受けない中学受験比率でみれば、「リーマンショック」の影響で減少したことは明確です。

2021年入試の中学受験比率前年比は、100・1%の微増となりました。このように2021年入試の比率が横ばいであったことを考えると「コロナショック」の影響はなかったと考えられます。中学受験者数の予想はむずかしいのですが、昨年と一昨年でほぼ同じ数値であったことから、平均値を2022年入試の予想値としました。

2021年入試では小6人口は2

【資料1】

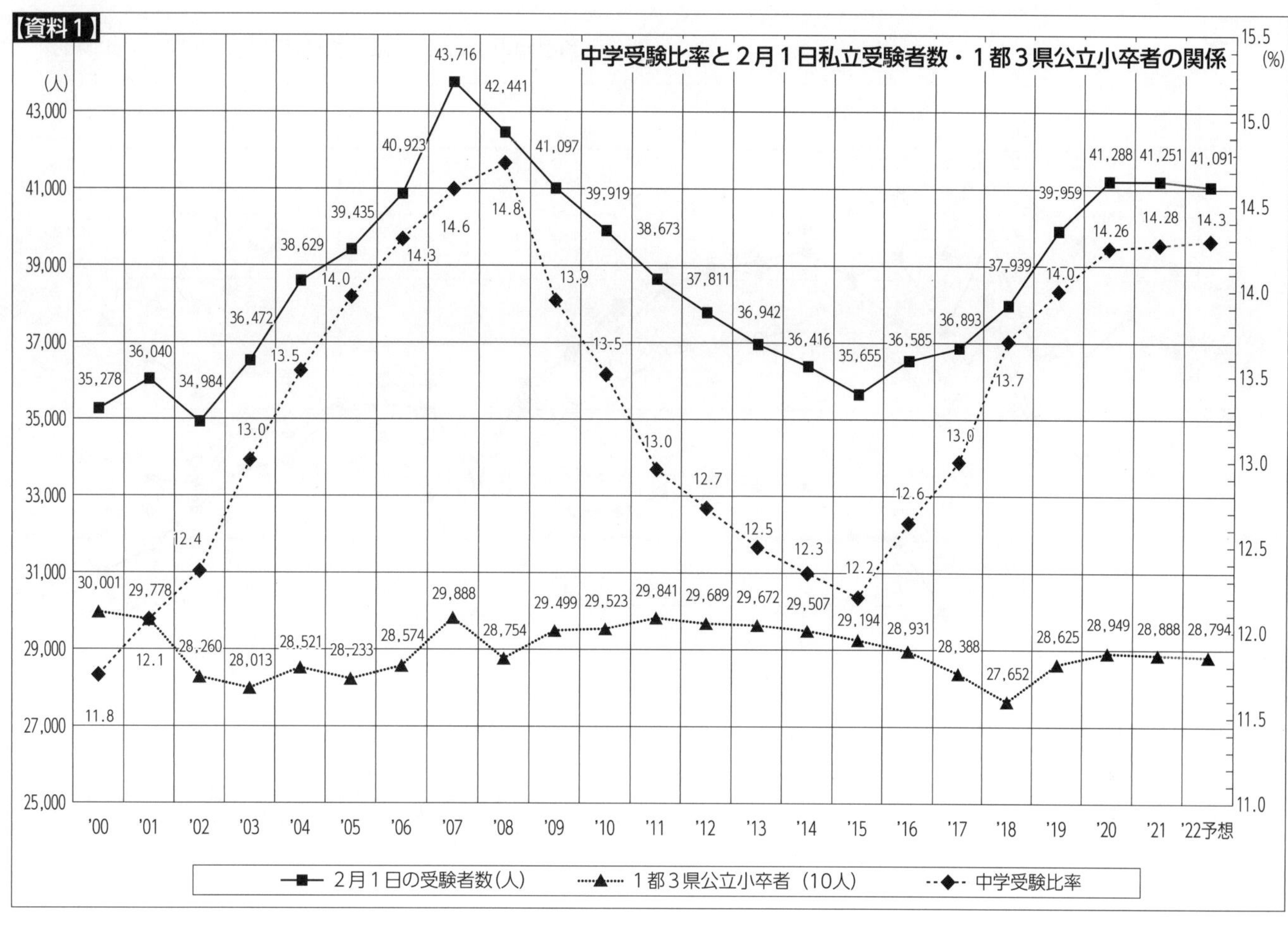

020年入試とほぼ同じなので、「コロナショック」で中学受験比率が減少すれば受験者数も減少するはずでしたが、実際には2021年入試の中学受験比率は2020年入試とほぼ同じであったため、受験者数もほぼ同じ結果（前年対比99・9％）となりました。

また、2022年入試の小6人口前年対比予想と中学受験比率前年対比予想から受験者数前年対比は99・6％の横ばいと予想しました。

2022年入試の受験者数前年対比は99・6％の予想をベースに、大手模試受験者数前年比（9月は105．6％）を加味して2022年入学者数前年比を予想します。今後の模試では変化すると思いますが、9月時点ではベースと模試の平均値で3ポイント前後の増加と考えられます。なお、【資料1】は8月までの模試による予測です。

2 小6人口の推移分析

つぎのページにある【資料2】は、2020年の首都圏公立小6人口（＝2021年入試の受験生）を100％として、推移をグラフとしたものです（2021年4月の小6人口は未発表で、2022年入試の小6人口は予想値となります）。【資料1】は1都3県の合計でしたが、このグラフは東京・神奈川・千葉・埼玉に分類し、それぞれの傾向がみられるようになっています。

リーマンショック前は、小6人口の増減が受験者数の増減に大きく影響していましたが（【資料1】）、リーマンショック以降は小6人口の増減だけで受験者数が決まるわけではないことがわかります。

【資料2】からは、2018年入試の小6人口（2017年4月の小6）は、近年では最少となったことが読み取れます。しかし、2019年入試では、小6人口前年比が103・5％と急増しました。2020年入試では、東京・神奈川・千葉は増加するものの埼玉は減少し、合計の小6人口前年比は101・1％で、多少の増加にとどまりました。

2021年入試では、東京は微増でしたが、それ以外の地域では微減。合計の小6人口前年比は99・8％の横ばいとなりました。2022年入試では、東京は増加することが予想されますが、全体では前年対比99・7％の予想で、微減横ばい傾向がつづきます。

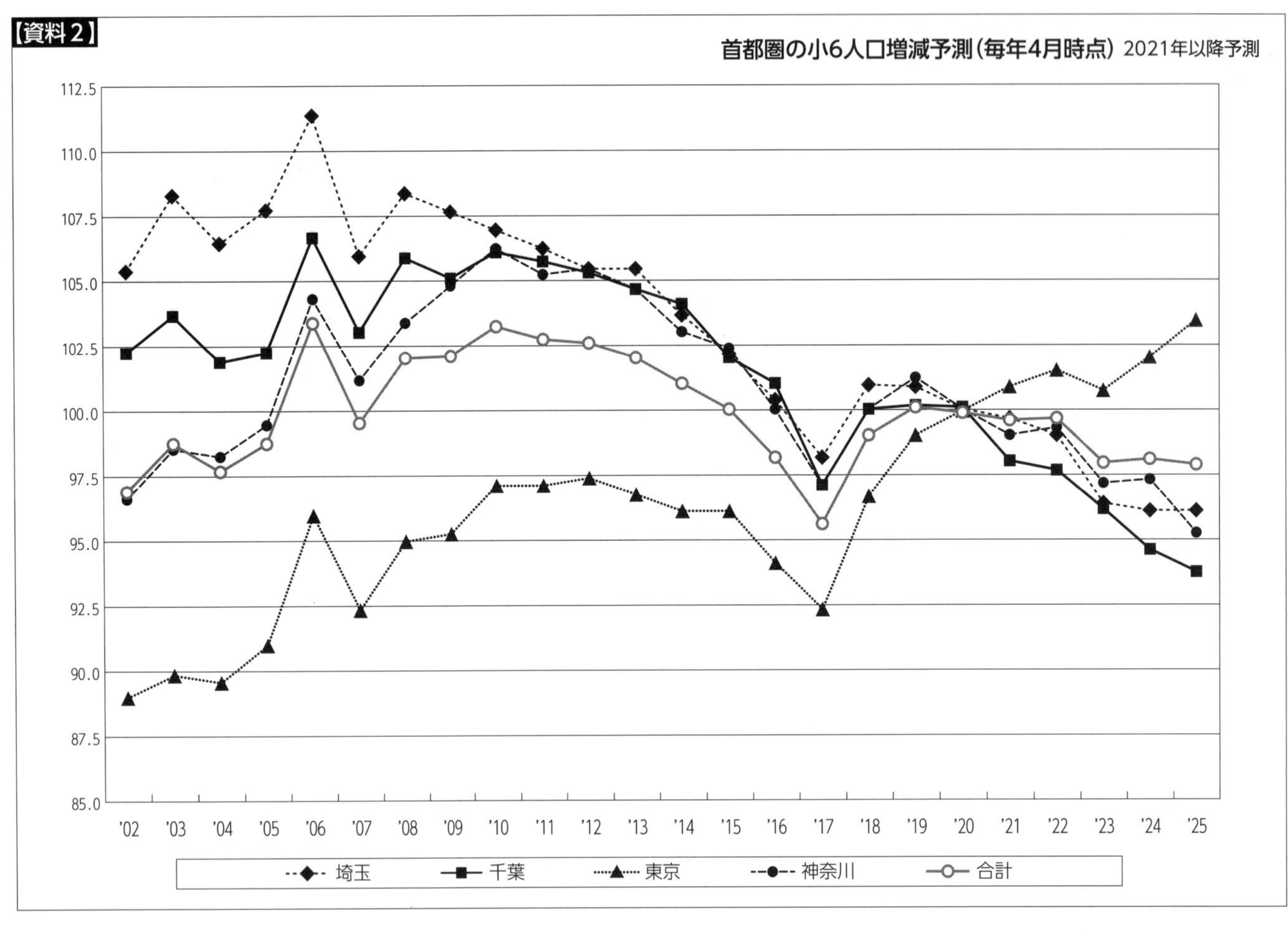

なお、2023年入試以降は、小6人口は東京だけが増加し、そのほかの地域では減少傾向となる予測です。

3 受験者数推移による入試予想

過去3年間の受験者数データをもとに、各分析要素の受験者数前年対比と受験者数増減率の推移から、各分析要素内訳の予想値を算出し、グラフにしました。

志望校の属する分類により、受験者数の傾向が予想できます。これから志望校・併願校を選ぶ場合にも活用できると思います。ただし、(2)～(5)の予想には、大手模試受験者数データは加味していません。

(1) 学校ランク別【資料3・4】

【資料3】は、学校ランク別に受験者数前年対比の推移を表したものです。2020年と2021年の中学受験比率が横ばいの傾向なので2020年と2021年の平均値から2022年予想中学受験比率を算出しました。さらに予想中学受験比率と小6人口前年対比から、2022年の予想受験者数前年対比（合計）も計算しています。

各ランクの2022年予想受験者数前年対比は、予想受験者数前年対比（合計）をもとに過去3年間の平均前年対比で算出しました。

これは、「コロナショック」の影響が少なく、昨年の受験者数の変動も少なかったことから予想しました。

また、来年の入試動向の決め手となる大手模試の受験者数が9月時点では5・6ポイント増加していることから少なくとも減少にはならないと予想できます。

2021年の受験者数前年対比は、学校ランクでみるとA～Eの上位・中堅ランクの受験者数は減少していますが、F～Hランクの中下位ランクはやや増加しました。学校ランクについては二極化がみられました。

【資料3】の「'10／'09」をみるとリーマンショック直後の減少がわかります。本来は'09／'08で分析すべきですが、2009年は小6人口が急増したため受験者数はそれほど減少しませんでした。

また、リーマンショックのときは今回とは逆の現象で、中下位ランクの減少が顕著で、上位ランクの減少は少なかったのです。各ランクの予想受験者数前年対比は、過去3年間の傾向から、A～Cランクが減少で

【資料3】 学校ランク別　受験者数前年対比推移

		'10/'09	'11/'10	'12/'11	'13/'12	'14/'13	'15/'14	'16/'15	'17/'16	'18/'17	'19/'18	'20/'19	'21/'20	'22/'21予想
学校ランク	A	92.9%	102.2%	96.6%	100.3%	94.6%	103.5%	99.8%	99.0%	102.9%	102.8%	100.8%	93.2%	96.6%
	B	93.0%	99.3%	93.1%	95.4%	102.0%	100.3%	100.9%	98.6%	104.1%	100.3%	101.7%	94.8%	96.6%
	C	98.9%	103.2%	103.2%	96.4%	103.3%	107.3%	96.4%	104.4%	101.0%	103.0%	104.4%	95.1%	98.5%
	D	89.2%	102.0%	96.7%	96.9%	98.0%	103.3%	98.8%	101.2%	104.6%	114.6%	108.4%	96.2%	103.9%
	E	88.5%	96.9%	93.8%	90.0%	92.6%	101.8%	96.7%	97.6%	93.6%	103.6%	104.2%	99.0%	99.9%
	F	83.9%	85.0%	86.6%	95.7%	95.0%	96.9%	90.8%	99.3%	97.0%	105.4%	107.0%	103.4%	102.8%
	G	83.8%	85.6%	84.3%	86.2%	89.2%	78.1%	97.6%	93.8%	97.6%	105.4%	110.4%	108.7%	105.6%
	H	86.5%	87.4%	90.8%	93.4%	91.3%	105.3%	93.7%	93.9%	99.8%	106.3%	102.4%	106.7%	102.7%
	合計	90.7%	97.1%	94.8%	95.4%	97.3%	102.2%	97.5%	99.6%	101.2%	104.4%	104.2%	97.3%	99.6%

●受験者数前年対比の表示：受験者数が比較的多い　前年対比が100%以上　例：102.7%
受験者数が比較的少ない　前年対比が90%未満例　例：88.4%
●学校ランク：四谷大塚偏差値　A65以上、B64～60、C59～55、D54～50、E49～45、F44～40、G40未満、Hは非エントリー

【資料4】 学校ランク別　受験者数増減率推移

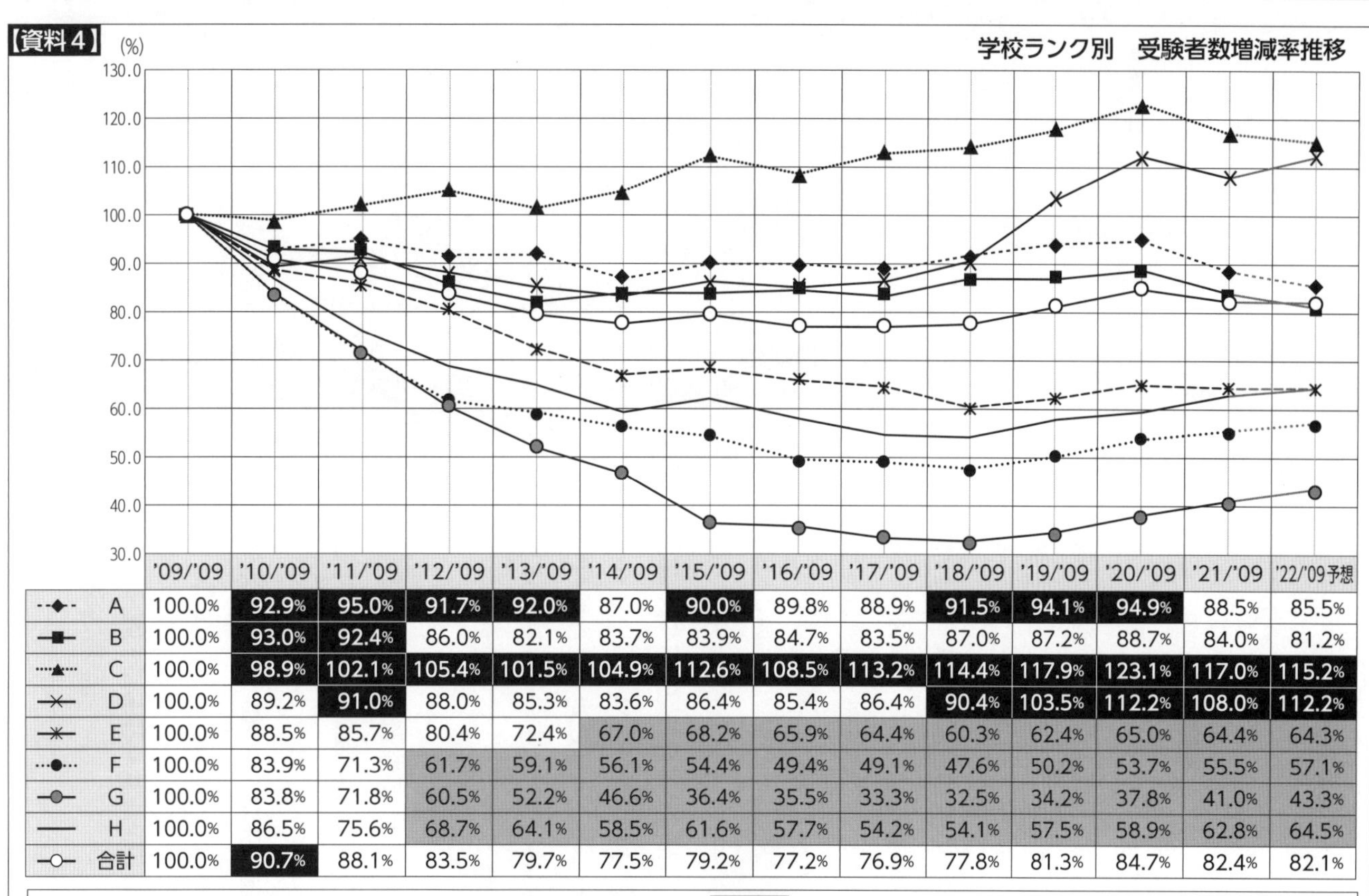

	'09/'09	'10/'09	'11/'09	'12/'09	'13/'09	'14/'09	'15/'09	'16/'09	'17/'09	'18/'09	'19/'09	'20/'09	'21/'09	'22/'09予想
A	100.0%	92.9%	95.0%	91.7%	92.0%	87.0%	90.0%	89.8%	88.9%	91.5%	94.1%	94.9%	88.5%	85.5%
B	100.0%	93.0%	92.4%	86.0%	82.1%	83.7%	83.9%	84.7%	83.5%	87.0%	87.2%	88.7%	84.0%	81.2%
C	100.0%	98.9%	102.1%	105.4%	101.5%	104.9%	112.6%	108.5%	113.2%	114.4%	117.9%	123.1%	117.0%	115.2%
D	100.0%	89.2%	91.0%	88.0%	85.3%	83.6%	86.4%	85.4%	86.4%	90.4%	103.5%	112.2%	108.0%	112.2%
E	100.0%	88.5%	85.7%	80.4%	72.4%	67.0%	68.2%	65.9%	64.4%	60.3%	62.4%	65.0%	64.4%	64.3%
F	100.0%	83.9%	71.3%	61.7%	59.1%	56.1%	54.4%	49.4%	49.1%	47.6%	50.2%	53.7%	55.5%	57.1%
G	100.0%	83.8%	71.8%	60.5%	52.2%	46.6%	36.4%	35.5%	33.3%	32.5%	34.2%	37.8%	41.0%	43.3%
H	100.0%	86.5%	75.6%	68.7%	64.1%	58.5%	61.6%	57.7%	54.2%	54.1%	57.5%	58.9%	62.8%	64.5%
合計	100.0%	90.7%	88.1%	83.5%	79.7%	77.5%	79.2%	77.2%	76.9%	77.8%	81.3%	84.7%	82.4%	82.1%

●表示：受験者数が比較的多い　：'09を100%とした増減率が90%以上　例：98.6%
受験者数が比較的少ない：'09を100%とした増減率が70%未満　例：68.2%
●学校ランク：四谷大塚偏差値　A65以上、B64～60、C59～55、D54～50、E49～45、F44～40、G40未満、Hは非エントリー

Eをのぞく D～Hが増加の予想です。

【資料4】は、2009年の受験者数を100%としたときの学校ランク別受験者数増減率推移です。合計は82・1%で、17・9ポイントの減少です。各学校ランクでは中堅のC・Dランクが増加、他のランクは減少し、ランクが低くなると減少幅が高くなる傾向です。

(2) 学校所在地別【資料5】

学校所在地別に受験者数前年対比の推移をグラフにしたものが**【資料5】**です。

各学校所在地の2022年予想受験者数前年対比を、学校ランク別と同様に作成しました。しかし、「リーマンショック」のときは受験者数の増加した神奈川と減少した茨城・北東部23区・多摩地区が、今回の「コロナショック」では、北東部23区が増加で、茨城・千葉・神奈川が3ポイント以上の顕著な減少となりました。学校ランクと同様、「リーマンショック」と「コロナショック」では、異なる傾向がみられます。

各学校所在地の2022年予想受験者数前年対比は、茨城・埼玉・千葉・北東部23区が増加で、神奈川・北東部以外の23区・多摩地区が減少

※北東部東京：北、板橋、足立、葛飾、荒川、台東、墨田、江東、江戸川（区）

【資料5】　所在地別　受験者数前年対比推移

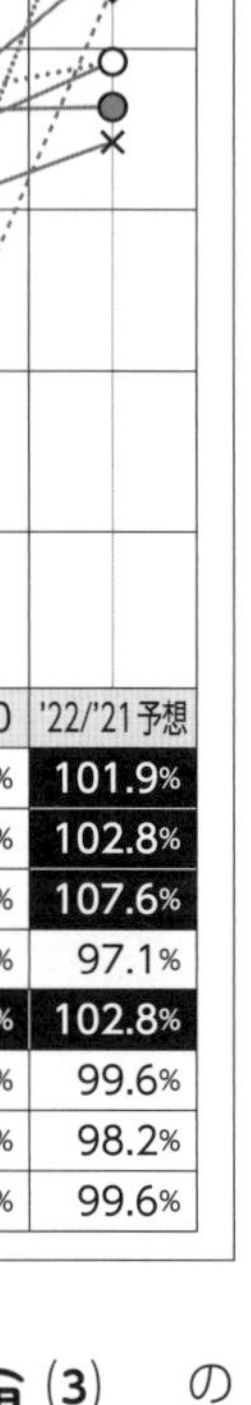

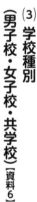

	'10/'09	'11/'10	'12/'11	'13/'12	'14/'13	'15/'14	'16/'15	'17/'16	'18/'17	'19/'18	'20/'19	'21/'20	'22/'21予想
茨城	86.5%	101.0%	91.5%	97.8%	100.5%	98.1%	95.2%	81.8%	110.2%	92.4%	102.6%	90.0%	101.9%
埼玉	94.0%	97.7%	98.7%	91.9%	96.3%	100.2%	97.4%	102.8%	103.8%	108.5%	108.8%	98.5%	102.8%
千葉	90.8%	95.7%	88.3%	97.5%	99.2%	98.4%	100.9%	101.8%	102.4%	103.2%	105.2%	94.1%	107.6%
神奈川	98.2%	95.4%	95.7%	98.2%	96.0%	105.8%	97.1%	97.7%	93.4%	103.7%	99.4%	95.2%	97.1%
北東部23区	86.1%	97.6%	92.5%	96.4%	101.6%	99.8%	97.7%	96.6%	99.6%	102.6%	109.8%	103.5%	102.8%
北東部以外の23区	87.9%	99.0%	97.0%	93.9%	97.5%	105.2%	96.2%	99.8%	102.1%	104.1%	103.1%	98.6%	99.6%
多摩地区	83.6%	94.4%	92.2%	98.0%	94.0%	99.9%	96.7%	100.3%	104.8%	104.3%	99.4%	98.1%	98.2%
合計	90.7%	97.1%	94.8%	95.4%	97.3%	102.2%	97.5%	99.6%	101.2%	104.4%	104.2%	97.3%	99.6%

の予想です。

(3) 学校種別（男子校・女子校・共学校）【資料6】

【資料6】は、男子校・女子校・共学校別の受験者数前年対比の推移グラフです。それぞれの２０２２年予想受験者数前年対比を、前述のふたつのグラフ同様に作成しました。

これをみると、２０１９年〜２０２１年は男子校・女子校・共学校の前年対比がほぼ同じ数値で推移していることがわかります。しかし「リーマンショック」のときは受験者数の減少が比較的少なかった男子校と、減少が大きかった女子校で大きな差がありました。

今回の「コロナショック」では、前年比は差がほとんどないながら、減少が比較的少なかったのは女子校で、減少が多かったのは男子校でした。「リーマンショック」直後の増減率は「コロナショック」よりも格段に大きかったので比較はできませんが、学校ランク・学校所在地と同様、「リーマンショック」と「コロナショック」では、内訳に異なる傾向がみられます。

なお、男子校・女子校・共学校それぞれの２０２２年予想受験者数前年対比は、すべて横ばいになると考えられます。

(4) 付属・進学・半付属別【資料7】

付属・進学・半付属別に、受験者数前年対比の推移をグラフにしました。【資料7】の「合計」をみると、２０２１年は97・3%で前年を下回っていますが、２０１８年〜２０２０年は前年を上回っていました。とくに２０１６年〜２０２０年は付属校の受験者数の増加が、２０２０年は半付属校の受験者数の増加が顕著でした。

しかし、「リーマンショック」のときは受験者数の比較的減少が少なかった付属校・進学校と減少が大きかった半付属校で大きな差がありました。今回の「コロナショック」では、前年対比の差がほとんどないながら、減少が比較的少なかったのは半付属校で、減少が比較的多かったのは付属校・進学校でした。

前述のとおり「リーマンショック」と「コロナショック」を簡単に比較することはできませんが、学校ランク・学校所在地・学校種別と同様、「リーマンショック」と「コロナショック」では、異なる傾向がみられます。付属・進学・半付属別の２０２

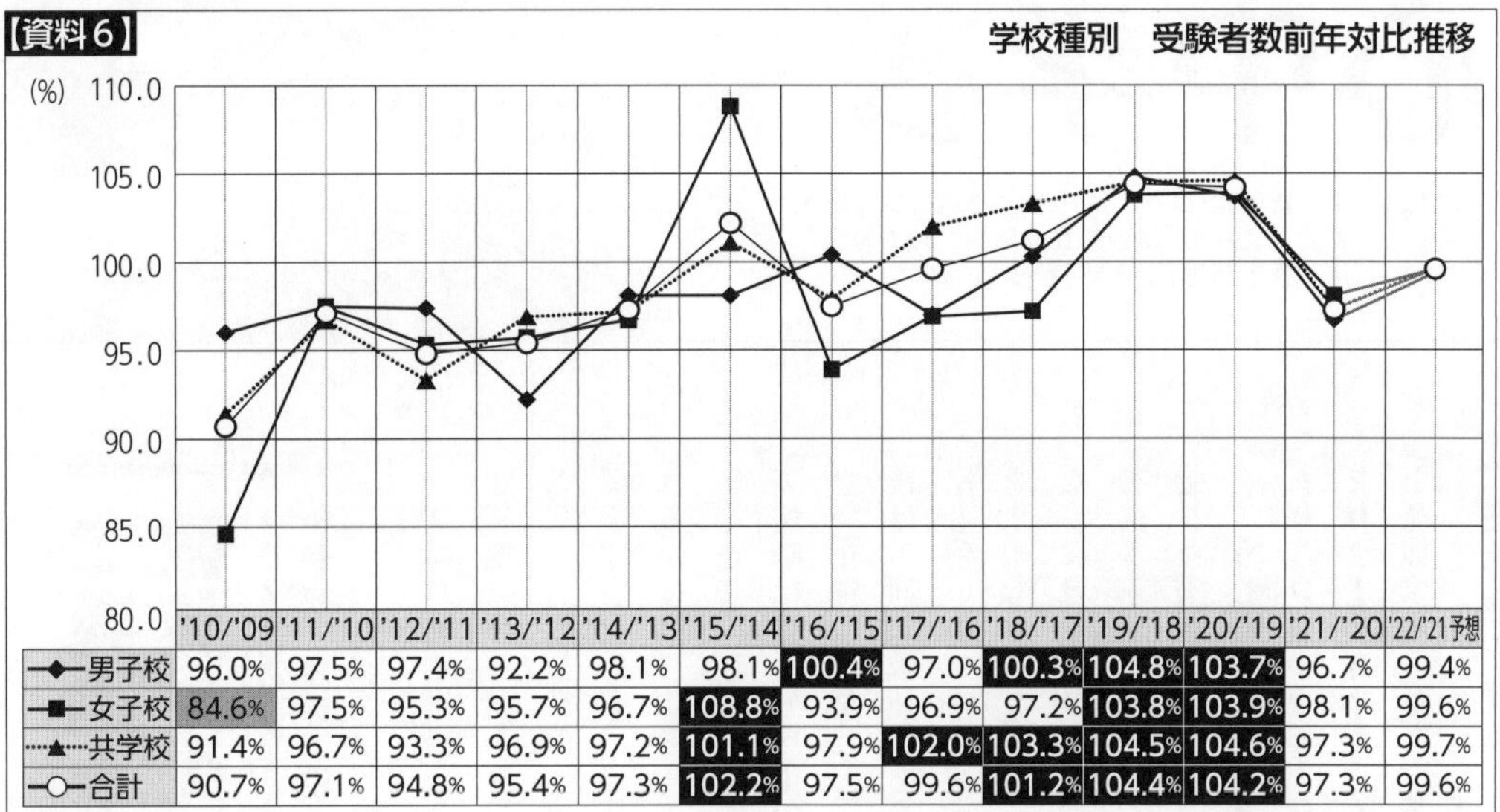

【資料6】 学校種別　受験者数前年対比推移

	'10/'09	'11/'10	'12/'11	'13/'12	'14/'13	'15/'14	'16/'15	'17/'16	'18/'17	'19/'18	'20/'19	'21/'20	'22/'21予想
男子校	96.0%	97.5%	97.4%	92.2%	98.1%	98.1%	100.4%	97.0%	100.3%	104.8%	103.7%	96.7%	99.4%
女子校	84.6%	97.5%	95.3%	95.7%	96.7%	108.8%	93.9%	96.9%	97.2%	103.8%	103.9%	98.1%	99.6%
共学校	91.4%	96.7%	93.3%	96.9%	97.2%	101.1%	97.9%	102.0%	103.3%	104.5%	104.6%	97.3%	99.7%
合計	90.7%	97.1%	94.8%	95.4%	97.3%	102.2%	97.5%	99.6%	101.2%	104.4%	104.2%	97.3%	99.6%

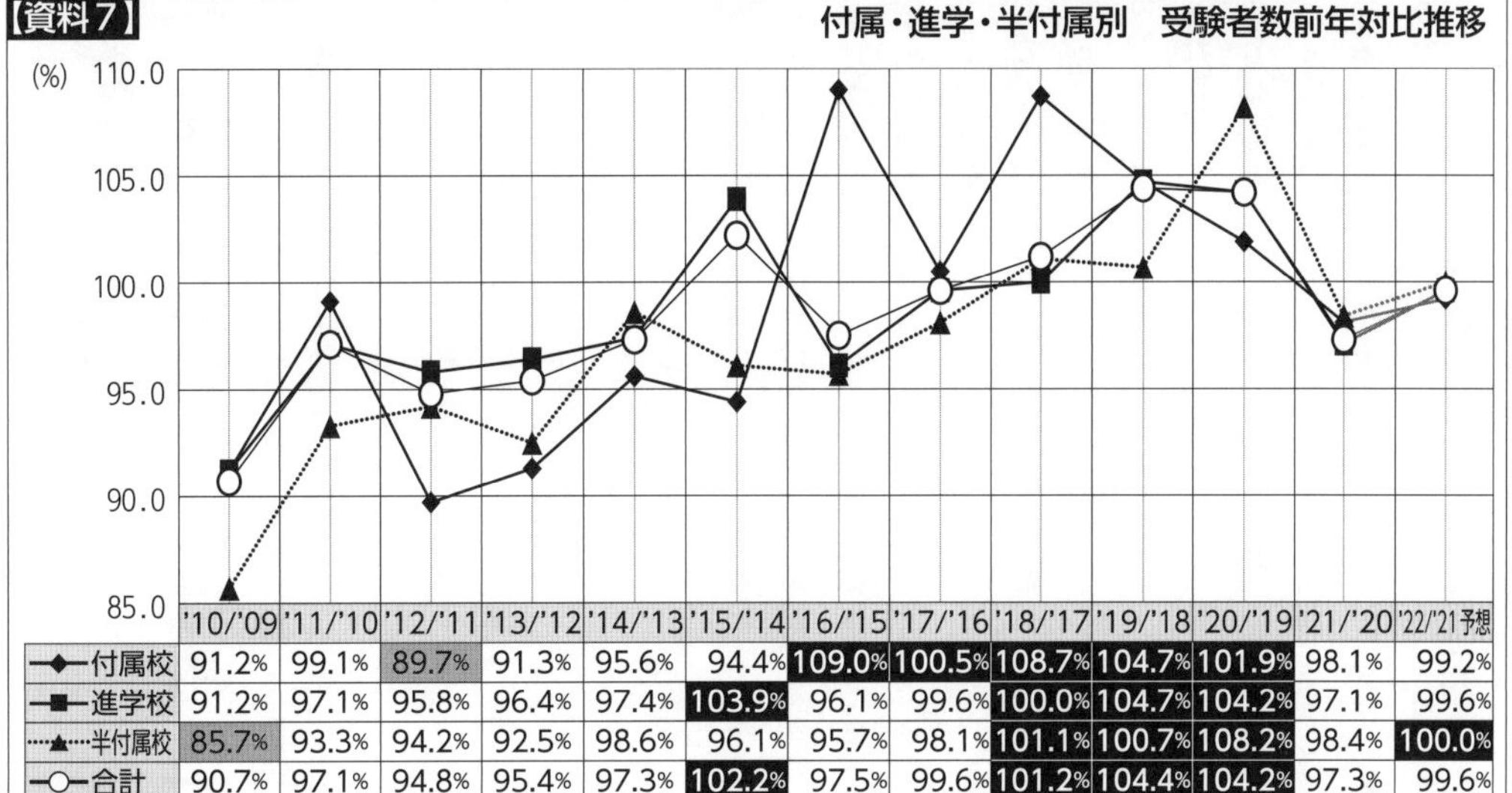

【資料7】 付属・進学・半付属別　受験者数前年対比推移

	'10/'09	'11/'10	'12/'11	'13/'12	'14/'13	'15/'14	'16/'15	'17/'16	'18/'17	'19/'18	'20/'19	'21/'20	'22/'21予想
付属校	91.2%	99.1%	89.7%	91.3%	95.6%	94.4%	109.0%	100.5%	108.7%	104.7%	101.9%	98.1%	99.2%
進学校	91.2%	97.1%	95.8%	96.4%	97.4%	103.9%	96.1%	99.6%	100.0%	104.7%	104.2%	97.1%	99.6%
半付属校	85.7%	93.3%	94.2%	92.5%	98.6%	96.1%	95.7%	98.1%	101.1%	100.7%	108.2%	98.4%	100.0%
合計	90.7%	97.1%	94.8%	95.4%	97.3%	102.2%	97.5%	99.6%	101.2%	104.4%	104.2%	97.3%	99.6%

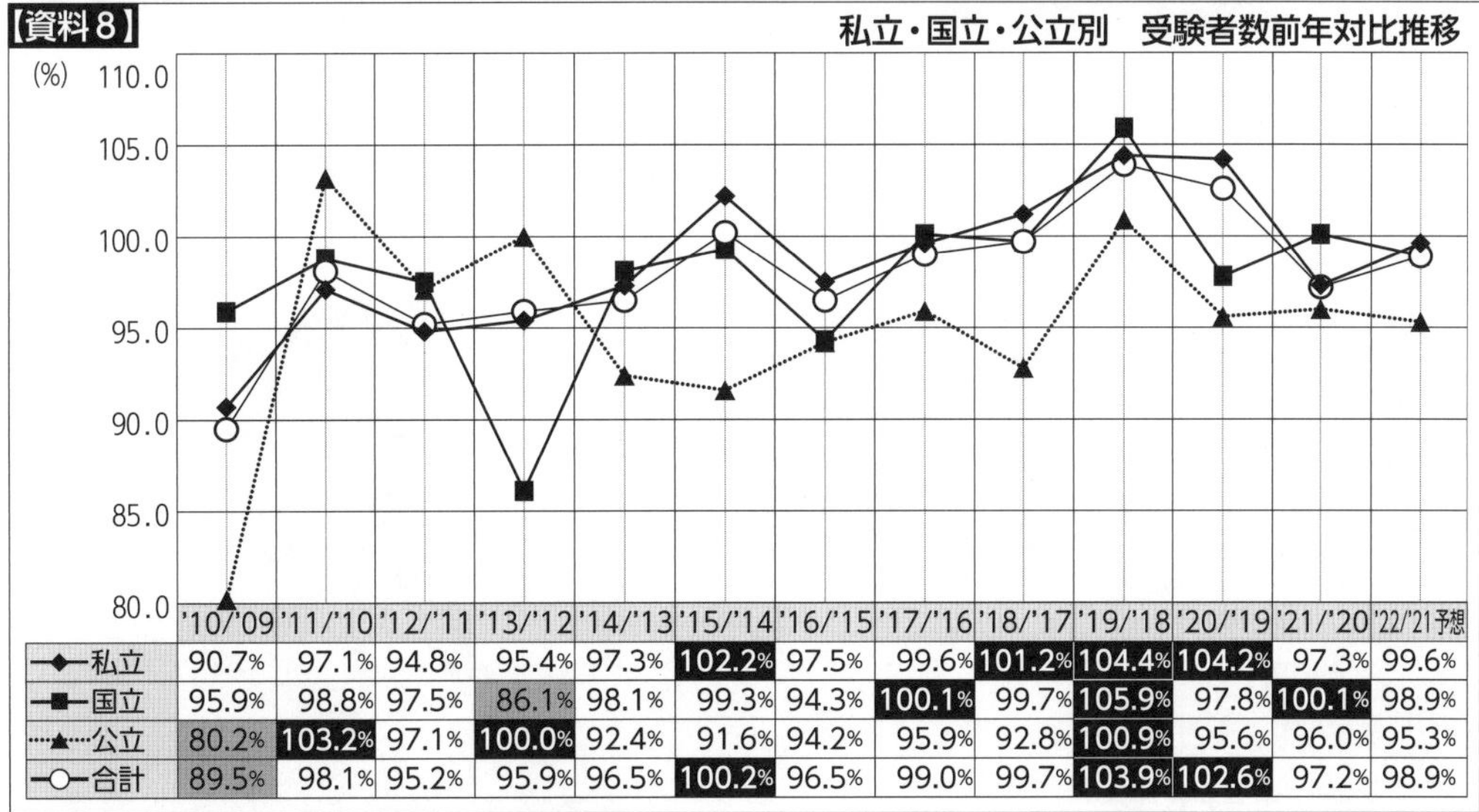

【資料8】 私立・国立・公立別　受験者数前年対比推移

	'10/'09	'11/'10	'12/'11	'13/'12	'14/'13	'15/'14	'16/'15	'17/'16	'18/'17	'19/'18	'20/'19	'21/'20	'22/'21予想
私立	90.7%	97.1%	94.8%	95.4%	97.3%	102.2%	97.5%	99.6%	101.2%	104.4%	104.2%	97.3%	99.6%
国立	95.9%	98.8%	97.5%	86.1%	98.1%	99.3%	94.3%	100.1%	99.7%	105.9%	97.8%	100.1%	98.9%
公立	80.2%	103.2%	97.1%	100.0%	92.4%	91.6%	94.2%	95.9%	92.8%	100.9%	95.6%	96.0%	95.3%
合計	89.5%	98.1%	95.2%	95.9%	96.5%	100.2%	96.5%	99.0%	99.7%	103.9%	102.6%	97.2%	98.9%

●表示：
比較的良い（前年対比は100%以上）　例: 102.7%
比較的悪い（前年対比は90%未満）　例: 88.4%
●半付属校：系列校大学推薦進学が30%～69%　進学校：同30%未満　付属校：同70%以上

2年予想受験者数前年対比は、すべて増加するとみています。

(5) 私立・国立・公立別【資料8】

最後に、私立・国立・公立別の2022年受験者数予想をみてみます。

2021年の合計は97・2%と前年を下回っていますが、2019年・2020年は前年を上回っていました。とくに2019年～2020年は私立の受験者数の増加が、2019年は国立の受験者数の増加が顕著でした。

しかし、「リーマンショック」のときは受験者数の比較的減少が少なかった国立と減少が大きかった公立で大きな差がありました。今回の「コロナショック」では、前年対比の差が少ないながら、「リーマンショック」のときと同様の減少となっていました。私立・国立・公立別の2022年の受験者数前年対比は、私立・国立は微減、公立は減少と予想しています。

めじろけんしん
目白研心中学校
共学校

所在地：東京都新宿区中落合4-31-1
TEL:03-5996-3133
URL:https://mk.mejiro.ac.jp/

アクセス：西武新宿線・都営大江戸線「中井駅」徒歩8分、
都営大江戸線「落合南長崎駅」徒歩10分、
地下鉄東西線「落合駅」徒歩12分

二兎追う者が二兎を得る 教員や先輩に支えられがんばる生徒

2021年春の大学入試において、これまでで最高の実績を残した目白研心中学校・高等学校。その要因について松下秀房校長先生にうかがいました。

コロナ禍で休校を余儀なくされた昨年度、目白研心中学校・高等学校（以下、目白研心）では、どうすれば学びを止めず、生徒をサポートできるかを第一に考えて対応にあたりました。「休校中のオンライン授業実施時は、自分専用のタブレットがない生徒には貸与し、対面授業開始後は、同じ敷地にある大学の広い教室も使いつつ密を避けるなど、学びを止めないよう配慮しました。また、なかにはオンライン面談で生徒の精神的なケアをした教員もいました」と松下秀房校長先生は話されます。

こうした学校一丸となった対応もあり、コロナ禍で大学受験を迎えた2021年春卒業生もそれぞれに力を発揮することができたのです。

主体性を育み 生徒の学びを支援する

目白研心には、学習支援センター（以下、センター）があり、その存在も大学合格実績伸長に大きな役割を果たしたと考えられます。センターは「生徒の主体性を育て、また憧れの先輩に出会える学校完結型学習をする場」としてつくられました。

「自習できるのはもちろん、大学受験の対策講座も受けられます。中学生は19時まで、高校生は20時まで使えるので、部活動後に勉強する生徒も多く、主体的に学習できているのを感じます。コロナ禍では、感染対策をしたうえで高3のみ使用可能としました。卒業生のチューターもおり、いろいろなアドバイスをしてくれています。彼らは生徒の気持ちを理解し同じ目線で相談に乗るので、そんな先輩に憧れてがんばる生徒が増えています」と松下校長先生。

まつしたひでふさ
松下秀房校長先生

困難な状況を乗り越え 夢をかなえてほしい

目白研心では、中学生の段階から卒業生を含めさまざまなかたから話を聞く講演会を実施し、生徒の夢を見つける手助けをしています。進路指導で大切にされているのは、個々の第一希望をかなえること。薬学部や看護学部に進みたい生徒もいれば、海外大学を志望する生徒もいます。

「全員が夢を実現できるよう応援するのが教員の役目です。しかし勉強だけすればいいのではありません。『二兎追う者は一兎をも得ず』ということわざがありますが、生徒には『二兎追う者が二兎を得る』と話しています。大人になれば仕事と家事など、複数のことをこなさなければなりません。ですから、大人への準備段階である中高時代も勉強、部活動、行事すべてにバランスよく取り組もうと伝えています。失敗すること、つらく感じることもあると思いますが、やらないで後悔するよりもまずは挑戦しましょう。失敗したとしても教訓を得られますし、『自分はできる』という自己肯定感は挑戦のなかで育まれていきます。困難な状況を乗り越えてこそ、夢はかなえられるのです」（松下校長先生）

教員の温かなサポートのもと、目標に向かって一生懸命に学校生活を送る目白研心生。彼ら、彼女らが後輩にいい影響を与える好循環が学校文化として構築され始めています。

主要大学合格者数推移
（2020年～2021年 既卒生含む抜粋）

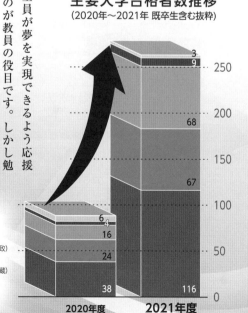

	2020年度	2021年度
国公立	6	3
早慶上理	4	9
G-MARCH（学習院・明治・青山学院・立教・中央・法政）	16	68
中堅有力私立大学（成城・成蹊・明治学院・獨協・國學院・武蔵）	24	67
日東駒専（日本・東洋・駒澤・専修）	38	116

その他の合格実績

北里（薬）、東邦（薬）、星薬科（薬）、東京医科（看護）、目白（看護）、海外大学（韓国：梨花女子大学校・慶熙大学校・延世大学校・韓国外国語大学校）など

学校説明会	要予約
11月20日(土)	10:30～
12月 2日(木)	10:30～
1月15日(土)	10:30～
入試体験会	**要予約**
12月18日(土)	13:30～

※実施の有無、内容についてはＨＰでご確認ください。

これでバッチリ!

合格に向けた最終チェック

いよいよ入試本番が間近に迫ってきました。ここでは、合格に向けていま確認しておいてほしい6つのチェックポイントをご紹介していきます。これらのポイントを参考にしながら、入試直前期を有意義に過ごしてください。

[Check] **No.1**

適切な志望校選びが合格への第一歩

偏差値にこだわりすぎず多様な観点に目を向ける

みなさんのご家庭ではいま、受験校をどこまでしぼっているでしょうか？ すでにいろいろと親子で話をしてきたことでしょうから、受験生本人の強い希望などによって第1志望校を確定しているご家庭もあるかもしれません。

しかし、一般的に中学受験は併願校も含めて複数校を受験しますから、併願校についても検討していく必要があります。そしてこの時期になるとたんなる「希望校」ではなく、「具体的に受験する学校」、つまり「入学するかもしれない学校」という意識で学校を選んでいくことが大切になってきます。

適切に志望校を選べるかどうかは、中学受験を成功させることができるかどうかにもつながってきます。たとえば、現在の本人の実力とあまりに差がある学校だけを受けた場合、反省ばかりの結果になることも考えられます。それに、気になる学校が複数あったとしても、試験日が同じなら受験はできません。そうした事態を避けるためにも、難易度や入試日程は、なるべく早い段階で確認しておきましょう。

ただ、難易度だけで学校を決めてしまうのも考えものです。難易度をはかるひとつの基準として「偏差値」がありますが、これはあるデータに基づいて学校を分析した結果をわかりやすく数値化したものにすぎず、「学校の評価すべて」を数値化したものではないからです。

各校には偏差値でははかれない、多様な魅力があります。偏差値はあくまで判断基準のひとつとしてとら

え、それ以外の学校の雰囲気や、学校行事、部活動への取り組み方などにも目を向けて、幅広い観点で学校選びを進めてください。

そして、そうした観点で学校を選ぶ際は、お子さんが「入学後の自分をイメージできているかどうか」という点にも気を配ってみてください。中高生活をその学校で送るようすを思い浮かべることができれば、その学校に入りたいという気持ちがより強くなるでしょう。それが受験を最後までがんばりぬく原動力にもなるはずです。

こうしたメリットもありますから、お子さんがその学校に向いているかどうか、受験生本人がその学校で学びたいと思うかなども含め、本人とよく話しあいながら、受験校は早めに決めることをおすすめします。

大学合格実績を確認する際の注意点

受験校を選ぶポイントとして、大学合格実績に着目しているご家庭もあるでしょう。とくに大学附属校ではない進学校の場合、中高6年間をその学校で過ごしたあとの進路は気になるところですが、大学合格実績を調べる際は、以下の点に気をつけてください。

ひとつ目の注意点は、その学校が合格実績を「実進学者数」と「合格者数」のどちらで公表しているかです。実進学者数は実際に進学した大学・学部、つまり、ひとりにつき1大学・学部のみ計上されます。

一方、合格者数はひとりが複数の大学・学部に合格した場合、それらがすべて計上されていきます。とくに人気の高い医学部医学科は、国立大学医学部合格者が私立大学医学部に同時に合格していることも多く、その両者が合格者数としてカウントされています。

ですから必然的に、合格者数よりも実進学者数は少なくなるのです。同時に1学年の在籍者数も確認してみると、小規模校の場合、合格者数自体は少なくても合格率は非常に高いということもありえます。

ふたつ目は「現役進学率」をどうとらえるかについてです。現役進学率が低い学校のなかには、現役時に合格した大学があったとしても、それが第1志望の大学ではなかった場合、翌年再チャレンジする生徒が多く在籍する学校があります。

そうした学校の先生がたは、より高みをめざして努力する生徒を熱心に応援している場合が多いです。現役進学率が低いからといって進学指導に力を入れていないわけではないのです。

最後の注意点は、こうした大学合格実績に関するさまざまな数値は、6年前に入学した生徒の実績だということです。ここ最近は大学入試改革や新学習指導要領の導入などの影響で、各校の教育内容にも変化がでてきています。

いろいろな数値の大小だけに注目するのではなく、その数値がなにをしめしているのか確認したうえで、各校が現在どんな教育を、どのように行っているのかもよく確かめるようにしてください。

「第1志望校」をどうとらえるか

ここまでさまざまなポイントや注意点を紹介しながら、「受験校」を選ぶ重要性をお伝えしてきました。しかし合格する人もいれば、不合格になる人もいるのが受験です。単純に考えて受験実倍率が2倍であれば、受験生の半分は入学できないことになります。

残念ながら第1志望校への進学がかなわず、併願校へ進学する場合もあるでしょう。そんなときは、進学する学校が「第1志望」であったと考えるようにしてください。

「受験校」は「合格したら入学する学校」として、多様な観点を比較して選んできたと思います。いくつもの学校を比べていくなかで、ご家庭にひびく魅力があったからこそ、その学校を「受験校」として選びとったはずです。

入学後の6年間を充実したものにできるかは自分次第です。どんな結果になったとしても、ポジティブな気持ちで進学してほしいのです。

[Check]
No.2

心身とも健康で体調管理は万全に

「あと○○日」は「まだ○○日」である

個人差はあるものの、これまではどちらかといえばのんびりしていた性格のお子さんも、少しずつ受験生としての自覚が芽生えてくるのがこの時期です。

塾などでも「入試まであと○○日」などのカウントダウンが始まるので、入試本番が近づいていることを体感しやすくなるのです。受験生としての自覚が芽生えれば、受験勉強にも前向きな姿勢で取り組むようになっていきます。

そのように主体的な姿勢で勉強に取り組むことは、そのほかの場面でもいい効果をもたらします。生活全般にわたって、いろいろなことに前向きに取り組むようになってくるのです。

小学生のうちから身につけようと思ってもなかなか身につけられるものではないこうした姿勢を体得できるのは、中学受験に挑戦したからこそ得られるメリットだといえるでしょう。

なお、さきほど塾でのカウントダウンについて触れましたが、「あと○○日」という掲示がでてきたとしても、けっして焦る必要はありません。お子さんにもそのようにアドバイスをしてあげてください。

入試本番までの残りの期間で、できることはまだまだたくさんあります。「もう○○日しかない」とマイナスにとらえるのは避け、「あと○○日もある」とプラスにとらえ、一歩一歩進んでいきましょう。

学習時間より密度や効率を意識

これからの時期、ラストスパートに向けて受験生のみなさんはよりいっそう勉強に熱が入ることでしょう。夜遅くまで長時間、机に向かうこともあるかもしれません。

受験勉強は、「これだけやれば大丈夫」と判断できるものではありません。ですから、真剣に取り組めば取り組むほど不安やプレッシャーがのしかかってくることも考えられます。

そして、そうしたネガティブな気持ちを、長時間勉強することによって、はねのけていきたいと思うのもわかります。

しかし、この時期は学習時間の「長さ」にこだわるのではなく、学習の

「密度」や「効率」を重視するべきです。そのためにインプット（新しい知識を獲得する）よりも、アウトプット（すでに学んだことを必要に応じて使っていく）に重きをおき、効率よく密度の濃い学習を進めていくことをおすすめします。

無理しすぎる受験生のストッパーとしての役割

保護者のかたにとっては、まだ小学生のわが子が不安やプレッシャーに耐えながら机に向かう姿をみるのはつらいと思いますが、そんなわが子を支えることこそ、保護者の役目です。

プレッシャーを感じているのはまわりの受験生もいっしょだということ、そして、真剣に勉強しているからこそ不安になるのだということを伝え、受験生を励ましてあげてください。プレッシャーに真正面から向きあうことができれば、それを「学力を伸ばすパワー」に変えていくこともできます。

また、受験生はどうしても無理をしがちになります。

その無理が原因で体調を崩して、思うように勉強に取り組めなくなってしまうのは避けたいところです。本人では気づきにくい部分もあるでしょうから、睡眠をしっかりとっているか、体力的に無理をしていないかなど、保護者のかたが気を配り、お子さんが無理しすぎるのを防ぎましょう。

忘れがちな歯の健康にも留意

直前期は寒さの厳しい冬ということで、例年、風邪やインフルエンザが流行しています。昨年は新型コロナウイルス感染症の予防に努めた結果、インフルエンザの感染者数が減少したというニュースもありましたが、逆に大流行も懸念されています。受験生だけでなく、ご家族みなさんで健康に気をつけて過ごしましょう。

コロナ禍において、帰宅時における手洗い・うがいを習慣化されているご家庭がほとんどでしょうが、念のためきちんと習慣が身についているか、再度チェックしておきましょう。こうした病気の予防については62ページからのコーナーでさらに詳しく解説しています。そちらも参考にしてください。

そして、なるべく早めに歯科医院を訪れて検診を受けておきましょう。虫歯は自然治癒することはありえませんから、入試直前に虫歯が痛みだせば、実力が発揮できず、これまでの努力が水の泡になってしまうことも考えられます。

もし検診で虫歯が見つかって治療を進めることになった場合は、入試日程を先生に伝えて、適切な治療をお願いしてください。歯の健康は、ふだんとくに異常がないと見落としがちですから、忘れずスケジュールに組みこんでおきましょう。

[Check]
No.3 有効活用したい「入試問題解説会」

解説会をとおして学べるさまざまなこと

学校ごとに名称は異なるものの、コロナ禍以前は12月から1月にかけての直前期に「入試問題解説会」を実施する学校が多くありました。「入試問題解説会」では、各校の先生がたによる自校の前年度入試問題を教材とした出題ポイントや注意事項などの具体的な解説に加えて、だいたいの合格基準についての説明がなされるので、実際の合格レベルを知ることもできていました。受験生や保護者にとって得るものの多いイベントだったのです。

しかし昨年はコロナ禍の影響で対面の「入試問題解説会」の実施を控える学校がほとんどでした。そうした場合、代わりにオンラインでの説明会が行われていました。

今年は人数を限定して対面で実施する学校もあれば、引きつづきオンラインで実施する学校もあり、対応は各校によってさまざまです。今後の情勢によっては変更することも考えられますから、実施の有無や内容は、かならず学校ホームページで確認するようにしましょう。

対面で開催する場合は、保護者向けの説明会と受験生向けの入試体験が並行して行われることがあります。入試体験は実際の入試と同じ教室、同じ制限時間内で、問題を解くという貴重な体験ができる機会です。模擬試験とはまたちがった臨場感を味わえますし、入試のシミュレーションとしても効果的ですから、ぜひ参加したいところです。

ほとんどの場合、入試体験のあとには先生がたによる詳しい解説がつづきます。出題意図はもちろんのこと、受験生がおちいりやすい失点部分はどこか、そのミスを防ぐにはどうすればいいのか、記述式解答における解答のコツや部分点がどんな解答に与えられるかなど、ためになるアドバイスが満載です。

こうした解説授業は、入学後の授業を疑似体験することにもつながります。どんな先生がどんなふうに教えてくれるのかを知ることで、「この先生たちのもとで学びたい！」という気持ちが高まり、勉強にもそれまで以上に力が入るようになった受験生もいます。

学校訪問は確認の機会にも

「入試問題解説会」が対面で実施されるなら、入試会場でもある学校への交通手段・所要時間を改めて確認することにも役立てられます。最寄り駅からの経路も含めて再確認しておけば、当日も落ちついて会場に向かうことができるはずです。

気をつけたいのは、寮を完備している学校や、受験生が多い学校を受ける場合です。これらの学校は、校舎以外の施設（別会場）で入試を実施することがあるからです。

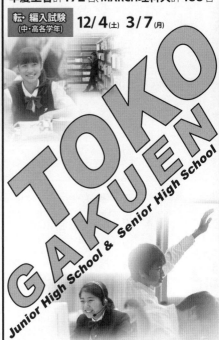

例年、保護者用の待機場所を設ける学校がほとんどでしたが、コロナ禍においては感染防止の観点から、そもそも待機場所を用意しない学校もありました。下見をつうじて会場

近くの待機場所を事前に探しておくと安心できるでしょう。

このように、「入試問題解説会」への参加は、いろいろなメリットをもたらします。もし受験を検討している学校で開催されるようなら、時間をやりくりして、ぜひ参加してみてください。

とくに、まだ志望校をしぼりこめていないご家庭は、学校訪問ができる貴重な機会ととらえて有効活用していただきたいものです。これまでじゅうぶんな情報収集ができていなかったかたも、志望校選択の判断材料をその日に入手することができるでしょう。

「合格カレンダー」の活用もおすすめ

さて、「有効活用」といえば、「合格カレンダー」についても触れておきましょう。冒頭で、中学受験は併願校を含めて複数回受験するのが一般的だと述べました。その数は平均で3~5回といわれており、それぞれ出願日、出願方法が異なります。

ほかにも、当日の付き添いはどうするか、合格発表日や入学手続き締め切り日はいつかなど、押さえておかなければならない事項は想像以上に多いものです。

そのため、受験校が多ければ多いほど混乱する可能性も高くなりますから、種々の日程をまとめた一覧表を作成しておくと便利です。それが「合格カレンダー」です。

「合格カレンダー」にさまざまな重要事項を書きこんでおき、情報をひとまとめにしたうえで家族全員で共有するといいでしょう。（「合格カレンダー」については、69ページから詳しく説明しています）

[Check] No.4 出願するときは焦らないあわてない

まずは出願方法のチェックから

出願手続きについては、最近は「窓口での受付は行わず、インターネットでの出願のみ」という学校が増えてきていますし、出願書類自体を学校窓口では配付せず、郵送で取り寄せるか、インターネット上からダウンロードするかのいずれかのかたちをとる学校もあります。ですから、受験校が紙の願書出願かインターネット出願か早めに調べて、各校に応じた対策をとりましょう。

そして入学手続きに際し、費用は学校窓口に納入するのか、銀行振り込み指定なのかを事前にきちんと確かめておくことが大切です。

複数校を受験すると、合格発表の日程や、入学手続きの日程が重複したり、近かったりすることが考えられます。そうなったときにあわてないように、前述の「合格カレンダー」などを活用して整理しておくことをおすすめします。

銀行振り込みの場合、ATMの利用を考えているかたもいると思いますが、銀行ATMでは現在10万円までしか振り込めません。キャッシュカードを利用すれば、一般的な入学金をカバーできる金額を振り込むことも可能ですが、できることなら銀行窓口で振り込みましょう。事前に学校近くの銀行や自宅近くの銀行について調べておくと安心です。

なお、インターネット出願では、受験料の払い込みがクレジットカード決済になることがほとんどです。使用可能なカードを保有しているかどうか、あらかじめ確認しておきしょう。

紙とインターネットそれぞれの注意点

●紙の願書での出願

受験可能性がある学校が紙の入学願書の提出を求める場合、願書は早めに入手するにこしたことはありません。学校説明会に参加した際にもらっておくのもいいですね。

ただし、説明会の時期によってはまだ新年度の願書が完成しておらず、前年度のものを参考として配付していることがあるので注意が必要です。また、願書に記載されている年度表記も学校によって異なるため、念入りに確かめておきましょう。

1月に入試予定の学校を受験する場合、年末はとくにあわただしくなります。本番が近づくにつれて願書のために動く時間をやりくりするのがむずかしくなりますから、焦りで思わぬミスを招いてしまうかもしれません。

実際に誤って前年の願書を使用してしまい、出願時に窓口で書きなおしたという体験談が届いています。落ちついた環境でミスなく記入するためにも、遅くとも出願の1～2週間前には記入を終えておきたいものです。

なお、中学受験の願書は保護者が記入することを前提につくられています。保護者の記入にあたって、文字の巧拙を気にされるかたがいますが、合否にはまったく関係ありません。正確に書くこと、そしてていねいに書くことを心がけておけば大丈夫です。

記入した願書は、コンビニのコピー機や家庭用のプリンターなどを使って、コピーをとっておくことをおすすめします。記入ずみの願書は他校の願書を記入するときに参考にすることができますし、面接がある場合は書いた内容に関する質問がなされることがあるからです。

●インターネットでの出願

近年増えてきたインターネットでの出願。最近はインターネット出願にしぼる学校もでてきています。入試前日の夜まで出願が可能なのはインターネットならではのメリットであり、直前の出願変更などにはうってつけです。

しかし、突然インターネットに接続できなくなってしまった、ルーターが急に故障してしまったなど、予期せぬトラブルに見舞われてしまう可能性があるのも、インターネットならではのデメリットといえます。

とくに入試前日の夜に出願するときにこうした不測の事態におちいってしまってはパニックになるでしょう。そのためにも、パソコンやインターネット環境に不調が起こったらどうするか、あらかじめ考えておけば安心できます。そのように心の準備さえしておけば、万が一の事態でも落ちついて対処できるはずです。

出願書類は学校ごとに整理

そのほか必要なものとしてあげられるのが

・受験生の顔写真
・通知表のコピー
・調査書
・健康診断書　などです。

顔写真は試験中に本人確認を行うために願書に貼付が求められます。ですからメガネをかけて試験にのぞむなら、メガネを着用した状態で撮

影します。各校とも貼付を求められる写真のサイズはほぼ同じなので、受験校より少し多い枚数を準備しておきたいものです。

小学校の通知表のコピーが必要な場合、2学期末に通知表を持ち帰ってきたらコピーをしておきます。また、在籍小学校からの調査書が必要な場合は、担任の先生に調査書の発行をお願いしなければなりません。学年末はなにかと多忙な時期ですから、依頼は日程にゆとりをもって行うようにしましょう。

こうした書類は、各校によって必要なものが異なります。どの学校でどの書類が必要なのか、別の学校のものが混ざってしまわないようによく確認しながら準備を進めるようにしましょう。

保管する際は、学校ごとにクリアファイルなどに収納して、決めた場所に置いておくことをおすすめします。外から見て内容がパッとわかるようにしておけば、まちがえることもありません。

同じように、出願後に発行された受験票も、学校ごとに分ける→決めた場所に保管する、という流れを徹底しておけば、入試本番の朝に受験票を探し回って遅刻寸前……といった事態も防げます。

受験校への乗換案内についてはスマートフォンのアプリからその場で簡単に調べられますが、念のため事前にインターネットで検索した経路をプリントアウトしておき、当日持参すると安心です。とくに乗り換えが多くルートが複雑な場合は、下調べは怠らないようにしましょう。

願書記入については、56ページからのコーナーで、記入例も含めて詳しく説明しています。

［Check］No.5

コンディションの調整も欠かさないことが大切

「夜型」から「朝型」に徐々に変更していこう

お子さんのなかには、勉強に励むあまり、夜遅くまで勉強をがんばってしまう「夜型」の生活パターンになっているかたもいるのではないでしょうか。

近年は午後入試を導入する学校が増加の一途をたどっていますが、それでも主流は午前の入試です。人間の脳は目覚めてすぐに完全に機能するわけではないので、そのままでは午前中の試験で実力を存分に発揮できないことも考えられます。

そこで重要なのが、試験開始時刻から脳が完全に働くように、本番までに生活パターンを「朝型」にしていくことです。人間の身体は新しい環境や生活パターンにすぐに適応するのはむずかしい部分がありますから、「夜型」から「朝型」への移行は1カ月ほどの時間をかけて、ゆっくり行っていきましょう。

「朝型」移行への第一歩は、就寝時間を早めること。早く寝た分早く起きるための行動ですが、本来の目的は「身体と脳を朝から目覚めさせること」です。早起き自体が目的ではないので無理は禁物。可能な範囲から進めていきます。

起きたらカーテンを開けて朝日を浴びる、窓を開けてみる、外気を取り入れる、空気を入れ換える……これらも脳を目覚めさせるためには効果的です。ただしこの時期、外気は冷たいので、風邪をひかないよう暖かい格好でいてください。

早く就寝する分、勉強時間が短くなってしまうことに不安を覚えるお子さんもいるかもしれません。しかし、すでにたくさんの勉強を積み重ねてきたはずです。これまでの自分の努力を信じて、いまはいちばん大切な、入試本番に向けたコンディションの調整に力を入れましょう。

「朝型」の生活に慣れてきたら、つづいて頭を働かせる練習をしていきます。漢字の練習や計算問題、前日に学んだ社会や理科の暗記事項の復習など、短時間でできるものに取り組むことで、「朝から脳を使うこと」に慣れていきましょう。

これも問題なくできるようになれば、「朝型」への移行はバッチリです。本番までこのスタイルをつづけて朝から脳のスイッチを完全にオンにしておけば、入試当日も最大限の力を発揮できるはずです。

なお、「夜型」を改善したいからと

いって睡眠時間を削ることはくれぐれも避けてください。睡眠をじゅうぶんにとらなければ起床後も眠気が残り逆効果になります。育ちざかりのお子さんにとって睡眠時間の確保はなによりも大切だということを覚えておいてください。

家族がチームとなって受験生を支えてほしい

ここまで何度か述べてきたとおり、受験に不安やプレッシャーはつきものです。そしてそうしたマイナスの感情は、本番が近づくにつれてどんどん大きくなり、これまでにないほど悲観的になってしまうこともでてくるかもしれません。

しかしそれだけ感情が揺さぶられるのは、これまで全力でがんばってきたからこそ。さまざまな経験をとおして、ひとまわりもふたまわりも成長できるのが、中学受験の持つ教育効果なのです。

ご家族のみなさんは、そんな受験生特有の心理を理解したうえで、彼らがゴールまで悔いなく走りきれるようにサポートをお願いします。

短時間でもいいのでだんらんの時間をつくったり、なるべく家族がそろって食事をしたり、それらがむずかしい場合は可能な範囲で受験にかかわることをサポートしたり……。

サポートといっても、学校の下見、交通手段の検索・検討、「合格カレンダー」の作成、出願や合格発表の方法確認、パソコンを活用しての情報収集など、内容はどんなものでもかまいません。

なによりも大切なのは、家族一人ひとりが、自分も受験生を支える一員なのだという意識を持ってお子さんに接することです。そうしたご家族の姿を見たお子さんは、「家族みんなが応援してくれているから自分もがんばろう」と、気持ちを奮い立たせることができるでしょう。

また、家族全員がチームとして受験生を支える中学受験は、家族のきずなを深められるいい機会にもなります。とくに、受験生に弟さんや妹さんがいる場合、彼らにとっても貴重な経験になるはずです。ぜひ家族で一致団結して、ラストスパートを駆け抜けてください。

いつもどおりの生活を直前期でもつづける

受験生を支え、見守るなかで気をつけてほしいのは「いつもどおり」に過ごすことです。とくに最初の入試日の前日は、お子さんの緊張感は最高潮に達しているはずです。

そこで特別なことをしてしまうと、かえってさらなるプレッシャーを与えかねません。ですから、わざわざ学校を休むのも、あまりおすすめできません。直前期といえども、「いつもどおり」の生活を心がけてください。それがお子さんの心の安定につながります。

塾に通っているお子さんは、授業がなくても塾の先生に会いにいきたいといいだすかもしれません。それまでお世話になった先生の顔を見ると落ちつくでしょうし、先生からのアドバイスや激励は大きな力ともなるでしょう。お子さんが望む場合は、塾に行くのもいいでしょう。

[Check]
No.6

受験に向けての努力は今後の人生の糧になる

当日の朝は時間にゆとりを

試験前日の夜は、翌日の持ちものを準備してから早めに就寝します。気持ちが高ぶって寝つきが悪いかもしれませんが、布団に入っているだけでも疲れはとれます。「寝なければ」と強く思いすぎずにおとなしくしていれば、そのうち眠りにつけるでしょう。

入試当日は、朝起きたらまず交通機関の運行状況を確認し、時間にゆとりをもって家を出発しましょう。この時期は降雪などで交通機関に影響がでるおそれがあるからです。途中で公共交通機関が止まってしまうことも考えられますから、入試会場へは保護者が付き添うのが原則です。そしてお子さんなら100%の力を発揮すると信じて、明るく送りだしましょう。

なお、公共交通機関のトラブルに対しては、各校とも入試開始時刻を変更するなどの対応をしてくれます。あわてることなく、安全な方法で会場に向かってください。

結果よりも過程を評価してあげて

合格発表はインターネットでも行われることが多くなりました。受験当日に合否が判明する場合もあり便利ですし、自宅で合否を確認できるので、万が一思わしくない結果でも、翌日以降の入試に気持ちを切り替えやすいという利点もあります。

保護者のかたは、つぎの試験が残っているなら気を取り直してつぎに向かうような声かけを、そしてすべての入試が終わったらどんな結果であったとしても、お子さんの努力をたたえてあげてください。

お子さんが受験に向けて努力を重ねてきた事実は結果によって変わるものではありませんし、その努力は称賛に値します。こうしたことから、「中学受験は結果より過程が大切である」といわれています。

残念ながら第1志望校とは縁がなくても、冒頭でお話ししたように、合格した学校が「第1志望校」だと考えるようにアドバイスをお願いします。受験をとおして成長したお子さんが、自分で選んだ学校で新しい一歩をふみだすことに大きな意味があるのです。

また、進学塾の先生がたは、みなさんの合否結果を気をもみながら待っています。合否にかかわらず塾への連絡はかならずしましょう。

ここまで6つの項目に分けて、直前期の過ごし方のポイントをご紹介してきました。これらを参考にしながら、直前期を過ごしていただきたいと思います。昨年からつづくコロナ禍により、つらく、苦しい受験期を送ってきたご家庭は多いはず。そんなみなさんが笑顔でゴールを迎えられるよう祈っています。

充実のICTでコロナ休校中も「学び」を守る

300席の食堂で美味しいお昼を!

15万㎡のキャンパスは東京屈指の広大さ

ケンブリッジ大学研修など豊富な海外行事

3万冊の蔵書と約150席の学習スペースがある図書館

吹奏楽部など文化系クラブも盛ん

●学校説明会（Web予約）

11月13日（土）
11月20日（土）
11月27日（土）
各13：00～14：30

学校概要および入試について

※すべて同一の内容となりますので
お一人様1回の参加にご協力ください。

※新型コロナウイルスの影響で、予定変更になる可能性がございます。
今後の開催予定につきましては、随時ウェブサイトをご確認ください。

●校内見学

見学はいつでも可能です。詳細はホームページをご覧ください。

[2022年度入試要項(抜粋)]※特待制度有り

	第1回	第2回	第3回
日程	2月1日（火）	2月2日（水）	2月3日（木）
募集人数	160名	60名	20名
試験科目	2科（国・算）または 4科（国・算・社・理）		2科（国・算）
合格発表	入試当日 18：00 Web発表		
手続き	2月10日（木）12：00まで		

アクセス JR横浜線・小田急線「町田駅」、京王線・小田急線・多摩都市モノレール「多摩センター駅」、JR横浜線「淵野辺駅」の各駅から直行便および路線バス（急行・直行バスは登下校時のみ運行）

日本大学第三中学校

〒194-0203　東京都町田市図師町11－2375
電話 042－789－5535　FAX 042－793－2134　URL　https://www.nichidai3.ed.jp/

知耕実学

東京農業大学第一高等学校中等部

世田谷の東京農業大学に隣接する東京農業大学第一高等学校中等部（以下、農大一中）。2021年度大学入試では、早慶上理G-MARCHに425名の合格者を出すなど、都内でも有数の進学校です。

School Data〈共学校〉
所在地：東京都世田谷区桜３丁目33番１号
アクセス：小田急線「経堂駅」・東急世田谷線「上町駅」徒歩15分、東急田園都市線「桜新町駅」「用賀駅」徒歩20分
TEL：03-3425-4481　URL：https://www.nodai-1-h.ed.jp/

本物に触れる「体験型の学び」で思考力・創造力を育む

農大一中は、本物に触れ、自ら考えて答えを導きだす「知耕実学」を教育の基本に置いています。

「畑も耕すと色々な芽がでてくるのと一緒で、知識も耕すと色々な知恵が生まれます。本物を自分の目で見て、手で触って、耳で聞いて、分からないことは自分の体と頭を動かして調べ、考え、自ら知識を耕し、知恵を深めて欲しいという願いが『知耕実学』という言葉に込められています」と語る田中越郎校長。

この「知耕実学」の実践が、農大一中独自の「体験型の学び」です。厚木にある専用農場で行う中1の稲作では、専門家に田植えから除草、稲刈りまでの指導を受けます。中2では、大学の先生による講座でお米の大きさやデンプンの形などを分析し、中3では大豆から味噌を作る体験をします。このすべての体験は東京農大の施設や研究室などと提携して行われており、農大一中ならではの学びです。

そして中3・3月に実施される課題研究発表が「体験型の学び」の集大成です。各自の興味や関心に基づいて決定したテーマについて、1年間かけて調査・研究し、同級生や下級生、保護者や教員に向けて、ポスターセッション形式でのプレゼンテーションと質疑応答を行います。これまでにサメの研究や自分の名字についての研究など、その研究テーマは多岐にわたっており、中3全員の課題研究を日本語と英語の論文にまとめた冊子は圧巻の大作です。

1年間かけて取り組む稲作。事前・事後学習も充実

次世代キャリア教育で他者を理解し、主体性を育む

2年前から取り入れた次世代型キ

ャリア教育プログラムが思わぬ効果を上げていると語る入試広報部長の川崎剛先生。「このプログラムは、正解のない問いに対して、自ら考え、仲間との議論を通じて他者を理解し、自分の言葉で発信することを目的としています。教員たちも、毎回ディスカッションをするグループを変えたり、クラスを交換して担当したり、学年主任が1人で担当したりと、ファシリテートする力が高まり、授業やクラス運営など、色々な面でプラスに作用しています。もともと自分の意見を主張する生徒が多いのですが、このプログラムでそれがさらに活発になったようです。新型コロナウイルスの影響で始まったオンライン授業ですが、新しい可能性も見い出せました。このプログラムとオンライン授業がマッチして、新しい学びを創造できるのではないかと期待しています」（川崎先生）

1年間かけて1つのテーマに関する探究を深めます

どんな困難な状況にあっても常にポジティブに考える農大一中の教員たち。困難な状況ゆえにみんなで研究し、課題を共有し合いながら、新しい形の「体験型の学び」を生み出していきます。

「一中一高ゼミ」で知的好奇心を楽しむ

農大一中のもう1つの特徴的な取り組みとして、「一中一高ゼミ」があります。放課後に実施する学年横断型ゼミで、「知を広げる・知を深める」をテーマに、教員が率先して自分の興味のある分野の講座を不定期に開講します。キャリア教育の一環として始まったゼミですが、部活動や補習・講習がある忙しい放課後の時間をやりくりしながら大勢の生徒が自主的に受講しており、今では生徒自身が知的好奇心を楽しむための不可欠な講座として多面的に展開されています。田中校長も「人体の仕組みと働き」というテーマで、医師としての見地から講座を開講しており、近年、医学部医学科の合格者が増えている背景には、少なからず田中校長の影響があるのではないでしょうか。

現地校の生徒との交流でコミュニケーション力が上がります

クイーンズランド大学への優先入学制度が始まる

グローバル教育にも力をいれており、希望者を対象とした中3のファームステイを含むオーストラリア11日間、高1・高2のオーストラリアホームステイ3週間の海外研修があります。また、セブ島で行われる2週間の英語特訓が人気で、毎年参加希望者が増加しています。

さらに、2020年度からオーストラリア・クイーンズランド州政府と提携した3カ月または1年間の留学制度や、クイーンズランド州が指定する現地語学学校での授業を経て、Group of Eightと呼ばれるオーストラリアのトップ8校の1つ、クイーンズランド大学への優先入学が認められる制度がスタートしました。

「これからのグローバル社会では、文化や価値観の違う人たちと共生していかなければなりません。そのためには、自分の考えがすべて正しいと思うのではなく、色々な考えを持つ人がいることを理解したうえで、自分の考えを、自分の言葉で、それも英語で表現することが求められます。

ぜひ本校6年間の学びを通して能動的に行動できる人になり、社会で必要とされる人材になって欲しいと思います」（田中校長）

学校説明会（予約制）

12月 5日(日)オンライン動画配信
1月 9日(日)10:00

入試日程

第1回 2月 1日(火)午後
第2回 2月 2日(水)午後
第3回 2月 4日(金)午前

Kamakura Gakuen Junior & Senior High School

鎌倉学園 中学校 高等学校

最高の自然・文化環境の中で真の「文武両道」を目指します。

https://www.kamagaku.ac.jp/

2021 2022

【中学校説明会】

11月 6日(土)13:00～
11月25日(木)10:00～

※各説明会の内容は同じです。

本校 HP から予約の上、ご来校ください。(予約は各実施日の 1 か月前より)

キーワード>> 鎌学 検索

【中学入試にむけて】

12月11日(土)10:00～11:30

2022 年度本校を志望する保護者対象(予約は 1 か月前より)

〒247-0062 神奈川県鎌倉市山ノ内 110 番地 TEL.0467-22-0994 FAX.0467-24-4352 JR 横須賀線 北鎌倉駅より徒歩約 13 分

教科別学習アドバイス

入試本番が近づいてくると、かぎられた時間のなかで、なにをすべきか迷うものです。そこで、このコーナーでは直前期におすすめの勉強法、そして科目ごとに学習のポイントをお伝えします。

本番までの残り時間を可視化して管理しよう

「直前期」や「ラストスパート」という言葉を目にする機会が多くなるこの時期。つい、焦りを感じてしまうのは受験生なら当然のことですが、冷静に入試当日までどのくらいの時間が残されているかを書きだすことから始めてみましょう。

そこで大事なのが、残り時間を「あと○日」と漠然と記すのではなく、スケジュール帳やカレンダーに書きこんで「可視化」することです。そうすると、ひと目で残りの期間を確認することができるので、時間の管理が容易になります。

たとえば、時間の区切りがわかるようになっている1週間型のスケジュール帳を用意したとします。

まずは、あらかじめ「睡眠」「学校」「食事」など、勉強できないことがわかっている時間をグレーのペンで塗りましょう。つぎに、塾の授業などすでに決まっている予定を書きこみます。すると、なにも書かれていないところがでてきます。そこが受験勉強することができる時間ということになるので、好きな色で塗っておけば計画的に勉強するのに役立ちます。

やることを取捨選択し効率よく勉強する

つづいて考えたいのは、やるべきことの取捨選択です。これまで受けた模試や過去問の結果をみると、どうしても苦手分野に目がいってしまい、あれもこれもと取り組んでしまいたくなることでしょう。しかしこの時期は、なにをやって、なにをやらないか、よくばらずによく考えて決めてください。

また、なんとなく参考書やテキストを眺めるだけの勉強では知識が身につきにくく、効率的ではありません。「あとで復習しよう」と思っていても、直前期はなかなかその時間が取れないので、「ここを勉強できるのはこれが最後かもしれない」と思って、手を動かしたり、声にだしたりと五感を使って学習しましょう。

朝の学習を習慣にして脳を活性化させる

みなさんのなかに「気づくとなにもせずに1日が終わってしまった」という経験をした人はいませんか。こういったことが起こる原因として「なにをすればいいか考えているうちに時間が経ってしまう」「気持ちが乗らないままなんとなく学習を進めてしまう」などが考えられます。

そこでおすすめなのが、1日の勉強を始める時刻と大体の内容をある程度固定化することです。ポイントは①得意教科②単純なもの③短時間（15～20分）④手作業のともなう学習の4つ。国語なら漢字などの知識問題、算数が好きなら計算や1行問題、社会や理科なら写真を見て名称を答える一問一答問題が最適です。

こうした問題を根気強く解いていくと、朝の学習が習慣化していき「朝、計算問題をやらないとなんだかすっきりしないな」と感じるようになります。1日の始まりに取りかかりやすい作業からスタートすることで脳を活性化させ、直前期の貴重な時間を有効活用しましょう。

さて、ここまでは学習するうえでの姿勢や方法についてお伝えしてきました。ここからはそれぞれの教科のポイントについてみていきます。

国語

文章の全体像を把握しよう

論説文、物語文ともに文章の全体像を把握することが肝要です。

そのうえで、論説文ではどうやって結論が導きだされているのか、その流れを意識して読みましょう。物語文の場合は、登場人物（とくに主人公）の気持ちの変化に注目して読むと効果的です。登場人物のだれをめぐって、なにが起きているのか、場面が動くところに傍線を引いておけば、内容が整理され問題が解きやすくなります。

暗記にも工夫を凝らす

漢字やことわざ、熟語などの暗記問題は、ただ丸暗記してしまうと、意味がわからず言葉として使えないままになってしまいます。これらは復習の際にきちんと意味を調べ、理解したうえで、その語句を使った例文を考える、具体例をあげる、ひと言にまとめるなど、定着させるために「ひと工夫」凝らすことをおすすめします。書き取りだけの勉強よりも時間はかかりますが、「使える言葉」が増えるだけでなく記述力もあがるので一石二鳥です。

学んだことを再確認する

この時期に新しいことをするのは得策ではありません。いちばん大切なのは、これまで学習してきたことが身についているかを確認することです。「つまり」「要するに」のうしろにつづく、さきに述べたことを抽象化した内容を把握できているかどうか、逆説の接続詞のあとにくる主張を読み取れているかなど、授業で習ったことを確実に理解できているかを確かめましょう。その際には、頭のなかだけではなく、実際に書きだしてまとめるとより効果的です。

算数

ケアレスミスを減らす

わかっていてもなかなかむずかしいのが、算数のケアレスミスを減らすことです。とくに問題の読みまちがいや計算ミスはだれにでも起こりうるからこそ、減らす工夫をすることが大切になります。

問題の読みちがいは「細切れに読む」ことで条件の見落としをなくしていきます。家で勉強するときは問題を音読してもいいでしょう。

読み取った情報は図や表に書きこみながら整理していきます。塾の先生に隣でチェックしてもらいながら行えると理想的ですが、むずかしい場合は保護者のかたがチェックしてあげてください。そして、まちがいを見つけたときは、まちがえた箇所をそっとしめす程度にとどめ、けっして感情的に指摘することがないようにしましょう。

計算まちがいが多い人は、途中式の書き方に注意を払ってみてください。問題用紙の余白に雑然と書いているのであれば、整理して縦に書くように心がけるとミスを減らせるはずです。

満点は初めからめざさない

大前提として、試験に合格するために満点は必要ありません。過去問などを解いているとつい、できなかったところに目がいってしまいますが、そこに時間と労力を割いても非効率どころか、自信をなくしてしまいかねません。

こちらも前述したとおり、直前期はやるべきことを取捨選択して「点数が取れるものを確実に取れればそれでいい」というくらいのおおらかな気持ちでいましょう。

たとえば、空間図形（とくに、回転や図形をともなうもの）・規則性などの分野は対策に時間がかかるため、いまの時点で苦手としているのならば、本番までに克服できない可能性もあります。それよりは割りきって自分の得意分野に注力し、安定して得点を重ねられるようにします。

社会

知識のまとまりで覚える

知っていれば答えられる知識問題以外に、さまざまなことがらの関係性を知らないとわからないことも問われるのが社会です。一問一答式の問題ばかりをこなしていると、そうした問題でつまずいてしまいます。

そこで大事になってくるのが、知識をまとまりとして覚えることです。例をあげると、地理分野の勉強であれば、地形や気候が産業や暮らしにどのような影響を与えているかについて考えます。歴史分野であれば「時代背景・原因→きっかけ→できごと」という一連の流れをまとめます。公民分野は、社会の制度・仕組みと、日常生活や時事的なことがらを結びつけて覚えましょう。

記述は書きすぎに注意

最近は、社会でも記述式の問題が増えています。そうした問題では、問題文をていねいに読み、なにを問われているのか（理由・影響・関係など）を把握することを意識してください。加えて、誤った内容をつけ足したり、主述の関係などがおかしくないか確かめる時間がなくなったりしないよう、解答は無理をして長く書かないよう気をつけましょう。

また、時事問題に関する出題が多いのも社会の特徴です。今年話題になったニュースは、その背景や影響を端的にまとめる練習をしておきます。東京オリンピック・パラリンピックの開催、デジタル庁設置、三内丸山遺跡の世界遺産への登録勧告などニュースとつながりを持つキーワードがあげられるだけでも大きな力となります。さらに、地名がでてきたら地図で確認する、意味のわからない用語は意味を調べる習慣をつけましょう。

理科

確実に基礎を固める

理科では、物理・化学・生物・地学の範囲から幅広く出題する学校が多く、手も足もでないような苦手分野があると、それ以外の分野でカバーするのがむずかしいかもしれません。もし、そのような分野があれば、少しでも得点できるように、基礎を固めることを意識しながら復習しましょう。なお、その際も手をつける問題を取捨選択してきちんと「使える知識」を増やします。

思いこみに気をつける

実験問題では、模試や過去問を解いていくなかで同じような内容の問題にであうことがあるでしょう。しかし、見たことがある問題だと感じても思いこみでミスをすることがあるため、そのつど実験の内容や意味についての理解を深め、知識を定着させていきます。反対に、生物の名前など、この時期に初めて見るものはイチから覚える必要はありません。

理科の時事問題でとくに出題されやすいのが、自然災害や天体などのニュースです。社会と同様に関連することがらとセットで覚えましょう。

2021年度・大学合格者数

国公立	90名
早慶上理	52名
G-MARCH	168名
医歯薬看護系(医学部医学科)	74名(10名)
海外大	1名

新設の2コース

IT医学サイエンスコース

プログラミング｜数学｜医学｜実験研究

各専門分野の研究者や開発者として、
リーダーシップを発揮できる人材を育てます。

プログレッシブ政経コース

世界｜英語｜政治｜経済

国際的な政治やビジネスシーンにおける
リーダーシップを発揮できる人材を育てます。

↓

本校独自のグローバルリーダーズプログラム

- 各界の第一人者を招いて実施する年複数回の講演会
- 英語の楽しさを味わうグローバルイングリッシュプログラム
- 異文化を体感し会話能力を向上させるバンクーバー語学研修
- 各国からの定期的な留学生や大学生との国際交流

学校説明会 本校HPよりご予約ください

11月13日(土) 10:00～12:00 入試問題解説会
11月27日(土) 10:00～12:00 入試問題解説会
12月18日(土) 14:00～16:00 5年生以下対象

新型コロナウイルス感染拡大の状況に応じて、
説明会実施日の2週間前を目安に、実施の有無を判断し、
ホームページに掲載いたします。
最新情報をホームページでご確認のうえ、お越しください。

2022年度 入試日程 インターネット(Web)出願

試験日		第1回 1/10(月祝)	第2回 1/11(火)	第3回 1/13(木)	第4回 1/15(土)
入試種別 試験会場	午前	4科 / 本校	4科 / 本校		特待チャレンジ(2科) / 本校
	午後	本校(2科・4科) 大宮会場(2科) / 本校・大宮会場(選択可)	特待チャレンジ(2科・4科) / 本校	IT医学サイエンス(算数1科) 大宮会場(2科) / 大宮会場	
募集定員		プログレッシブ政経コース 80名　IT 医学サイエンスコース 80名			
試験科目		4科(国・算・社・理)　2科(国・算)　1科(算)			
合格発表 インターネット		午前入試 1/10(月祝)19:00予定 / 午後入試 1/11(火) 10:00予定	午前入試 1/11(火)19:00予定 / 午後入試 1/12(水)10:00予定	1/14(金)10:00予定	1/15(土)19:00予定

春日部共栄中学校

〒344-0037 埼玉県春日部市上大増新田213 TEL.048-737-7611
東武スカイツリーライン／東武アーバンパークライン 春日部駅西口からスクールバス 7分
https://www.k-kyoei.ed.jp

専修大学松戸 中学校・高等学校

「社会に貢献できる知性豊かな人材」の育成をめざして

〒271-8585 千葉県松戸市上本郷2-3621 TEL.047-362-9102
https://www.senshu-u-matsudo.ed.jp/

予＝要インターネット予約（本校HP）

■学校説明会（要予約） 予 9/17（金）10時より予約開始

11/3（水・祝）10:00～12:00

12/11（土）13:30～15:30

【ダイジェスト版】 予 12/17（金）10時より予約開始

1/9（日）14:00～15:00

★本校の説明会参加が初めての6年生対象

社会情勢の影響もあり、イベントの開催に関しては事前に必ずHPをご確認ください。

インターネット出願実施

令和4年度中学校入学試験

■試験科目：3回とも4科目（面接なし）

▶第1回**1/20**（木）〈定員100名〉

▶第2回**1/26**（水）〈定員30名〉

▶第3回**2/3**（木）〈定員20名〉

※第2回入試の定員には、帰国生枠（若干名）を含みます。
なお、帰国生枠に出願の場合のみ、面接試験があります。

入試本番までの保護者のサポート

6つの事例から考える

入学試験の日が近づいてきました。これまでお子さんに寄りそってさまざま苦難を乗り越えられてきたことでしょう。ここでは直前期に起こりうるトラブルについて、実際に起こった6つの事例をお伝えしながら、保護者のかたがサポートできること、すべきことを考えていきます。

事例1 「捨て問」を見極め時間やペース配分を意識

過去問や問題集をじっくり解いて理解を深めていくタイプだった男の子。お母さんが答えあわせをすると、ほとんどの問題に丸がつきます。志望校の合格ラインもきちんと越えていて、本人も保護者も「いつもどおりの調子で受けられれば大丈夫！」と安心していました。

しかし、塾で行われた志望校別の直前講座に参加してみると、つぎつぎに課される問題をライバルたちがこなしていくなかで、本人は時間内にまったく解き終わりませんでした。男の子は泣きながら帰路につくことに……。

じつは男の子は自宅で勉強するとき、時間をはからずに問題を解いていたため、いわゆる「捨て問」を見極め、時間やペース配分をシビアに考えなければならないタイプの、その志望校の問題に対応できなかったのです。

勉強のようすをずっと見守ってきたお母さんも、時間配分が重要であることは知っていましたが、「本人の性格上、時間をはかると焦ってしまう」と考え、勉強のスタイルを変更しない方がいいと思ってしまったとのこと。

早い時期に合格最低点を超えていたこともあってか、すっかり油断してしまい、制限時間のことはいつのまにか頭から抜け落ちていたというのです。

それから、受験本番までのわずかな時間で、親子はまず、現時点で解ける問題、得意分野を選んで制限時間内に解き、時間の感覚を身につける練習を始めました。そして、過去問を広げたらまずは全ページに目をとおし、解ける問題に○をつけ、その問題から取りかかるようにしました。

最初はほとんどの問題に○をつけていた男の子でしたが、実際に解いてみると時間内に解ききれないものも多く混ざっていました。じつは、これまで自信満々だった彼のプライドが「解けそう」な問題にも○をつけさせていたのです。

そこで「解ける」問題に○を、「解けそう」な問題には△をつける方法に切り替えることに。印をつけ終わったら○の問題から解いていき、残り時間を見ながら△の問題にも手をつけることにしました。加えて、毎日、家庭学習で計算問題やドリルなどを短時間で解き、単純な問題には時間をかけないよう意識づけを行ったといいます。

こうした努力の結果、なんとか本番直前ではありましたが、時間内に合格最低点を上回るところまで仕上げることができました。

事例❷ あらゆる可能性を考えて事前に話しあっておく

公立中高一貫校を第1志望校としていた女の子のもとで起こったトラブルは、親子の話しあいが不十分だったことによるものでした。

彼女は日ごろの成績もよく、公立の適性検査問題もうまく解ける要領のいいタイプだったので、保護者のかたも本人も落ちついたようすで本番を迎えました。

入試当日も本人は手応えがあったようで「受かったつもり」でいましたが、なんと結果は不合格。本人はショックのあまり「中学校を卒業したら働く。二度と受験はしたくない」とふさぎこんでしまったのだそうです。こんな調子では、第2志望の私立中学の試験もうまくいくはずもなく……。

ご存じのとおり、公立中高一貫校への合格のむずかしさは並大抵ではありません。適性検査問題はおとなでも頭をかかえるような問題が多く、解答を導きだすまでの途中計算も長いので、ケアレスミスが大きく点数にひびいてしまうのです。また、その難易度の高さゆえに保護者が受験勉強をすべて管理するのはむずかしいでしょう。

そういったこともあって、今回のケースも受験に対する話しあいが不十分だったことが、原因のひとつと考えられます。

この場合は受験するかどうか以前に、うまくいかなかったらどうするか、受験したこと自体を後悔しないかどうかなどをしっかり確認するべきでした。さらに直前期に入ったら再度、お子さんの志望校に対する思いを確かめられると、なおいいでしょう。

女の子はその後、不合格だった公立中高一貫校から繰り上げ合格の知らせがあり、無事に第1志望校に進学することができました。しかし、点数開示を受けて試験問題を解き直してみると、やはり問題文の読みちがえや計算ミスが原因でふだんより点数が取れていなかったことがわかりました。本人は解き直しをするまで、これらのケアレスミスにまったく気づいていませんでした。

事例③ 1科目ミスしても ほかでカバーできる

国語が得意なその女の子は、小学6年生になってから着実に点数を伸ばし、苦手科目である算数も合格ラインまで届くようになりました。

ところが本番、算数で大きなミスをしてしまいました。家に帰ったとたんに、いままで見たこともないような勢いで泣きだす女の子に、家族はかける言葉が見つかりません。

たしかにショックだったとは思いますが、つぎの試験は待ってくれません。女の子のお母さんは「入試は総合点で決まるのだから、得意教科の国語と面接がバッチリならチャンスはあるよ」と、本人に話しました。

また、自信を取り戻してもらうために、本人がこれまでがんばってきたことを、一つひとつあげてほめるようにしました。陸上記録会があった時期も、練習と勉強を両立してやりきったことなどを思い出して、ようやく涙は止まりました。

受験では、問題の傾向が変わったり、難問がでたりと状況が読みにくく、焦ってしまうことがあります。それはまわりのライバルたちも同じでしょうから、あわてずに結果を待ちましょう。この女の子も無事合格しており、算数の得点は合格者の平均点より高かったそうです。

事例④ 当日はいつもどおりに 着慣れない服は避ける

制服のない小学校に通っていた男の子は、保護者のかたと相談し、入試のために制服に準じるジャケット・セーター・スラックスを購入しました。

当日それらを初めて身につけて向かった入試は、肩が凝ってなかなか集中できませんでした。試験会場ではジャケットを脱いでしまってもまったく問題はなかったのですが、男の子は「だらしなく見えるのでは」と思い、それもできなかったといいます。

じつは、入試当日にこのような服装にまつわるトラブルはよく起こります。慣れない洋服を長時間着ていることが、受験生にとってストレスになってしまうのです。とくに、午後に面接があり、かしこまった服装をするときは注意してください。

このほか、会場の空調に合わせられるような脱ぎ着しやすい服装にすることも大切です。入試当日は着慣れたもので、寒さ対策を万全にしましょう。

事例⑤ 忘れものには要注意 もしものときも冷静に

入試当日、受験票を忘れたことで

パニックになってしまった親子がいました。そのお母さんと女の子は何事も前もって準備をするタイプだったので、受験票以外の持ちものは早くから用意していたのです。

しかし、そこに受験票を入れるのを忘れ、当日あわてて取りに帰ったそう。道路がすいていたこともあり、自家用車で向かって間に合ったとのことですが、もしも渋滞に巻きこまれてしまったらと思うと……。また、自家用車での来校は、コロナ禍の現在は別にして、多くの学校が禁止していますから、本来ならば控えるべきです。

こうしたアクシデントは、当日の朝、筆記用具と受験票を確認すれば防げます。最近増えてきたインターネット出願では受験票をプリントアウトして持参する形式が多くなっています。あらかじめ2枚用意しておき、予備を保護者のカバンに入れておくのもいいでしょう。

なお、この事例のようにあわてて取りに帰らなくても、受験票を忘れた受験生に対して、各校は適切な対処をしてくれます。親の焦る気持ちが子どものプレッシャーを増大させることがないよう、くれぐれも気をつけてください。

事例❻ ときには厳しい言葉が励みになることも

この男の子は小学5年生のときから第1志望校が明確に定まっていました。その中学校に入学したら、地域でも強豪といわれているサッカー部に入部したいと考えていたのです。男の子は早いうちから受験当日までの計画も立て、順調に対策を進めていました。

しかし、過去問の演習が本格化した秋ごろに突如、「あの学校に行きたくない！」と言いだしたので、保護者のかたは驚きました。

なにがあったのか男の子に聞くと、早い段階で志望校を決めていたからこそ、本人にとってはいろいろなことが見えてきて気になったのだといいます。そして、「こんなに早くから対策してきたのに、もしもダメだったらどうしよう……」と不安になってしまったとのこと。過去問で実践的な演習を行ったことで、その気持ちがピークに達してしまったようです。

話を聞いた保護者はあえて厳しい言葉を男の子にかけました。「やりたくないのなら受験しなくてもいいよ」「近くの公立中学校に進もうか」と本人の意思に任せた言い方で問いかけたのです。

すると、負けず嫌いの男の子はこれに反発し、「やってやる！」と奮起。その後はますますやる気をだして、受験勉強に取り組みました。

合格発表の日 中学受験の経験がお子さんの成長の糧に

合格発表の日、きっとお子さんも保護者のかたもとても緊張されると思います。合格を無事手に入れることができたら、お子さんといっしょに心の底から喜びましょう。そして、塾の先生など、受験をサポートしてくれたかたにもぜひ報告してあげてください。

苦労することや心配ごとの多い受験勉強にマイナスなイメージを持つかたも少なくないと思いますが、この挑戦はかならずお子さんの成長の糧になるはずです。ひとつの目標に向かって数年間、努力してきた経験はけっしてむだにはなりません。中学受験はお子さんにとって、おとなへの階段を踏みだす貴重な「はじめの一歩」となることでしょう。

2年目も好調なクラス別英語授業と新たに始まる探究ゼミ

三輪田学園中学校

〈女子校〉

三輪田学園中学校では2020年度から、英検取得級によって「オナーズ」「アドバンスト」「スタンダード」の3つのクラスに分かれて授業を実践しています。また、今年度からは新たに「MIWADA-HUB」がスタート。2年目を迎えた英語教育がどんな展開をみせているのか、「MIWADA-HUB」とはいったいどんなものなのか、先生方にうかがいました。

英語の授業
iPadをはじめとするICT機器を積極的に活用する英語の授業。「これからの時代、英語教育とICT教育がさらに重要性を増してくると思います。このふたつをかけ算することで、いままで以上に生徒の力を伸ばしていきたいです」と藤田先生。

＼英語教育／

イングリッシュラウンジ
2020年の夏に完成した「イングリッシュラウンジ」。ネイティブ教員と気軽に会話できる場として、生徒に親しまれています。

3クラス制にしたことでさまざまなメリットが

三輪田学園中学校（以下、三輪田）の英語の授業は、「オナーズクラス」（英検準2級以上取得者）、「アドバンストクラス」（英検3級取得者、および、4級〈CSEスコア1000点以上〉取得者）、「スタンダードクラス」（前2クラスに該当しない生徒）の3つに分かれて実施しています。

週5時間という授業時間数は3クラス共通ですが、ネイティブ教員がかかわる時間数や使用教科書などを変えています。また進級する際、定期考査の成績や英検取得級によって上のクラスに上がることも可能です。

中1・中2のアドバンストクラスをそれぞれ担当する荒川容子先生と藤田純平先生は、クラスを分ける効果についてつぎのように語ります。

「基礎からゆっくり学びたい生徒、発展的な内容に取り組みたい生徒など、各自の希望に応じた指導を行える点で、クラス別授業は効果的だと思います。なお、アドバンストクラスはネイティブ教員と日本人教員のチームティーチングを週2時間行っています。ネイティブ教員ならではの視点で生徒とコミュニケーションをとってくれるので、生徒もやり取りを楽しんでいます」（荒川先生）

「生徒のモチベーションがいままでとは比べものにならないほど高いと感じます。もっと英語の力をつけたい、もっと上のクラスで学びたいという気持ちが、学習意欲につながっているようです。実際、中1はスタンダードクラスで、中2からアドバンストやオナーズクラスになった生徒もおり、彼女たちからはこのクラスで学べる喜びのようなものも感じ

School Data

所在地　東京都千代田区九段北3-3-15
TEL　03-3263-7801
URL　https://www.miwada.ac.jp/
アクセス　JR中央・総武線ほか「市ヶ谷駅」徒歩7分、JR中央・総武線ほか「飯田橋駅」徒歩8分

◆入試説明会
11月27日(土)13：30～
12月19日(日)13：30～
1月15日(土)10：30～
※すべて要予約。情勢により変更の可能性があるため、事前にホームページをよくご確認ください。

数学を極める【数学】

「特別授業では、それぞれが講師になりきって、いろいろな工夫を凝らした授業を展開してくれました。中1からも『また教えてほしい』という声が相次ぐほど好評で、本人たちも達成感を得たようです。机上の学びでは得られないそうした体験ができるのも、『MIWADA-HUB』の魅力だと思います」（斉藤先生）

Debate & Speech for beginners【英語】

「第1回の講座では私がディベートの基本的な手法を生徒に説明しますが、それ以降は生徒主導で、さまざまなテーマで議論をしています。いまは『制服は必要か否か』といった身近なテーマをあつかっていますが、ディベートに慣れてきたら、より高度な内容のテーマをあつかっていく予定です」（藤田先生）

日本の伝統文化を探究する【教科横断】

日本の伝統文化について、教科横断的に探究するゼミ。「着物」をテーマに、歴史や、洋服とのちがいなどを調べるとともに、簡単な着付けも学びます。

＼MIWADA-HUB／

Miwada Code Girls -Beginner-【情報】

プログラミングの基礎を学んだうえで、ドローンの制御や、プログラミングブロックを使った商品企画にチャレンジします。

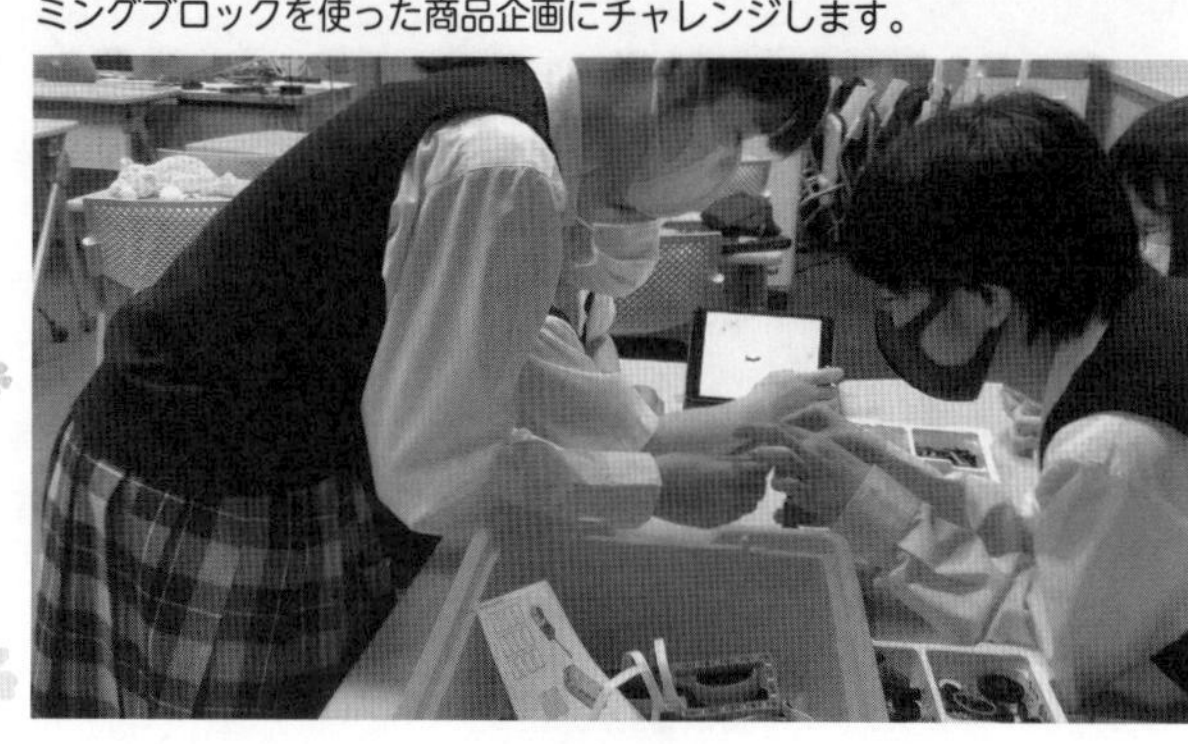

そのほか

数奇☆モノ！【国語】、歴史周辺散歩ブラみわだ【社会】、生活と科学【理科】、Hotai Inquiry（保体探究）【保健体育】、エシカルライフ【家庭科】

られます。そんな活気あふれる雰囲気のなかで授業を行えるのは、教員としてもうれしいです」（藤田先生）

それぞれのクラスで学んだ生徒たちがどのような飛躍を遂げるのか、いまから期待が高まります。

つながる、つなぐ「MIWADA-HUB」

つづいて「MIWADA－HUB」（ミワダハブ）についてうかがうと、「予測不可能な未来を生き抜くためには、正解のない問いに対して、自分で解決策を見出す力が必要です。そうした力を養うために、中2対象の『MIWADA－HUB』という探究ゼミをスタートさせました。9つの講座から好きなものをひとつ選び、そのなかで行う調べ学習や発表をとおして、思考力や判断力、発信力を身につけていきます」と話す荒川先生。

「HUB」は本来、車輪の中心部にあり、さまざまなものをつなぐ役割を果たすものです。「MIWADA－HUB」という名称にも、その学習を自分ひとりで完結させるのではなく、周囲の人、ときには校外のものや人も含めて「つながる、つなぐ」という思いがこめられているといいます。

なお、9つの講座は、国語、数学、英語、社会、理科、保健体育、家庭科、情報にまつわるものがひとつずつと、教科横断型のものがひとつ。どれも生徒の知的好奇心を刺激する取り組みが実践されています。

たとえば、数学科・斉藤幸弘先生が担当するゼミ「数学を極める」では、算数と数学のちがいを考えてみたり、オリジナル教科書をつくったり、念じれば確率は変わるのかをサイコロを使った実験で調べてみたり……と、じつにユニークなものばかり。

「この講座は、数学が好き・数学に興味を持っているという生徒が選びます。そんな彼女たちの『数学をもっと好きになるスイッチ』を押せるようなテーマを考えています。

また、『HUB』のねらいである『周囲の人とのつながり』を意識して、中1対象に中2が講師となって特別授業を行うとともに、ゼミ同士をつなごうと、体育と数学のコラボレーションを考えています。統計学や確率論を活用したトレーニングプログラムを組んでいるスポーツも多いので、なにかおもしろい試みができないか、担当者同士で練っています」（斉藤先生）

英語教育同様、これからの進展が楽しみな「MIWADA－HUB」。新しい取り組みを導入しながら、日々進化をつづける三輪田です。

世界とつながる私の「みらい」デザイン

麴町学園女子中学校

こうじまちがくえんじょし

東京都　千代田区　女子校　https://www.kojimachi.ed.jp/

麴町学園女子中学校では、めまぐるしい変化において「しなやかに、たくましく」対応できる「みらい型学力」を身につけ、多様化する社会に自信を持って羽ばたき、そのステージで鮮やかな輝きを放つ女性を育成する取り組みを行っています。

アクティブイングリッシュの取り組みで大きな成果

麴町学園女子中学校高等学校（以下、麴町学園）では、「みらい型学力」を育成するために、「みらい科」「グローバルプログラム」「思考型授業」「アクティブイングリッシュ」という4本柱を置いています。

とくに英語については、（財）実用英語推進機構代表理事である安河内哲也氏を特別顧問として迎え、4技能をバランス良く身につけ、本当に使える英語を身につけることを目標に、独自の授業「アクティブイングリッシュ」を展開しています。

この「アクティブイングリッシュ」の導入成果は、英検の結果にも如実に表れています。英語を得意とする生徒が入学する「グローバルコース」では、英検1級に合格者をだしています。また、2科4科受験で入学する「スタンダードコース」の50％は、中1終了時に英検4級以上をすでに取得しています。

アクティブイングリッシュでは活動型授業を展開

英語の力をいかし、高大連携など新たな取り組みを展開

この「アクティブイングリッシュ」の取り組みが大学の先生からも評価され、成城大学・東洋大学をはじめとする複数の大学と高大連携を締結しています。従来型の指定校推薦制度の多くは、大学との交流がほとんどなく、大学のことを直接知る機会が少ないのが現状です。そのため、「イメージが良い」「通いやすい」など表面的な理由で大学を選びがちになり、入学後に「思っていたものと違う」と学習意欲を失いかねない面も少なからずあります。そうしたミスマッチをなくすために、麴町学園の高大連携では、学習の一環として、大学を理解するためのさまざまな機会を設けています。そして、高校の評定平均や英検の取得級などの基準に応じて、連携校に進学することも可能になります。

また、アイルランドとニュージーランドの計4校と提携し、日本と連携校の両方の高校卒業資格を得ることができる「ダブルディプロマプログラム」を導入しました。

そして、6年間かけて考えて書く力を伸ばし、思考力・表現力を身につけさせる「小論文対策」や、現代社会において必要とされている「論理的な思考力・批判的な思考力」を身につけることを目的として、楽しい理科・楽しい実験をコンセプトに、生徒たちが自ら学び探究していくことを、実験や観察を通して行っていく「アクティブサイエンス」をスタートしています。

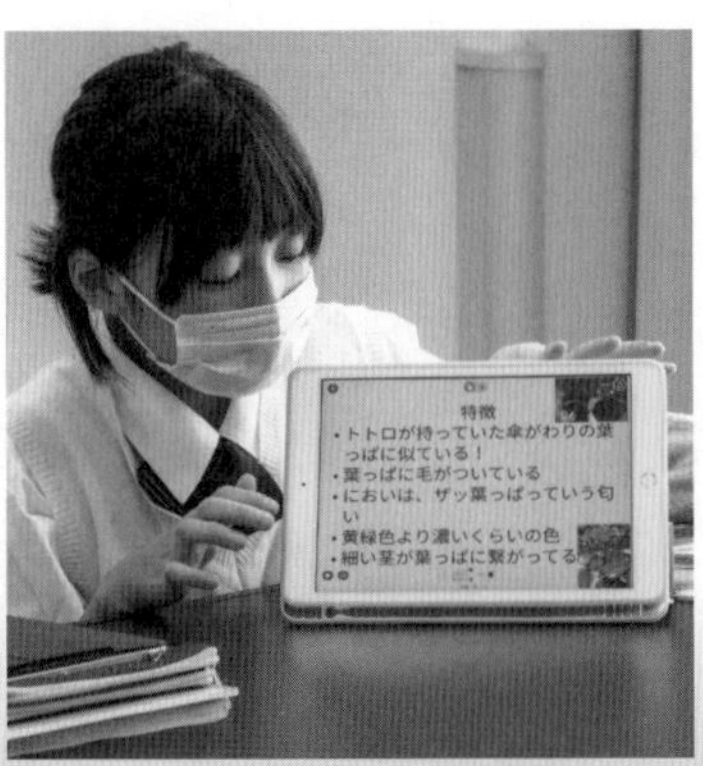

生徒１人１台iPadを所持

説明会日程

- ●ミニ説明会＆学校見学会　11/20（土）12/25（土）1/29（土）
- ●入試説明会＆入試模擬体験　11/28（日）12/12（日）
- ●学習アドバイスの会　12/19（日）
- ●入試直前学校説明会　1/15（土）1/23（日）

※上記はすべて予約制。詳細はHPをご覧ください。

SCHOOL DATA

Address：東京都千代田区麴町3-8
TEL：03-3263-3011　**Access**：地下鉄有楽町線「麴町」徒歩1分、地下鉄半蔵門線「半蔵門」徒歩2分

パターンを知れば怖くない

面接シミュレーション

志望校の受験に面接があると、緊張からどうしても不安な気持ちになりがちです。
そこで、ここでは面接の基本的なパターンや想定される質問内容をお伝えしていきます。
事前の対策がカギとなりますので、しっかりと準備していきましょう。

面接をする学校は減っている？

中学入試の合否判定において、一般的に最も重視されるのは学力試験の結果です。みなさんも高い点数を取るため、各学校の出題傾向に合わせて勉強を重ねているところだと思います。

なかには伝統的に受験生との面接を行う学校もありますが、その数は近年、減少しつつあります。理由としては、受験生が抱える負担への配慮という面が大きいでしょう。

受験生の多くは、複数の学校や試験回を受ける前提でスケジュールを組んでいます。それぞれの学校で面接が実施されると、時間的な制約を受けて午後入試などの受験がむずかしくなってしまいます。また、各校に対応した面接の準備にも時間を割かなければなりません。そうした背景から、面接を課す学校自体が減っているのです。

しかし、現在も受験生やその保護者に対して面接を実施している学校はもちろんあります。新型コロナウイルス感染症の流行で、昨年からはさらに数を減らしたものの、オンライン形式に移行して実施された例もありました。対面での実施、オンラインでの実施、いずれにしても学校側が面接を行う理由は同じといっていいでしょう。まずはその意図についてみていきます。

先生と話すことで学校を深く知る

面接を行う学校はその結果について、合否判断においては「参考程度」としているところがほとんどです。なかには「重視する」と公表する学校もありますが、合否に最も影響を与えているのは学力試験の結果であることが多いとされています。

つまり、学校側は受験生をふるいにかけるために面接を課しているわけではないということです。多くの場合、入学前に受験生と学校の先生が話す機会を設けることで、教育効果を高めたいという思いから実施されています。先生との会話をとおして、学校のことをもっとよく知ってもらおうとする意図もあるでしょう。

したがって、「面接があること」を理由にその学校の受験を諦めてしまうのは、非常にもったいないことです。面接の時間は短ければ5分、長くても15分程度ですから、面接形式や質問内容を事前に想定しておけば、対策はそれほどむずかしくありません。

人前で話すのが苦手な受験生にとっては、入試の場で初めて会う人と話すというだけでも、緊張してしまうことでしょう。しかし、面接官を務める先生はこれまで多くの受験生や保護者をみてきています。受験生が緊張している姿にも理解をしめしてくれるはずです。また、ある程度緊張していた方が表情に真剣さが生まれ、入試ではプラスの印象に転じることもあります。

このコーナーの内容も含め、しっかりと面接の意図や内容を理解して対策を講じたうえで、自信を持って面接に向かいましょう。

面接のパターンをおさえておく

前述のオンライン面接は、受験生の密を避けるという観点から今年も実施される可能性があります。まずは、オンラインでのぞむ場合の注意点をお伝えしていきます。

ひとつは、見える範囲内にいろいろなものを置かないこと。ディスプレイの周辺がごちゃごちゃしていると、つい目が行ってしまい、集中していない印象を与えてしまいます。

ふたつ目は自分の背後をすっきりとさせておくこと。面接官から見える背後は無地の壁などを選ぶのが望ましいでしょう。

つぎに、対面で実施される場合は以下の4パターンをおさえましょう。

・受験生のみの個人面接
・受験生数人のグループ面接
・受験生と保護者の面接
・保護者のみの面接

保護者面接が行われる際には、「自分の受け答えで子どもの合否が決まってしまうのでは」と不安に感じることもあるかもしれません。しかしながら、さきに述べたとおり面接結果が合否に大きな影響を与えることはほとんどありません。学校側は自分たちの教育理念を直接伝えたり、逆に家庭ごとの教育方針を聞いたりするために面接を行っています。入学前に先生がたと話せるチャンスととらえ、前向きにのぞみましょう。

質問内容は、54ページにまとめたような「この学校を志望した理由」「お子さんを育てられるうえで気をつけていること」「入学後の学校への希望」など一般的なことを聞かれる場合がほとんどです。ただし、保護者面接では、事前に提出したアンケートや願書の記入内容から質問をされることがあります。願書だけでなくそうしたアンケートなども提出前にコピーを取っておき、面接前に一読します。学校ごとに整理しておくのがおすすめです。

また、入試要項などに「保護者は1名でも可」とあるのは「2名の方がより好ましい」といった意味あいではありませんので、文字どおり1名でかまいません。

Pattern 1

個人面接

中学受験において、最もスタンダードな面接の形式です。受験生1名に対して面接官は1～2名で、3～5分ほどの短時間で行われることがほとんど。自分ひとりでのぞまなければいけないことから、不安や緊張を強く感じやすいかもしれませんが、おちついてのぞめば心配ありません。スムーズな入退室やハキハキとした受け答えを心がけましょう。

4パターン

Pattern 2
グループ面接
グループ面接は、受験生3～6名に対して面接官2～5名のかたちで行われることが多いとされます。それぞれ順番に指名され、質問をされるのが一般的ですが、挙手制や討論形式の場合も。どのような形式であれ、ほかの受験生が回答している間は静かに聞き、自分の順番がきたらおちついて話すようにするのが基本です。

面接の基本

Pattern 3 受験生と保護者の面接

受験生と保護者に対して面接官が２～５名つくパターンです。とくに指示がないのであれば、保護者の出席は１名でかまいません。この形式では親子関係についてみられるため、受験生と保護者で回答が食いちがわないようにすることが大切です。また、受験生への質問に保護者が焦って答えてしまわないように注意してください。

Pattern 4 保護者のみの面接

保護者のみでの面接の場合、面接官は１～２名であることがほとんどです。パターン③と同様に、指示がなければ保護者は１名の出席で問題ありません。このパターンでは、家庭の教育方針や学校への理解度についておもに問われます。受験生の面接と並行して行われることも多いため、それぞれ異なる回答をしないよう事前に確認しておくとが重要です。

◆保護者への質問例◆

◆ 中高６カ年教育についてどうお考えですか。
◆ 本校を含めて、なぜ中学受験をお考えになったのですか。
◆ なぜ本校を志望したのか教えてください。
◆ 本校についての印象を教えてください。
◆ 本校のことを、どのようにして知りましたか。
◆ 以前に本校に来たことはありますか。
◆ 通学に要する時間（通学経路を含む）はどのくらいですか。
◆ お子さまの長所と短所をあげてください。
◆ お子さまの性格について教えてください。
◆ お子さまの特技はなんですか。
◆ お子さまの名前の由来はなんですか。
◆ お子さまをほめるのはどんなときですか。
◆ お子さまの小学校での出席状況はどうですか。
◆ ご家庭でお子さまをお育てになるうえで、とくに留意されていることはなんですか。
◆ 日ごろ、ご家庭でどんな話をしていますか。
◆ 親子のコミュニケーションにおいて気をつけていることはありますか。
◆ ご家族でお休みの日はどのように過ごしていますか。
◆ ご家庭でお子さまの果たす役割はどんなことですか。
◆ 家族共通の趣味はなにかありますか。
◆ ご家庭で決めているルールはなにかありますか。
◆（キリスト教主義の学校の場合）本校はキリスト教主義の学校ですが、そのことについては賛同していただけますか。
◆ お子さまの将来について、保護者としてのご希望はありますか。
◆ 本校へのご要望はなにかありますか。

●受験生への質問例●

● 名前と受験番号を言ってください。
● 本校の志望理由を言ってください。
● 家から学校に来るまでの経路を簡単に説明してください。
● 本校に以前来たことはありますか。
● きょうの筆記試験はできましたか。
● すべての入試が終わったらなにがしたいですか。
● この学校に入学したら、いちばんしたいことはなんですか。
● 新しいクラスメイトがいるとして、自己紹介をしてください。
● 本校のほかに受験している学校はありますか。
● 長所と短所を教えてください。
● 好きな科目と苦手な科目はなんですか。
● 小学校生活で最も心に残っていることはどんなことですか。
● 小学校で委員会活動をしていましたか。
● 最近、気になったニュースはどんなことですか。
● あなたの尊敬する人物はだれか、理由も教えてください。
● 最近、どんな本を読みましたか。
● あなたが大切にしているものはなんですか。
● 地球に優しいことをなにかしたり、心がけていることはありますか。
● 将来の夢はなんですか。
● いままでで、いちばんうれしかったこと、悲しかったことはなんですか。
● お母さんの料理で、なにがいちばん好きですか。
● おうちで、あなたが担当しているお手伝いはありますか。それはどんなことですか。
● ピアノを習っているそうですが、好きな曲はなんですか（習いごとがある場合、それに合わせた質問になる）。
●（面接の待ち時間に「絵本」を渡されていて）絵本を読んだ感想を教えてください。また、その絵本を知らない人に内容を紹介してください。
● タイムトラベルするとしたら、だれとどの時代に行きたいですか。
● いじめにあっている人がいるとします。そのときあなたはどうしますか。

さて、オンライン形式でも対面形式でも、迷われるかたが多いのが面接時の服装です。基本的には、服装によって受験生の評価が変わることはないと明言されています。したがって、清潔感がある着慣れた格好であれば問題ありません。

もし気になるようなら、制服やそれに準ずる服装を選ぶといいでしょう。男子ならセーターにズボン、女子ならブレザーにスカートなどを着る受験生が多いようです。

どんなことを聞かれてどう答えるか

ここからは、面接でどのようなことを聞かれるのか、その内容をみていきましょう。学校によって質問内容は異なりますが、どの学校でも共通して聞かれやすい項目がいくつかあります。

ほとんどの学校で聞かれるであろう項目のひとつが「志望理由」です。その学校を志望する理由を、受験生も保護者も自分の言葉で伝えられるようにしておきましょう。願書にも志望理由を記入する欄があるはずですから、そこに書きこんだ内容とズレがでないようにしてください。すでに触れましたが、願書は提出前にコピーを取り、面接前に再度見直すことをおすすめします。

そのほか、よく聞かれる内容を右ページに整理しました。質問例を見ながら「こう聞かれたらこう答えよう」と想定問答をすることはもちろん有効ですが、用意した回答を話すことに固執するのはあまりよくありません。大切なのは、面接官と会話のキャッチボールができることです。相手の話を最後までしっかり聞き、ハキハキと答えられるようにしましょう。

そのためにも、ふだんから家庭内でたくさん会話を交わすよう意識しておくと効果的です。質問の項目を見てもわかるとおり、特別な準備や専門知識を必要とするような内容を聞かれるわけではありません。受験生の性格や、ふだん考えていること、どんな生活を送っているかなどを問うものがほとんどです。日ごろから自らの考えをだれかに話す機会を多く持つことが、面接の練習につながっているといえます。

また、話し方については本人の癖がでやすい部分です。話す内容がどれだけよく練られていても、伝え方によってはよくない印象を与えてしまう可能性があります。ふだんから保護者以外のおとなと話す際には敬語を使い、きちんとした言葉づかいを心がけることが重要です。友人と話すようなくだけた言葉や、語尾を伸ばした話し方などが面接の場ででないようにしましょう。

なお、塾で模擬面接などの対策をしてくれることもあります。面接の雰囲気に慣れるために有効な手段ですから、なるべく活用したいところです。もし、もっと練習したいという場合は、保護者を相手に面接を想定して話してみるのもいいでしょう。

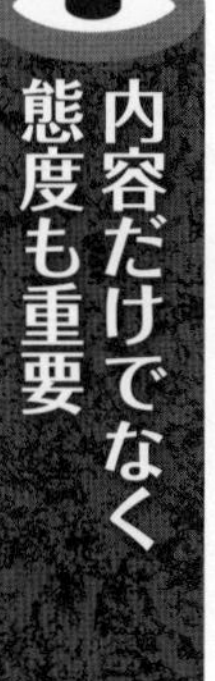

内容だけでなく態度も重要

つづいて、面接が実施される当日の動きについて確認します。

面接を課す学校の多くは、通常、控室などを用意しています。控室では、静かにおちついて自分の順番を待つのが一般的です。面接の注意事項などがアナウンスされることもあるため、聞き逃すことのないように気をつけてください。

面接をする部屋への入退室については、学校によってパターンが異なることもありますが、基本的な行動を覚えておけば、心配することはありません。たとえば入室時にドアが閉まっている場合は2、3度ノックしてから入ります。部屋に入ったら軽く一礼してイスの横まで進むというのは、ドアが開いている場合も同じです。そして、面接官の指示のあとイスに座りましょう。

その際、背もたれに背中がつかないよう腰かけ、手をヒザの上に置き、あごを引いて背筋を伸ばします。手足をぶらぶらさせたり、きょろきょろとあたりを見まわしたりすると、おちつきがなく見えてしまうので気をつけてください。

面接が終わったら、再びイスの横に立って一礼、部屋をでる前に再度一礼します。入室した際にドアが開いていた場合は、閉める必要はありません。その後、控室に戻って案内があるのを待ちます。ほかの受験生に配慮し、面接前と同じく静かに過ごすようにしましょう。なにを聞かれたかなど、面接の内容を教えるのは厳禁です。

さて、「イスの横に立つ」と書きましたが、これは、部屋に入ってイスに近づいていき、ドアに近い側に立つということです。

もし、イスの真後ろから近づく配置でしたら、イスの左側に立ちます。

サクサク 思いをこめて願書作成→提出

願書は志望校への思いを伝える重要な書類です。入試における最初の関門ともいえます。いいスタートをきるためにも、作成時のポイントをおさえ、ミスなく提出しましょう。

準備するもの

願書を作成する前に、必要なものがそろっているかどうか、まずは確認です。

願　書

第１志望校、第２志望校だけでなく、受験する可能性がある学校のものはあらかじめ入手しておきます。急な出願でもあわてることのないよう、早めに学校から取り寄せておくことをおすすめします。

筆記用具

記入に使うのは黒か青のボールペン、または万年筆です。替え芯やインクも用意しておきます。学校から指定がある場合は、指示にしたがってください。

※こするとインクが消えるペンは書き損じたとき便利ですが、認められていません

印鑑・朱肉

朱肉を使う印鑑を用意します。記入ミスをした場合を考え、訂正印もあると安心です。なお、スタンプ印は避けてください。

写　真

学校によってサイズ、撮影時期、スピード写真の使用可否など指示が異なるので、きちんと確認し、多めに準備しておきます。インターネット出願の場合は、写真をアップロードすることがありますので、写真のデータが必要になります。

学校案内

願書を記入する際に、学校案内があると参考になります。手元にない場合は、ホームページのデジタルパンフレットを活用しましょう。他校のものとまちがえることのないように注意してください。

出願方法確認

願書の提出方法は、インターネット、郵送、窓口と、学校によって異なりますので、最初にきちんと確認しておきます。コロナ禍の影響で、例年とは方法を変更している学校もあるので気をつけてください。

インターネット

インターネット出願の場合、願書を取り寄せる必要がなく、パソコンやスマートフォンから提出できるため、期限ぎりぎりまで出願可能など時間の融通がききます。受験料はクレジットカードなどで支払うことができます。

しかし、インターネット出願だからこそのミスも起こりえます。コピー＆ペースト機能を使ったことで、受験生の名前の欄に保護者の名前を入力してしまうといったことのないようにしてください。

また、インターネット出願とひと口にいっても、願書や受験票を印刷する、出願後に別途書類を郵送するなど、受験までの流れは各校それぞれですので、注意が必要です。

郵　送

まずは締め切り日を確認します。当日「必着」となっている場合は、確実に締め切り日に到着するように余裕を持って準備します。もし、まちがって他校に送ってしまったら大変ですから、書類や宛先をよく確認してから送付します。

窓　口

学校が指示している受け付けの日にち、時間にしたがって提出します。窓口提出ならではのメリットは、その場で願書を確認してもらえること。まちがいがあった場合に備え、願書作成の際に使用した筆記用具と印鑑に加え、訂正印も持っていくといいでしょう。

作成の前に

ここからはおもに、手書きの願書作成についてみていきますが、インターネット出願にも応用できる項目があると思いますので参考にしてください。次ページからは記入例ものせています。

コピーで練習

まずは練習のために願書のコピーに試し書きをします。文字の大きさやバランスを確認することができ、また誤字脱字を防ぐことにもつながります。

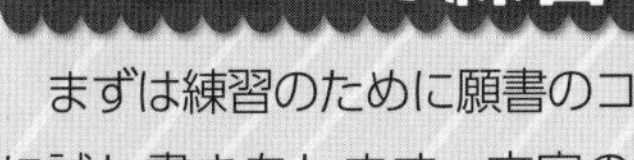

募集要項を読む

形式や項目は、学校によってちがいます。いくつかの学校の願書をまとめて記入すると混乱することもあるでしょうから、さきに募集要項をよく読んでから書き始めましょう。

受験回

受験回ごとに願書の用紙がちがう場合や、受験科目を選択させる場合があるので、学校ごとによく確認しましょう。

志願者氏名・ふりがな

氏名は略字などは使わずに、戸籍上の漢字で記入しましょう。ふりがなは、「ふりがな」ならひらがなで、「フリガナ」ならカタカナで記入しましょう。ふりがなの書きもれにはくれぐれも注意しましょう。

生年月日

西暦での表記か、元号での表記か注意してください。

現住所

志願者本人が現在住んでいる住所を、番地や部屋番号まできちんと記入しましょう。調査書などのほかの書類と同じ住所にします。

写　真

スピード写真やスナップ写真ではなく、専門店で撮影した証明写真を使用するようにしましょう。学校によって、サイズや撮影時期などの条件が異なりますので、確認して指定されたとおりにします。念のため、必要枚数よりも多めに準備しておきましょう。写真の裏に氏名と住所を書いておくと、万が一願書からはがれてしまっても安心です。メガネをかけて受験する場合はメガネをかけて撮影しましょう。

印　鑑

押し忘れが多いので注意しましょう。印鑑は朱肉を使用するものを使います。印がかすれないよう、下に台紙などを敷いてからしっかりと押しましょう。

保護者の現住所

「志願者本人の住所と異なる場合のみ記入」と指示があれば、未記入でかまいません。指示がない場合は、「同上」と記入するか、再度記入しましょう。単身赴任等で住所が異なる場合はその旨を記入します。

緊急連絡先

受験中のトラブルはもちろん、補欠・追加合格など学校からの緊急連絡時に必要となりますので、確実に連絡が取れるところを書いておくのがポイントです。保護者の勤務先を記入する場合は、会社名・部署名・内線番号まで書いておくと親切でしょう。最近は、携帯電話でもかまわないという学校も増えています。その場合には所有者の氏名と続柄も記入しましょう。

家族構成

指示がなくても、本人を書く欄がなければ、本人以外の家族を記入するのが一般的です。書く順番は、父、母、兄、姉、弟、妹、祖父、祖母としますが、募集要項のなかに明記されている場合もありますので、指示に従ってください。名字は全員省略せずに書きましょう。また、家族の続柄は志願者本人から見た場合が一般的ですが、まれに保護者から見た続柄を書かせる学校もありますので確認が必要です。

志願理由

記入例Aのようなアンケート形式や、ある程度の文章量で書かせるなど、学校によって異なります。

記入例A

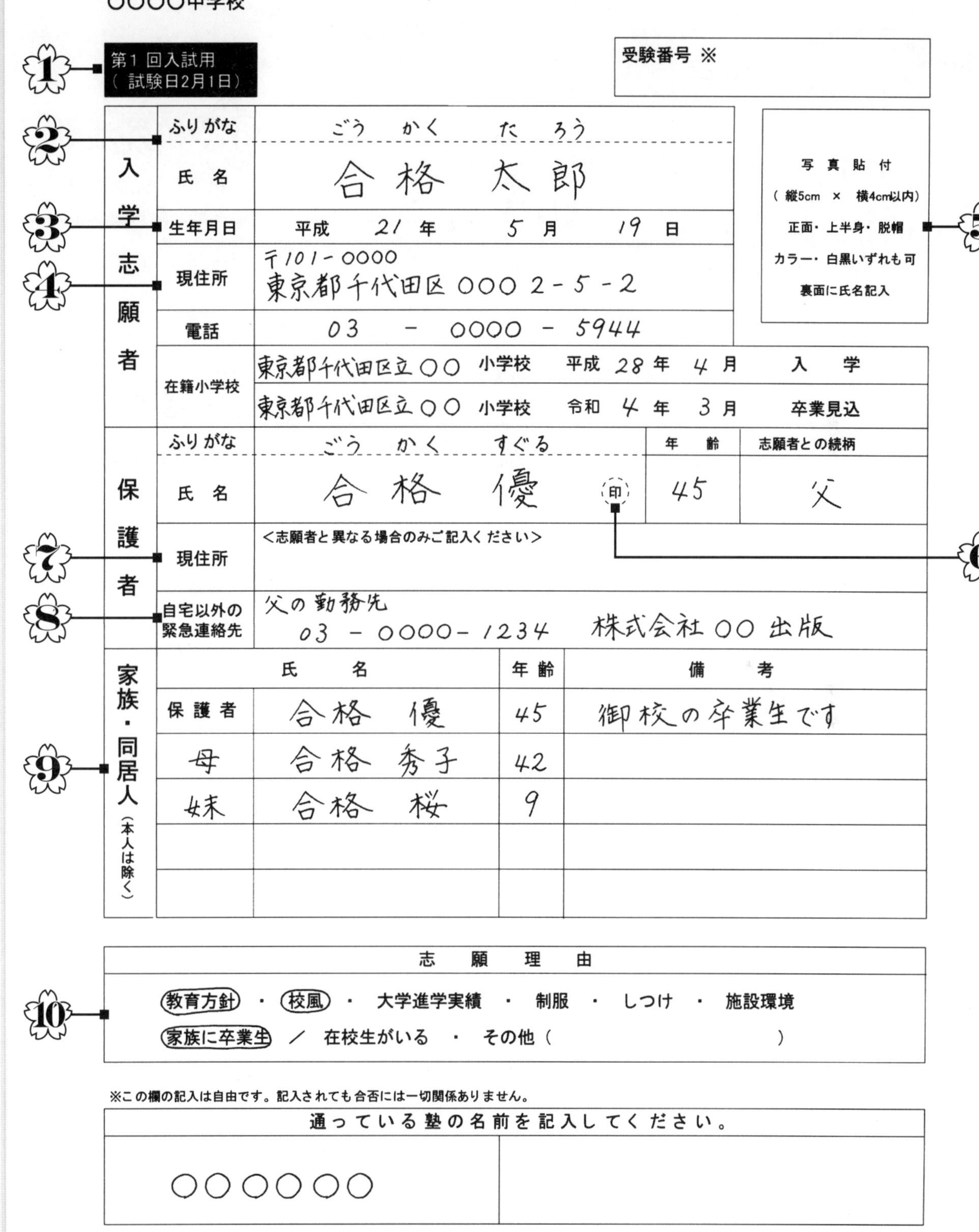

入学願書

令和４年度
○○○○中学校

①第１回入試用（試験日2月1日）

受験番号 ※

入学志願者	②ふりがな	ごう かく た ろう
	氏名	合格 太郎
	③生年月日	平成 21 年 5 月 19 日
	④現住所	〒101-0000 東京都千代田区○○○ 2-5-2
	電話	03 - 0000 - 5944
	在籍小学校	東京都千代田区立○○ 小学校 平成 28 年 4 月 入学
		東京都千代田区立○○ 小学校 令和 4 年 3 月 卒業見込

⑤写真貼付
（縦5cm × 横4cm以内）
正面・上半身・脱帽
カラー・白黒いずれも可
裏面に氏名記入

			年齢	志願者との続柄
保護者	ふりがな	ごう かく すぐる		
	氏名	合格 優 ⑥印	45	父
	⑦現住所	<志願者と異なる場合のみご記入ください>		
	⑧自宅以外の緊急連絡先	父の勤務先 03 - 0000 - 1234 株式会社○○出版		

⑨家族・同居人（本人は除く）	氏名	年齢	備考
保護者	合格 優	45	御校の卒業生です
母	合格 秀子	42	
妹	合格 桜	9	

志願理由

⑩（教育方針）・（校風）・大学進学実績・制服・しつけ・施設環境
（家族に卒業生）／在校生がいる・その他（　　　　）

※この欄の記入は自由です。記入されても合否には一切関係ありません。

通っている塾の名前を記入してください。

○○○○○○	

記入例B

志願者氏名	合格 のぞみ

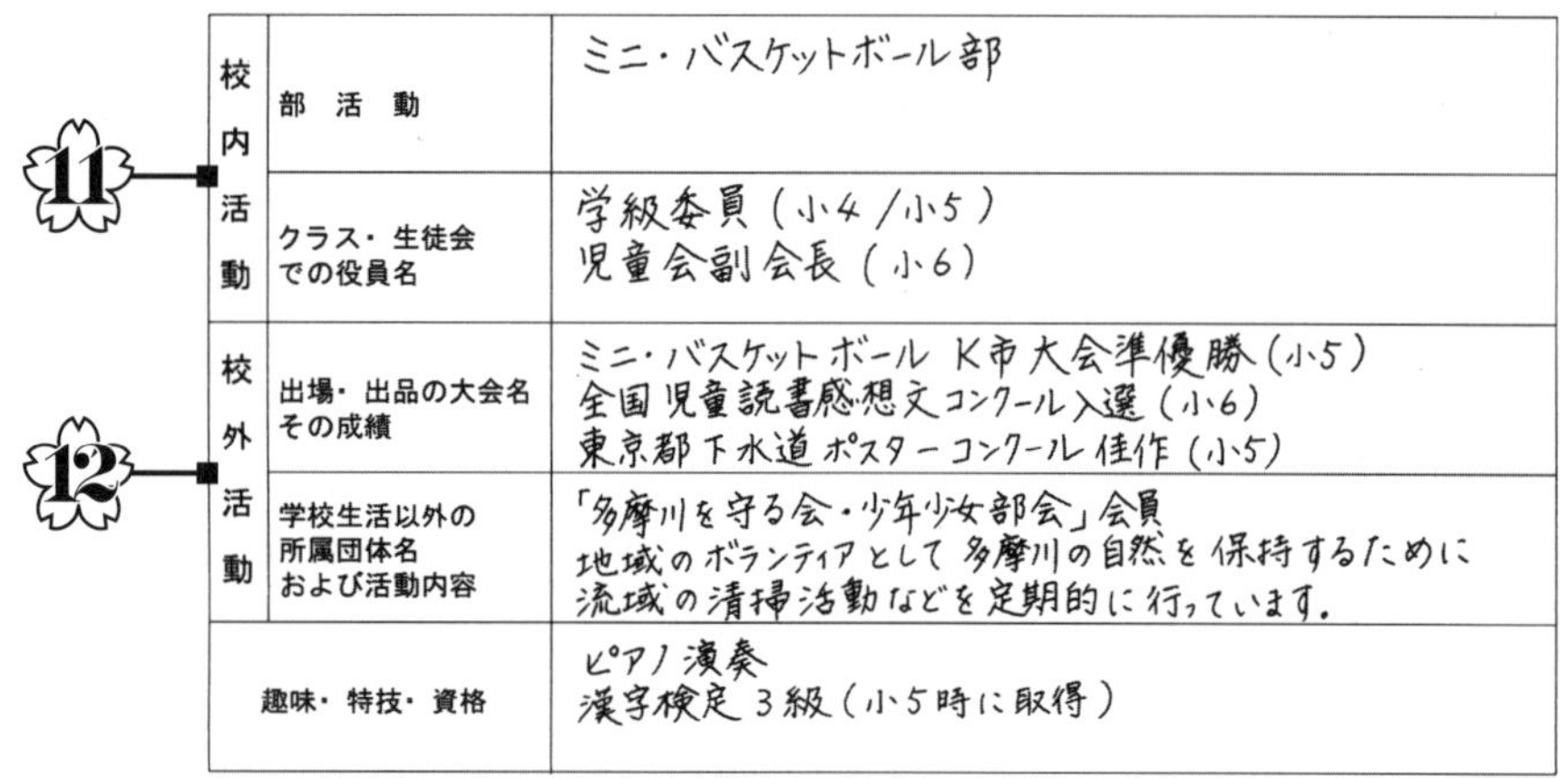

校内活動	部活動	ミニ・バスケットボール部
	クラス・生徒会での役員名	学級委員（小4／小5） 児童会副会長（小6）
校外活動	出場・出品の大会名その成績	ミニ・バスケットボール K市大会準優勝（小5） 全国児童読書感想文コンクール入選（小6） 東京都下水道ポスターコンクール佳作（小5）
	学校生活以外の所属団体名および活動内容	「多摩川を守る会・少年少女部会」会員 地域のボランティアとして多摩川の自然を保持するために流域の清掃活動などを定期的に行っています。
趣味・特技・資格		ピアノ演奏 漢字検定3級（小5時に取得）

志望理由	小学校5年生のときから、本人が御校学校説明会やオープンスクールなどに参加させていただきました。そうした折りに在校生のみなさんに接し、「ぜひ、この学校で勉強してみたい」という強い希望をいだくようになりました。両親としても、先生方のお話をお伺いする過程で御校の教育方針に共鳴し、ぜひ娘にこうした良好な教育環境のもとで中学高校時代を過ごさせてやりたいと念願しております（母記入）。

11 校内活動

書ける範囲でかまわないので、できるだけ記入するようにしましょう。

12 校外活動

小１～小６までで該当する活動があれば記入しましょう。

13 志願理由

文章は枠からはみださず、なるべく枠を満たすように書きましょう。学校の先生が目をとおすものなので、文体は「です・ます調」にします。入学したい熱意を学校に伝えるべく、学校の教育方針についての共感や、説明会などで学校に足を運んだ際に感じた率直な気持ちを綴（つづ）ってください。どう書けばいいかわからなくなってしまったときは、その学校のどのようなところがいいと感じたのか思いだしてみましょう。

記入例C

令和４年度○○○○中学校入学願書

第１回入試用（試験日2月1日）

受験番号

志願者	ふりがな	ごう かく た ろう	
	氏名	合格 太郎	
	生年月日	平成 21 年 5 月 19 日	
	現住所	〒101－0000 東京都千代田区○○○ 2-5-2 TEL 03（0000）5944	
	在籍小学校	東京都千代田区立○○ 小学校 令和 4 年 3 月 卒業見込	
保護者	ふりがな	ごう かく すぐる	志願者との続柄
	氏名	合格 優 （印）	父
	現住所	<志願者と異なる場合のみご記入ください> TEL （ ）	
	自宅以外の連絡先	連絡先	氏名または勤務先（志願者との関係）
		TEL・携帯 03 －0000－1234	○○出版（父）
		TEL・携帯 090 －0000－5678	秀子（母）
		TEL・携帯 － －	（ ）

写真貼付（縦5cm × 横4cm以内）正面・上半身・脱帽 カラー・白黒いずれも可 裏面に氏名記入

令和４年度

受験票

第１回入試用（試験日2月1日）

受験番号	
氏名	合格太郎

令和４年1月　日受付

入学試験時間割

1限	国語	8:45～ 9:35
2限	算数	9:50～10:40
3限	社会	10:55～11:35
4限	理科	11:50～12:30

受験上の注意
1. 試験当日この受験票は必ず持参し、8時20分までに入室すること
2. 合格手続の際は、この受験票が必要です。

○○○○中学校

14 切り取り

学校で受け付け処理がすんだら返却されます。絶対に自分で切り離さないようにしてください。

記入&入力

実際に記入や入力を始めると、わからないところや気になるところがでてくるものです。そんなときどうするべきかをお伝えします。

ていねいにバランスよく

手書きの場合、字の上手、下手を気にするかたもいるかもしれませんが、そのことが受験結果に影響することはありません。大切なのは読む相手のことを考え、1字1字ていねいな楷書で書くことです。

スペースが広くとられている志望動機などの項目は、文字の大きさなど、全体のバランスにも気を配ってください。余白ができないように、また文字がはみだすことのないように気をつけます。罫線がない場合は、鉛筆で薄く線を引くと書きやすいでしょう。書き終えたあと、インクが乾いたのを確認してから線を消してください。

文体を統一

長い文章を書く項目は、文体を統一します。文体は「です・ます調」をおすすめします。「だ・である調」は読み手にやや高圧的な印象を与えてしまうからです。

不明点の対応

疑問点や不明点は学校へ問いあわせましょう。問いあわせたことによって、受験結果が変わることはありませんし、どの学校もていねいに対応してくれるはずです。

ミスをしやすいのは……

住所や名前など、書き慣れている項目は、書き慣れているがゆえに気が緩み、ミスをすることが多いものです。保護者で学校ごとに分担するなど、時間と心に余裕を持って書くようにしましょう。

それでもうっかり書きまちがえてしまうことは考えられます。その際は、募集要項で訂正方法を確認し、指示がなければ訂正部分に二重線を引いて、上に訂正印を押します。

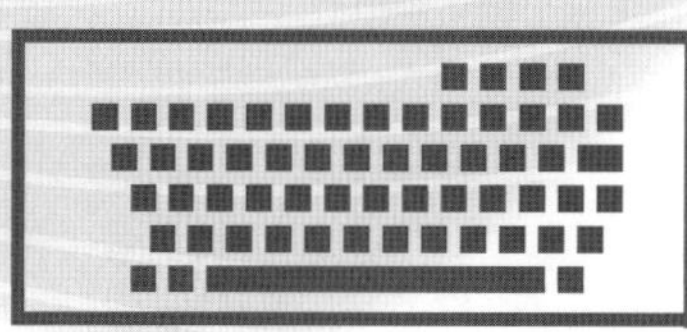

最終チェック

書き終わったら捺印もれや誤字脱字がないかどうか、記入した本人に加え、第三者の目で確認してください。異なる目でみることで、ミスに気づきやすくなります。

そして必要なときにいつでも見返せるよう提出する前にコピーをとっておきます。面接では、願書に記入した内容を聞かれることがあるため、手元にあると安心です。

コピーした願書はほかの資料とともに、学校ごとにクリアファイルなどに入れ、保管しておきます。学校名や受験回数がわかるようにまとめておくといいでしょう。

最終チェックも終了したら、「サクラサケ」と思いをこめて提出してください！

医師が教える

用心したい病気と予防法

これからの季節に、受験生のみなさん、そしてご家族のみなさんに気をつけてもらいたい病気をお伝えします。新型コロナウイルス感染症についても、まだ油断はできません。しっかりと予防し、入試本番を万全の体調で迎えましょう。

医療法人社団裕健会
神田クリニック理事長　馬渕 浩輔

インフルエンザ

例年12月～3月に流行するインフルエンザは、受験生やそのご家族にとって最も避けたい病気のひとつといえるでしょう。インフルエンザウイルスによって引き起こされる病気で、A型、B型、C型、新型に分類できます。A型、B型、新型は大きな流行を引き起こしますが、C型は軽症ですむことがほとんどです。

風邪と異なる点としては、急激な発熱があげられます。インフルエンザでは38度以上の高熱がみられ、さらに悪寒や激しい関節痛などの全身症状が現れます。適切な治療を行う必要があり、行わないと熱が1週間ほどつづきます。そして悪化すると、さまざまな合併症を引き起こすこともあるので注意してください。

前述のような急な発熱があった場合は、事前に医療機関に連絡をとり、受診可能かどうかを確認したうえで、診察を受けるようにしましょう。

インフルエンザの潜伏期間は1日～4日程度といわれています。発症から48時間以内に、左ページでお伝えする抗インフルエンザ薬を投与することによって、症状を大きく改善することが可能です。ほとんどの場合、熱は2～3日で下がるでしょう。

「投薬は発症から48時間以内」とお伝えしましたが、48時間以上経ってしまった場合でも、医師の診察はかならず受けるようにしてください。症状を緩和する治療を行いますし、症状が重いようであれば、抗インフルエンザ薬を投与するという判断をくだすこともあります。

発熱やのどの痛みは市販薬でも和らげることが可能ですが、それでは根本的な治療にはなりません。また解熱剤の使用には注意が必要で、ロキソニンやアスピリンなどは絶対に使用しないようにしてください。脳症など脳の問題を起こす副作用をもたらす場合があるからです。どうしても解熱剤が必要な場合は、医療機関で医師に、アセトアミノフェン（カロナール）などを処方してもらいましょう。

ご自宅では栄養をとるためにしっかりと食事をしてください。発熱があると食欲がないかもしれませんが、免疫力が低下してしまうとウイルスを追いだす力が弱くなってしまうため、食事は欠かさないようにしたいものです。

ワクチン

インフルエンザを予防するうえで、最も効果的と考えられているのがワクチンの接種です。近年ではA・B・新型の３種混合ワクチンを接種できます。ですから、新型のワクチンを改めて打つ必要はありません。しかし、免疫力が低い13歳以下のお子さんは、２回接種する必要があることを覚えておいてください。

近年、ワクチンは４価（Ａ型〈ソ連型・香港型〉、Ｂ型〈山形系統ビクトリア系統〉）が使われるようになりました。抗ウイルス薬に耐性を持つインフルエンザウイルスも出現していますが、４価のワクチンにより流行するタイプをかなり網羅できるので、接種をおすすめします。

なお、ワクチンは効果がでるまでに接種から約２週間、有効期間は約５カ月といわれています。そのため、中学受験をひかえるご家庭では、１回目は年内のできるだけ早いうちに、そして２回目は年が明けた１月に打ちましょう。ワクチンの不足も考えられますから、早めに医療機関に確認するようにしてください。

治療薬

インフルエンザを治療するための抗インフルエンザ薬には、
・内服薬：ゾフルーザ、タミフル
・吸入薬：リレンザ、イナビル
・点滴薬：ラピアクタ
の５種類があります。

ゾフルーザは、「キャップ依存性エンドヌクレアーゼ阻害剤」と呼ばれる種類で、細胞内でウイルスそのものを増えないようにする働きを持ちます。

一方、そのほかのタミフル、リレンザ、イナビル、ラピアクタは、「ノイラミニダーゼ阻害剤」という種類の薬です。細胞内で増殖したウイルスが、細胞から外にでるプロセスをはばむことで、周囲の細胞に感染が広がるのを防ぎます。

このなかで内服薬のゾフルーザ、吸入薬のイナビル、点滴薬のラピアクタは、１回の投薬で治療が終了します。受験生は早くなおす必要がありますから、これらの使用しやすい治療薬がいいかと考えられますが、あくまで医師と相談したうえで決めることになります。

注意!!

繰り返しになりますが、インフルエンザの際に、解熱剤としてロキソニンやアスピリンの使用は禁物です。絶対に使わないでください。解熱剤は医師に処方してもらいましょう。

インフルエンザでは

~~ロキソニン~~
~~アスピリン~~

アセトアミノフェン
（カロナール）

完治の目安

早めに抗インフルエンザ薬を投与することで、２～３日で解熱できることはすでにお伝えしたとおりです。その後、次第に関節の痛みもとれてくるはずです。

しかし、発熱や関節痛の症状がおさまったからといって、すぐに完治したと考えてはいけません。インフルエンザは原則、完治までに発症翌日から７日間、解熱後２日間かかるといわれています。抗インフルエンザ薬を使用することによってウイルスが急速に減少したとしても、完全になくなったわけではないのです。

ですから、症状が緩和したと思っても、すぐに外出することは控えてください。安易に外出してしまうと、ウイルスをまき散らすことになりかねません。

風邪

RSウイルスやアデノウイルス、ライノウイルスなどの感染症を総称して「風邪症候群」と呼びます。これがいわゆる「風邪」です。

おもな症状として鼻水、鼻づまり、咳、痰、のどの痛みなどがあります。発熱も症状としてあげられますが、インフルエンザのような高熱にはなりません。

風邪はインフルエンザとは異なり、抗ウイルス薬はありません。ほとんどの場合は、自然に治癒するでしょう。身体をよく休めて、睡眠と食事（栄養）をしっかりとることが大切です。そして気をつけたいのは、脱水症状を引き起こさないようにすること。水分補給を忘れないようにしてください。

近年は、RSウイルスが流行しています。小さいお子さんがかかってしまうと、ときに重症化することがあるので注意が必要な病気です。中学受験生ぐらいの年齢であれば、重症化の可能性は低いと考えられます。しかし、もし咳がひどい、熱が高いといった症状がみられる場合は、医療機関を受診しましょう。

また、前述した症状が1週間以上つづく場合も、ほかの病気の可能性が考えられます。医療機関を受診することを検討してください。

マイコプラズマ肺炎・百日咳

マイコプラズマ肺炎や百日咳のおもな症状は、乾いた咳がつづくことです。また、微熱をともない、それが長引くことがあります。悪化してしまうと、髄膜炎や肺炎になる場合もありますので、じゅうぶんに注意してください。

そのため、風邪をひいたと思っていても、咳の症状が1～2週間つづく場合は、医師の診察を受けることをおすすめします。ほかの病気と同じように、医療機関に電話したうえで受診するようにしましょう。

ウイルス性腸炎

これからの時期は、急激な吐き気やおう吐、腹痛、下痢などの症状がみられるウイルス性の腸炎にも気をつけましょう。

病気を寄せつけない！ おすすめの対策

インフルエンザや風邪は、飛沫感染（※）します。学校や電車など、人が多いところで感染することが多いので、紹介する予防法を実践し、じゅうぶんに注意してください。

※咳やくしゃみなどによって飛び散ったウイルスを吸いこむことで感染すること

手洗い

外出先ではさまざまなものに触れるので、手指に菌がつくのを防ぐことはできません。ですから家に帰ったら、指や手のひらに加え、指と指の間など、細かい部分もしっかりと洗うことが大切です。

うがい

うがいも手洗いといっしょに習慣化しましょう。市販のうがい薬（「イソジン」など）もありますが、かならずしもそれらを使わなくてもかまいません。真水でうがいをしてもじゅうぶんな効果があります。

専用タオル

ご家庭でのタオルの共有はNGです。ペーパータオルや、専用のタオルを用意します。手洗いやうがいが不十分で菌がついたタオルを共有すると、家庭内の感染につながります。

風邪をひいたときの4つのギモン

どれくらいの症状であれば、医療機関を受診せず、市販薬で大丈夫でしょうか。

鼻水、咳、痰がでる程度であれば、初めのうちは市販薬でも問題ないと思います。しかし、市販薬を２～３日飲んでいるのに症状が改善しないという場合は、医療機関に連絡をとり、医師の診察を受けた方がいいでしょう。

病院の待合室などで病気に感染することがあると聞きました。予防のためにどんなことをすればいいですか。

これからの時期、小児科には多くの患者さんがきます。それにともない、病院の待合室で感染する可能性も高まるということです。そのため、高熱がでている場合や、インフルエンザが疑われる場合などは、あらかじめ医療機関に電話するようにしてください。そして、どのような対策を取るべきか相談しましょう。

また、症状があまりひどくない場合でも、まずは医療機関に連絡することをおすすめします。患者さんが多いと待ち時間が長くなることが考えられるからです。医療機関によって対応が異なりますから、そのつど確認すると安心です。

どの程度の水分をとればいいでしょうか。

発熱している場合は、少なくとも１日に1.5Ｌの水をとるようにしてください。もし、尿の回数が減ってきたり、尿の色が濃くなってきたりしたら、脱水症状を起こしている可能性があります。お子さんのようすに気を配りましょう。

お風呂には入らない方がいいでしょうか。

絶対に入らない方がいいというわけではありません。37度程度であれば、汗を流し身体を清潔にするためにも入ってかまいません。ただ、高熱の場合は避けた方がいいでしょう。そして、長い時間入浴することのないように気をつけてください。

原因としては、ノロウイルスやロタウイルス、アデノウイルスなどがあります。なかでも有名なのがノロウイルスでしょう。カキなどの二枚貝に存在するといわれています。「貝類を食べなければ、ノロウイルス性腸炎にかかる心配はない」と考えるかたもいるかもしれませんが、残念ながらそうではありません。

これらのウイルスは、吐物のなかに存在していたり、便器や水道の蛇口などに付着していたりします。ですから、予防のためには、便器や水道の蛇口といった場所をつねに清潔にしておくことが肝心です。

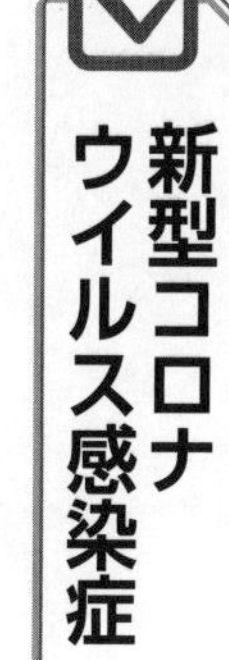

新型コロナウイルス感染症

ウイルス感染である以上、インフルエンザや風邪の予防と同じような対策をすることが重要です。

12歳以上のかたはワクチン接種が可能です。副反応が心配かと思いますが、ワクチンの効果は世界中で証明されつつあります。接種を積極的に検討してみましょう。

困ったときには、かならず厚生労働省のホームページを確認するようにしてください。

マスク

ウイルスはとても小さいのでマスクの穴をとおることもありますが、マスクをすれば直接飛沫を浴びることを防げます。インフルエンザウイルスは乾燥を好むので、マスクでのどの湿度をあげて予防しましょう。

加湿

のどや鼻の粘膜が乾くと、ウイルスなどを防ぐ身体の働きが弱まります。空気が乾燥するこの季節は、室内の加湿を心がけましょう。加湿器を使う、器に水を張る、室内に洗濯物を干すなど工夫してみてください。

社会に貢献できる人材を育成する『R-プログラム』

立正大学付属立正中学校

日蓮聖人の教え「行学二道」を柱とし、勉学への積極的な情熱と豊かな人格の育成を目指す立正大学付属立正中学校・高等学校（以下、立正）。2013年のキャンパス移転を機に、新しい取り組みが着々と生徒の可能性を伸ばしています。

中学のクラス編成

立正では、中学生は周囲からの見守る目が最も必要な時期と捉え、中学3年間は、1クラスを30名程度の少人数で編成しています。さらに学習進度に差がつきやすい数学と英語では習熟度別授業を行い、英会話の授業ではネイティブ教員3名による1クラス10数名の分割授業を行うなど、生徒それぞれに合ったきめ細かな指導を心掛けています。

2年次からは、生徒の希望と成績に応じて、国公立・難関私立大学への進学を目標とする「特別進学クラス」とその他私立大学や立正大学を目指す「進学クラス」に分かれます。

毎日、真剣に授業に取り組んでいます。

進級時に本人の希望や成績に応じたクラスの入れ替えを行いながら、原則的に高入生と混ざることなく4年次（高校1年次）まで一貫生のみのシラバスが構築されています。

また、中学の全教室には電子黒板が設置されており、タブレットなどのICT機器と連動した、双方向型・対話型のアクティブラーニングも積極的に取り入れています。

進路指導と進路状況

5年次（高校2年次）から高入生と混合となり、生徒それぞれの進路に応じ、特進文系・特進理系と進学文系・進学理系の4コースに分かれ、志望大学への進学を目指します。

立正では、「行ける学校よりも、行きたい学校へ」を進路指導方針とし、生徒の多様な進路選択に対応するために豊富な選択科目を用意しています。また、勉強合宿や長期休暇中の講座、AO・推薦入試に特化した入試対策講座など、生徒のニーズに合わせた多数の講座を開講しています。

このような取り組みの結果、近年の大学進学実績は堅調に推移しており、毎年約8割の生徒が立正大学以外の外部大学へ進学しています。

『R-プログラム』で社会人力を養う

「2013年の校舎移転を機に本校の校是でもある日蓮聖人の三大誓願（※）の心に立ち戻り、中等教育の本来あるべき姿とは大学へ送り出すための学習カリキュラムだけを行うのではなく、社会に貢献できる人材を育成することであると考え、この『R-プログラム』を実施するに至りました」と入試広報部長の今田正利先生は語ります。

※日蓮聖人の三大誓願
「我れ日本の柱とならむ、我れ日本の眼目とならむ、我れ日本の大船とならむ」

『R-プログラム』スピーチの様子。皆、真剣です。

この『R-プログラム』とは、Research（自ら進んで調べる力）、Read（主張や要点を読み取る力）、Report（意思や結果を正確に伝える力）の3つのスキルを伸ばすための立正独自のもので、主な取り組みは次のようなものです。

『コラムリーディング&スピーチ』

毎朝20分のSHRを活用し、新聞等のコラムを読み、自分の感想や意見を200字程度にまとめ、一人1分間の発表を行うプログラムです。学年が進むごとにコラムを時事的なテーマへと移行し、LHRで3分間スピーチにチャレンジしたり、クラス内でディスカッションやディベートを行ったりと少しずつ難易度を上げていきます。これにより文章の読解力・要約力、プレゼン力そして自分と異なる意見を受け入れる姿勢などが養われます。

『読書ノート&リーディングマラソン』

『読書ノート』は生徒に配付しているノートで、読んだ本の書名、ページ量、感想などを記入することで「考えながら読む」習慣を身につけます。また、1年間を3期に分け、クラス対抗でどれだけのページ数を読んだかを競う「リーディングマラソン」を開催し、読書の動機づけを行います。昨年度、3年次の年間読書量の平均は約2500ページでした。

『キャリアプログラム』

『R-プログラム』では、1年次から『キャリアプログラム』を実施しています。

1年次に行われる卒業生による「職業講話」から始まり、2年次、3年次の「職場体験」と学年が上がるごとに実践的なプログラムとなっています。

特にインターンシップ（3日間）では、企業で行われる会議に参加したり、店頭に立ったりと実際の仕事を体験します。事前打ち合わせから企業訪問まですべて生徒たちだけで行うため、企業の方から注意を受ける生徒もいます。また、体験した現実の仕事と想像とのギャップに戸惑う生徒も少なくありませんが、それも社会経験の一つとなり、将来の目標を決めるための糧になると考えています。体験後には、一人ひとりが「体験報告会」でプレゼンを行い、様々な体験談と将来の目標を発表します。

医療機関での職場体験、緊張の連続です。

「立正では、これらのプログラムを6年間という一貫教育の利点を活かし、反省と見直しを繰り返しながら継続して取り組むことに意義があると考えています。このプログラムを行うことで、生徒たちは自らアクティブラーニングを行い、プレゼンテーション力を養うことができます。この力は大学進学後、そして社会人となったときに必ず自分自身を支え、助ける力になると確信しています」

（入試広報部長　今田正利先生）

立正大学付属立正中学校

[共学校]
〒143-8557 東京都大田区西馬込1-5-1
TEL：03-6303-7683
URL：https://www.rissho-hs.ac.jp
アクセス：都営浅草線
「西馬込駅」西口下車徒歩5分
※JR線「大崎駅」からスクールバス有

■学校説明会（要Web予約）
12月11日（土）14：00～
12月18日（土）　9：30～
※両日とも入試問題解説会を実施
1月 8日（土）14：00～

2022 2

○○中学
入学試験

○○中学
合格発表

活用したい「合格カレンダー」

当日にあわてないように、各校のスケジュールをまとめた合格カレンダーをつくりましょう。ご家族みんなで協力することが肝心です。

アクシデントを防ぐために

入試本番が近づいてきたこの時期。保護者のみなさんは、受験生のためにいろいろなことをしなければなりません。そのなかでも大切なことのひとつが、「合格カレンダー」の作成です。

中学受験においては、いくつかの学校を受験する場合がほとんどで、ある志望校を複数回受けることもあります。出願期間、入試日、合格発表日、入学手続きの日は、学校ごとに定められていて、かぎられた期間につぎつぎと締め切り日がやってきます。A校の入試日とB校の合格発表日が同日、ということも当然起こりえます。

ですから、事前に保護者のかたのなかでだれがどう行動するかを決めておくスケジュール管理が重要になるのです。日程を整理しておかないと、思わぬアクシデントが起こることも考えられます。

とくに、合格発表日と他校の入学手続き締め切り日が重なってしまうと、30分、1時間という短い時間で結論をだし、つぎの行動を起こさなければなりません。もし、C校の合格発表を見てから向かったのでは、D校の入学手続きにまにあわないと、その日になって気づいては大変です。

なかには手続き期限を延ばし、入学金の延納を認める学校もありますが、すべての学校というわけではありませんから、あらかじめスケジュールを立てておくことをおすすめします。

みんなで情報を共有して役割分担

そこで役立つのが、冒頭にお伝えした合格カレンダーです。つぎのページに見本をのせています。左ページを拡大コピーし、見本のように、各校の予定を書きこみましょう。日程を整理しておくことで、その日にどのような行動をとるべきかが一目でわかるようになります。

以下に書きこむべきおもなことがらを掲載していますが、ほかにも気になったことがあれば、そのつど書きこむようにしましょう。そして、合格カレンダーは、居間など、家族全員の目にふれる場所に貼っておくことが大切です。みんなで情報を共有し、それぞれの日程でだれがどこに行き、なにをすべきか、事前によく話しあっておきましょう。

書きこむべきおもなことがら

- 「出願」は持参か郵送かネット出願か、それぞれ、いつ、だれが実行するか。
- 「複数回同時出願」の場合の受験料、返金の有無など。
- 「入試当日」の集合時刻、終了予定時刻、持参するもの。
- 「面接」の有無、集合時刻。
- 「合格発表」の日と時刻、ネット発表の時刻。
- 「入学手続き」の締切日と時刻、入学金の額と納入方法。
- 「延納」の有無と「延納額」の額。入学手続き後の返金制度の有無、申し出期限。
- 「登校日」の日時。入学手続き後に登校日が指定されている場合、登校しないと入学辞退となる場合があるので注意。

各校の要項をよく見て書きこもう！（実際には左ページを拡大して書きこみます）

記入例　2022年合格カレンダー（受験予定表）

志望校名	A中1次	B中	C中2回	D中2回	C中3回
学校最寄駅 学校電話番号	千埼駅 04＊＊－＊＊＊＊	合格駅 9876－＊＊＊＊	希望駅 5555－＊＊＊＊	未来駅 1212－＊＊＊＊	希望駅 5555－＊＊＊＊
出願期間	12月16日志願者登録 1月16日15時まで	12月20日12時から 1月22日23:59まで	1月12日9時から 1月19日13時まで	1月10日9時から 2月1日16時まで	1月20日9時から 2月3日15時まで
出願日	12月17日ネット出願 担当：父	12月20日ネット出願 担当：母	1月12日ネット出願 担当：父	1月22日ネット出願 担当：母	
1月20日（木）	試験日（母） 集合：8時20分 解散：13時				
1月22日（土）	合格発表日 ネット発表12時				
2月1日（火）		試験日（母） 集合：8時30分 解散：14時30分			
2月2日（水）			試験日（母） 集合：8時20分 解散：12時25分		
2月3日（木）		合格発表日 12時ネット	合格発表日 10時ネット	試験日（父） 集合：8時30分 解散：12時30分	※C中2回不合格の場合出願（15時まで）
2月4日（金）		入学手続日 14時まで 47万円振り込み	入学手続12時まで ※B中の結果次第で入学手続をする	合格発表日 12時ネット	試験日（父・母） 集合：8時20分 解散：12時25分
2月5日（土）				入学手続書類受け取り 10時から15時	合格発表日 9時ネット 入学手続16時まで
2月8日（火）				入学手続15時まで	
2月11日（金祝）		入学説明会日 15時 本人同伴			
各校のチェックポイント（備考欄）	※12月16日からネットで志願者登録する ※受験票はネットでプリントし当日持参 ※願書写真は5×4またはデータ登録	※試験日は弁当持参 ※願書写真は4×3を2枚 ※願書に小学校公印が必要	※ネット出願・母も見直しチェック ※手続納入金は現金50万円（辞退すれば24万円返還） ※願書写真は5×4	※願書写真は5×4または4×3 ※手続納入金は現金40万円（辞退後の返金有）	※手続納入金は現金50万円（辞退すれば24万円返還） ※願書写真は5×4

※カレンダーには、〈出願〉は持参か郵送かネット出願か、〈複数回同時出願〉の場合の返金の有無と申出期限、〈試験当日〉の集合時刻と終了予定時刻、持参するもの、〈面接〉の有無・集合時刻、〈合格発表〉の時刻と方法、〈入学手続締切〉の時刻・納入方法と金額（延納の有無）、〈入学手続後〉に納入金の返金制度がある場合には入学辞退の申出期限、手続き後の登校日などを書きこんでください。

※実際にご活用いただく際には、左のページをB4サイズに拡大したうえで何枚か複写してご使用ください。

2022年 合格カレンダー（受験予定表）

志望校名					
学校最寄駅 学校電話番号					
出願期間	月　日　時から 月　日　時まで	月　日　時から 月　日　時まで	月　日　時から 月　日　時まで	月　日　時から 月　日　時まで	月　日　時から 月　日　時まで
出願日					
1月　日（　）					
1月　日（　）					
2月1日（火）					
2月2日（水）					
2月3日（木）					
2月4日（金）					
2月　日（　）					
2月　日（　）					
2月　日（　）					
2月　日（　）					
各校のチェックポイント（備考欄）					

※カレンダーには、〈出願〉は持参か郵送かネット出願か、〈複数回同時出願〉の場合の返金の有無と申出期限、〈試験当日〉の集合時刻と終了予定時刻、持参するもの、〈面接〉の有無・集合時刻、〈合格発表〉の時刻と方法、〈入学手続締切〉の時刻・納入方法と金額（延納の有無）、〈入学手続後〉に納入金の返金制度がある場合には入学辞退の申出期限、手続き後の登校日などを書きこんでください。

※実際にご活用いただく際には、このページをB4サイズに拡大したうえで何枚か複写してご使用ください。

複数回受験？

ダブル出願？

コロナ禍での入試？

記述式解答？

合格ライン？

＼助けて先輩！／

入試直前期 お悩みレスキュー隊

入試に関する悩みはつきないものです。とくに入試直前期になると、いろいろなことが気になってくるもの。でも、不安や心配が重なって神経質になりすぎると、心や身体に不調をきたしてしまうかもしれません。そんなみなさんの気持ちを和らげるために、先輩受験生がレスキュー隊に扮してかけつけてくれました。
自身の体験談もふまえて、「コロナ禍での入試」や「複数回受験」についてなど、さまざまな疑問に答えてくれています。ぜひ親子でリラックスしながら読んでみてください。

コロナ禍での入試について教えて！

新型コロナウイルス感染症のこと、心配だよね。だんだん落ちついてきたみたいだけど、もしまた感染者数が爆発的に増えて、自分がかかってしまったらと思うと……。ぼくも昨年、ヒヤヒヤしながら受験期を過ごしていたよ。でも、そうやって心配しすぎて身体や心に負担をかけるのはよくないと気づいてからは、うがいや手洗い、マスクの着用、密の回避といった感染対策はしっかりするけど、机に向かったら気持ちを切り替えて勉強に集中するようにしていたんだ。

試験会場ではみんな、マスクをしていたな。大学入学共通テストの受験では、試験会場でマスクを着用することが義務づけられたみたい。フェイスシールドやマウスシールドのみじゃダメなんだって。中学受験でもそういう学校があるかもしれないから、事前によく調べておいてね。

あと、当日37.5度以上の熱がある場合や、せきなどがでている場合は、受験できないことがあるんだ。ただ、無症状の濃厚接触者は条件を満たせば別室での受験が認められることも。各校によって対応は異なるから、万が一のときに備えてこれも事前に調べておくと安心できると思うよ。

複数回受験について教えて！

難関校は1回のみという場合もあるけど、2回以上入試を用意している学校がほとんど。なかには複数回受験をすると優遇措置がある学校も。どうしてもその学校に入りたかった友だちは、1回目と2回目の入試がダメでも諦めずに3回目にチャレンジして、3回目で見事合格していたな。

複数回受験といえば、1月中に入試をする千葉・埼玉の学校を、東京・神奈川の受験生が受ける「試し受験」もあるよ。本当は私も試し受験を考えていたけど、コロナ禍ということもあって悩んだ末にやめたの。場慣れや腕試しに役立つ一方で、不合格になってしまうと本命の受験に影響もでてくるから、受けるかどうかはよく考えた方がいいみたい。でも試し受験をしなかったから、最初の受験は想像以上に緊張しちゃった。やっぱりしておけばよかったなって後悔したよ。

入試の変更点について教えて！

たくさん過去問を解いてばっちり傾向をつかんだのに、がらっと問題が変わっていたらどうしよう、って不安になっている人はいるかな？　私もそうだったから気持ちはわかるよ。でも、もし本番でそんなことがあったら、まわりの受験生も同じようにびっくりするんだって気づいてからは気持ちがラクになったの。そんなときは落ちついて、できる問題から解いていけば大丈夫だよ。

問題傾向の変更は当日までわからないけど、入試形式の変更点は早めに知らせてくれるから安心してね。とくに2科目から4科目に変更するなどの大幅な変更は、じゅうぶんな準備期間をとるために1年以上前に発表することがほとんど。最近は算数1科入試や英検利用入試など、新しい入試制度を設ける学校も増えてきているから、そうした入試にチャレンジしてみるのもいいね。

合格有望校について教えて！

右欄でチャレンジ校を受けたって話をしたけど、それは合格有望校の合格を得ていたからっていうのが大きい。合格有望校というのは、「かならず合格できる」と思われる学校のこと。塾の先生には合格有望校を組みこむように強くすすめられたんだ。ここまで努力してきたのに不合格ばかりだと、気持ちの面で落ちこんでしまうことを心配してくれたみたい。やっぱりどこかひとつでも合格できたらうれしいもんね。

実際に、合格有望校の合格が自信につながったって話していた友だちがいる。その子は結局第１志望校の合格はかなわなかったけど、進学した学校では勉強をがんばって、上位の成績をおさめているそう。合格有望校に合格したことで、努力すれば結果がついてくることがわかったから、勉強が楽しく感じるんだって。

ダブル出願について教えて！

入試結果によってつぎの受験校を決めたいときもあるよね。実力より上のチャレンジ校を受けるならなおさら。じつはぼくは、「ダブル出願」をしたんだ。ダブル出願というのは、同じ日の同じ時間に入試がある学校を重複して出願することをいうよ。そうすれば、出願締切後の確定した応募倍率をみてから受験校を決めることもできるらしい。

ぼくの場合は、前日に受けた学校が合格していたから、翌日はチャレンジ校の受験にのぞみ、しかもここも合格できたんだ。もし前日に受けた学校が不合格だった場合は、チャレンジ校の受験は見送って、安全圏の学校を受ける予定だった。ダブル出願をする場合、当日になって混乱しないようにこうして事前に方針を決めておこう。受験料は２倍かかったけど、チャレンジ校に合格できたからダブル出願をしてよかったと思っているよ。

記述式解答について教えて！

国語をはじめ、いろいろな教科で記述で答えるタイプの問題がだされるよね。過去問を解いたあとに採点しようと解答をみても、模範解答例しか載っていないことがあって、どうしたらいいのか迷ってしまうこともあるんじゃないかな。

塾の先生いわく、受験生それぞれが自分の頭で考えて、自分なりの答えを導きだすことを目的としているから、受験生の数だけ答えがあるらしい。つまり記述式の解答は「絶対これ！」という正解があるわけじゃない。だから問題集にも例しか載っていないんだね。模範解答例のような「おとなの言葉」で書かなくても、「自分の言葉」でしっかり答えれば大丈夫って聞いたから、入試本番でもそれを意識して答えたよ。

とはいっても、かならず押さえておかないといけないポイントはつかんでおく必要がある。そこがわかっているかどうかを、採点する側はみているわけだからね。ちなみに採点は部分点を与えていく方式が一般的だよ。

記述式で解答するときは、採点する人が読みやすい字で書くことを心がけてね。漢字の書き取り問題のように、漢字のトメ・ハネが得点に影響することはないけど、相手が読めない文字で書いてしまうと、真意が伝わらず得点にならないことも……。それを避けるためにも、いまのうちからていねいな字での記述を意識しよう。

繰り上げ合格について教えて！

じつは私、繰り上げ合格で第1志望だったいまの学校に入学したの。12月の模試の結果が思わしくなかったから、親からは志望校を変えることをすすめられて悩んだんだけど、やっぱりどうしてもこの学校に入りたくて……。諦めずに勉強をつづけていたら、年末くらいからそれまで以上にスラスラ問題が解けるようになって、これならいけるかも！　って挑戦することにしたんだ。そうしたら繰り上げだけど合格できたわけだから、ある意味「逆転合格」組かもね。

あとから塾の先生に聞いたら、模試の偏差値を上回る学校に合格する受験生は一定数いるみたいで、反対に模試の偏差値はよかったのに不合格になることもあるそう。これは模試のあとに大きく学力を伸ばす受験生がいるからなんだって。私もそのタイプだったんだと思う。

ちなみに繰り上げ合格は、合格者のなかから辞退者がでて定員に満たなくなったときに行われるもの。つまり辞退者がいなければ行われないから、運によるものが大きいの。繰り上げ合格の知らせがきたときは、親子ですごく喜んだなあ。学校側は定員調整のために実施するから、1校が繰り上げ合格を発表すると、他校でもどんどん繰り上げ合格が、ということもあるみたい。でも、あくまでもその年の状態によるものだから、毎年かならずあるわけではないってことは覚えておいてね。

合格ラインについて教えて！

過去問を解くとき、満点をめざそうとしている人はいるかな？　ついつい学校のテストみたいに、100点を取らなきゃ、って思っちゃうよね。でも合格には満点は必要なくて、ほとんどの場合、合格ラインは6割ほどに設定されている。受験生の学力をはかるために、やさしすぎず、かといってむずかしすぎず、ほどよいバランスで入試問題はつくられているんだね。

だから入試で重要になってくるのは正解率の高い問題、つまりまわりの受験生も解けている問題は落とさないようにすることだ。苦手分野も基本的な問題は解けるようにしておこう。そして得意分野の問題でケアレスミスなどをしないように気をつけたいね。そうした少しずつの積み重ねが、最終的な合否を分けるかもしれないよ。

お悩みは解決できたかな？
みんなのこと、私たちも応援しているよ！
ラストスパートがんばってね！

「その日」を迎えたわが子に

勇気を与える魔法の言葉

例年、入試当日の朝に受験生に対してどんな声かけをすればいいのか悩んでいる保護者のかたも多いようです。そこで、ここでは勇気を与える「魔法の言葉」と題して、受験生を送りだすときに伝えたい言葉について考えていきたいと思います。

「いつもどおり」を心がけ受験生を温かく送りだす

入試当日の朝、いままでにないほどのプレッシャーを抱えながら起きてくる受験生にとってなによりも心強いのは、保護者のかたの「笑顔」です。

この時期の朝はとくに冷えることに加えて、わが子のことを思うとつい、表情がこわばってしまうことでしょう。しかし、それではお子さんの緊張もほぐれませんから、朝、鏡に向かったときにぜひ、ちょっと口角を上げてお子さんが安心できる笑顔の練習をしてみてください。

その日、生まれて初めて「入試」という一大イベントにのぞむお子さんにとって最も大切なのは、気持ちを落ちつかせ、いつもどおりの調子で試験を受けることです。そのためにお父さま、お母さま、兄弟姉妹全員でいつもの「家族の朝」をつくりだしてほしいと思います。そして、わが子が持てる力をだしきれることを信じて、温かく送りだしてあげてください。

さらにいえば、お子さんが「よし、やるぞ」「大丈夫だ」と、自らモチベーションを高めて志望校の門をくぐることができれば、それで声かけは成功です。

朝ごはんやお弁当も、豪華なものにする必要はありません。むしろ、いつもとちがうことをすると、かえって受験生が緊張してしまいます。どうしてもなにかしてあげたいと思うのであれば、嫌いなものは避けるくらいの気づかいでかまいませんので、いつもどおりの食事を用意してあげることをおすすめします。

見送るときにかけるべき言葉はなにか

それでは、入試当日、受験生が自宅をでる前、もしくは入試会場で受験生と別れる直前にどんな言葉をかければいいのか、ということについて考えていきましょう。こちらも朝の過ごし方と同様に、大切なのは受験生がリラックスして試験会場に向かえるよう「いつもどおり」を心がけることです。

試験会場にはお母さまがついていき、お父さまは会社へ、というご家庭もあるでしょう。その場合は、お父さまは玄関で「いつもどおりにな」と受験生を安心させるように明るく声をかけて、わが子を見送ってあげてください。

入試会場で別れるお母さまも「がんばれ」という言葉よりも、「大丈夫よ」とほほえみながら受験生に声をかけてあげた方が力になるかもしれません。

お子さんは、赤ちゃんのころから保護者のかたの笑顔をみることで「安心」を身体全体で感じて、笑顔を返してくれましたよね。まさに、その笑顔こそがお子さんをリラックスさせ、いつもと変わらない調子で試験会場に向かう心の支えになるのです。

それは12年間で培われた親子のきずなとして、お子さんの身体と心にしみついたやり取りとなっているはずです。

お子さんと別れる場所はあらかじめ調べておく

入試会場で保護者と受験生が別れる場所は学校によって異なります。あらかじめ調べておかないと、心の準備が足りずにいつのまにか別れてしまい、声をかけられずに心細そうな子どもの背中を見つめることしかできなかった、ということになりかねません。あわてていると「言葉足らず」になりがちですので、保護者にとっても心残りにならないよう、別れる場所についての学校の案内がない場合には、志望校に通う先輩や塾の先生に聞いて確認しておくようにしましょう。

さて、そろそろ受験生と別れるときにどんな言葉をかければいいか、イメージできてきましたか？

「大丈夫！」「ここで待っているからね」「ベストをつくせばそれでいいのよ」など、時間のあまりないなかでかけられる言葉は短いかもしれません。けれども、プレッシャーにならないように熟考してかけた精一杯のメッセージは、お子さんの心にじゅうぶんひびくはずです。

魔法の言葉は満面の笑顔でかける

無事に声かけを終えて遠ざかっていくお子さんの背中を見送るとき、保護者のかたはまさに万感の思いでしょう。まだ合否がでているわけでもないのに、この数年、そしてこの1年、さらに追いこみをかけた最後の1カ月、お子さんの努力する姿やともにした苦労が頭のなかで駆けめぐり、目頭が熱くなるかもしれません。お子さんの成長を実感できる瞬間でもあり、胸がいっぱいになることでしょう。

結論としては「結果はどうであれ、きょうまで培ってきたすべての力をだしきってほしい」という思いを笑顔にこめましょう。そして、入試を終えた受験生が待ちあわせ場所に到着したら、どんなようすであっても、また満面の笑顔で迎えてあげてください。このコーナーのタイトルにある「魔法の言葉」は、みなさんが「笑顔」で受験生にかける気持ちのこもったひと言にほかならないのです。

トラブルにも冷静に対処

試験当日のお約束

いろいろと準備をしていても、入試当日には思わぬハプニングが起こることがあります。それらを想定して、対処法を前もって確認しておけばマイナスを最小限におさえられます。13のケースに分けてお伝えします。

Q1 試験当日は何時ごろ起きるのが最適？

Question

A1 試験が始まる３時間前には起床するのがおすすめ

Answer

一般的に、脳が活発に活動できるようになるのは起床から３時間後くらいだといわれています。みなさんのなかには夜遅くまで勉強して、朝起きるのがつらくなっているかたもいるかもしれませんが、試験当日のことを考えると、いまの段階から生活習慣を整えておくのがおすすめです。

もし当日だけ早起きができたとしても、それまで夜型の生活を送っていればすっきりと起きることはできないでしょう。入試に寝不足の状態でのぞんでは実力を発揮しきれない可能性もあります。

試験の時間から逆算して起床時刻を定め、いまの段階から徐々に朝型に移行しておきましょう。遅くとも塾の冬期講習が始まるころまでには、朝型の生活習慣を身につけておくと安心です。

Q2 バスや電車が遅れたらどうしよう！

Question

A2 落ちついて行動しよう

Answer

遅刻をしないのがいちばんですが、万が一、遅れてしまった際も、別室などで時間を繰り下げて受験をさせてくれる学校がほとんどです。まずは落ちついて対応するようにしましょう。

試験当日にバスや電車などの公共交通機関を利用する場合、遅れがでたり、悪天候などのトラブルによってダイヤが乱れたりすることも考えられます。駅員さんから「遅延証明書」をもらうなど、冷静に行動することが大切です。

ただし、トラブルが起きないにこしたことはありませんから、時間には余裕を持って出発するよう心がけましょう。集合時間の30分ほど前には学校に到着できるよう、事前にバスや電車の時間を調べてスケジュールを立てるのがおすすめです。

Q3 遅れないためにも、自家用車で向かった方がいいのでは？

Question

A3 自家用車だとしても渋滞には要注意

Answer

以前は、混雑を避けるため自家用車での送り迎えを控えるよう要請する学校も多くありました。しかし、昨年からはコロナ禍ということもあり、「試験当日は自家用車でお子さんを送迎してもかまわない」とする学校が多いようです。

出発時刻が決まっていない分、自家用車の方が安心できそうな気がするかもしれませんが、渋滞に巻きこまれるリスクがあることを忘れてはなりません。受験において、公共交通機関の遅れ以外は遅刻理由として認められない場合もあるからです。

自家用車で向かう場合も時間に余裕を持って出発するようにして、受験生に精神的負担をかけないようにしましょう。校門付近への駐車も近隣の迷惑となるため避けてください。

試験にはひとりで向かわせていい？

Question

できるだけ付き添ってあげましょう

Answer

可能なかぎり、保護者のかたが付き添ってあげてください。もし受験生ひとりで公共交通機関を使って会場に向かう場合、Ｑ２にあるとおり遅延をしてしまう可能性があります。ただでさえ緊張している受験生にとって、そうしたトラブルは大きな精神的負担になってしまうでしょう。保護者のかたがついていれば、受験生も安心して会場に向かえるはずです。

また、まわりの受験生には保護者が付き添っているのに、自分だけがひとりで来ている……といった場合、心細さが増してしまいます。中学生になればひとりで登校することになる道のりですが、入試の時点ではまだ小学生です。入試当日はなるべくおとながついていき、余計な不安を感じることなく試験にのぞめるようにしてあげましょう。

Q5 受験票を家に忘れてきてしまったら……？

Question

A5 取りに戻れないなら先生に相談を

Answer

受験票と筆記用具については、前日の夜、当日の朝にもかならずチェックして忘れないようにしたいものです。しかし、うっかり入れ忘れてしまったり、他校のものを誤って持っていってしまったりする可能性もないとはいえません。

もし、出発後すぐに受験票を置いてきてしまったことに気づいたら、取りに帰ってもかまいません。しかしすでに電車に乗っている場合などは、遅刻を避けるためにも無理して取りに帰らず、そのまま学校に向かいましょう。会場で係の先生に相談すれば、多くの場合は受験が認められます。合否にも影響はないと考えて問題ありませんので、臨機応変に対応することが大切です。

こうしたことが起こらないためにも、85ページの持ちものチェックリストを活用して入念に準備してください。

Q6 体調を崩してしまったときの対処法は？

Question

A6 多くの学校で別室受験が可能です

Answer

もし具合が悪くなってしまったら、無理せず試験会場にいる先生に相談してください。ほとんどの学校は、そうした場合を想定して保健室など別室を用意しています。保健室で試験を続行したからといって、時間が短縮されたり、合否に影響があったりするわけではないので心配はいりません。

受験生のみなさんはご家族も含め、マスクをする、ワクチン接種をするなど体調管理には細心の注意を払っていることと思います。しかし、それでも当日、急に具合が悪くなることもあるでしょう。本人が平気だと思っていても、咳などがひどく、ほかの受験生への配慮として学校側から別室受験をすすめられることもあります。当日の状態やようすをみて、決して無理をせず臨機応変に対応することが肝心です。

Q7 休み時間はどう過ごせば？

Question

A7 ひとりで静かに過ごしましょう

Answer

友だちと同じ会場で受験をする場合、終わった科目の試験について休み時間に答えあわせをしたくなる気持ちはわかります。しかし、そこでもし友だちと解答が異なっていたら、ましてや自分がわからなかった問題を友だちは解けていたら、動揺してしまうかもしれません。つぎに受ける科目にも悪影響をおよぼす可能性がありますので、休み時間はひとりで落ちついて過ごすのがおすすめです。

また、うまくいかなかった科目があったとして、落ちこみすぎると以降の試験に差し支えてしまいます。休み時間で気持ちを切り替え、つぎの科目に意識を向けましょう。

なお、トイレは時間が経つと混雑することが予想されます。早めにすませておくのが無難です。

Q8 午後入試は受けた方がいい？

Question

A8 大きなメリットがありますが負担も倍増します

Answer

試験日がかぎられているなか、同じ日の午前と午後で1日に2校受けられる午後入試は大変魅力的にみえます。受験生からの需要もあり、導入する学校は年々増えている印象です。

しかし、入試に対する緊張や不安、慣れない交通機関の移動などで受験生には大きな負担ものしかかってきます。それが1日に2回あるわけですから、かなりの疲れを感じることでしょう。試験当日に合格発表が行われる場合、どちらも残念な結果となってしまったら、精神的なダメージも相当のものと思われます。

メリットもあり、デメリットもあるので、一概にどちらがいいとはいえないのが午後入試です。スケジュールだけでなくお子さんの性格や体力なども考慮のうえ、本人ともよく相談して決めるようにしましょう。

Q9 保護者は試験終了まで学校で待つことができる？

Question

A9 控室を用意しない学校もあります

Answer

学校によっては、保護者が受験生を待つための控室や待機スペースを用意していることもあります。その場合は、試験が数時間かかることを考えて本などを持っていくといいでしょう。

しかし、昨年は新型コロナウイルス感染拡大防止の観点から、控室をつくらなかった学校も多くみられました。また、小規模な学校の入試や地方寮制学校の首都圏入試、校外会場での入試では、もともと控室がない場合がほとんど。もし用意されていたとしても、スペースの関係上、保護者全員は収容できないということも考えられます。

そうしたケースでは、試験会場の外で待機をすることになります。お子さんと事前に話しあって、試験終了後にどこで待ちあわせるかを決めておくと安心です。

Q10 どんなお弁当をつくるのがおすすめ？

Question

A10 食べきれる量で消化のいいものを

Answer

午前から引きつづき午後まで試験がある場合は、お弁当を持っていくことになります。受験生を応援したいという気持ちから、豪華なお弁当をつくろうと考える保護者のかたもいるかもしれません。

しかし、受験生は入試に対する緊張や不安から、ふだんより食欲が落ちていることも考えられます。量についてはいつもと同じ、もしくは少なめでもいいでしょう。そして胃もたれしにくく、消化がいいおかずを入れるようにしてください。

なお、入試が行われる時期はとくに冷えこむことが多いので、お茶やスープなど温かい飲みものを持っていくのがおすすめです。身体と心を温めて緊張をほぐすためにも、保温機能がついた水筒に入れて持たせてあげましょう。

Q11 試験が終わった日はどう過ごすべき？

Question

A11 心と身体を休めてゆっくり過ごしましょう

Answer

首都圏の私立中学入試は、数日間連続で行われるのが特徴です。つぎの日も試験があると思うと、「勉強しなきゃ」と焦りに駆られることがあるかもしれません。ただ、試験を受けた日は、本人が感じている以上に疲れているはずです。すべての入試を乗り越えるためにも、当日は心と身体を休めましょう。

じゅうぶんに休んで、それでも時間がある、なにもしないのは余計に焦る、という場合は軽く勉強して過ごすのもいいですね。その場合も、重要事項のチェックなど簡単なものにとどめておくのが無難です。当日の試験で解けなかったところをじっくり復習してしまうと、逆に落ちこんでつぎの試験にひびいてしまう可能性があります。気持ちを切り替えてその後の試験にのぞめるよう、時間を有効に使ってください。

試験がうまくいかなかった子どもにどう接すれば？

Question

本人の気持ちに寄り添い明るく励ましてあげましょう

Answer

試験を終えて戻ってきた受験生は、周囲が温かく迎えてあげてください。「うまくいかなかった」と肩を落として待ちあわせ場所に現れることもあるかもしれませんが、その場合も明るく励ましてあげましょう。

受験生のがんばりを近くで見てきたからこそ、試験の出来をあれこれ聞きたくなってしまう気持ちもわかります。しかし、もし試験の手ごたえが満足のいくものではなかったとき、いちばん悔しい思いをしているのは受験生本人です。保護者のかたが落ちこんでしまったり、「どうしてこうしなかったの」と責めるようなことを言ったりするのは避けましょう。

受験生の気持ちに寄り添い、「まだ結果はわからないよ」と優しくポジティブな言葉をかけて励ましてあげてください。その支えが、受験生の力になるはずです。

Q13 合格発表を見るときの注意点は？

Question

A13 一喜一憂せず、つぎの試験を見据えて

Answer

合格発表を見るとき最も重要なのは、結果に一喜一憂しないことです。近年では、試験当日にホームページ上で合格発表を行う学校が増えています。結果は気になるところですが、翌日も試験を控えている場合は影響を受けすぎないよう、とくに注意しましょう。

もし不合格だったら、ひどく落ちこんでしまい、失意を翌日に引きずってしまうかもしれません。一方、合格していた際も、うれしさから気持ちが高ぶり、うまく寝つけずに寝不足になってしまった、というケースを耳にします。

いずれの結果であっても、「終わったこと」として冷静に受け止め、つぎの試験に向けて気持ちを切り替えることが大切です。結果に振り回されないように気をつけましょう。

月　　日(　)

中学校用　　受験番号

項　目	必要	チェック	備　　考
受験票			他校のものとまちがえないこと
筆記用具			鉛筆・ＨＢを６～８本。鉛筆をまとめる輪ゴム。小さな鉛筆削りも。シャープペンシルは芯を確認して２本以上
消しゴム			良質のものを２～３個。筆箱のほか、カバンにも
コンパス			指示があればそれに従う
三角定規			指示があればそれに従う
参考書・ノート類			空いた時間のチェック用。お守りがわりにも
当該校の学校案内			面接の待ち時間に目をとおしておくとよい
メモ帳			小さなもの。白紙２～３枚でも可
腕時計			電池を確認。アラームは鳴らないようにしておく
お弁当			食べものの汁が流れないように。量も多すぎないように
飲みもの			温かいお茶などがよい
大きな袋			コートなどを入れて足元に
ハンカチ・タオル			２枚は必要。雨・雪のときはタオル２枚も
ティッシュペーパー			ポケットとカバンのなか両方に
替えソックス			雨・雪のときの必需品
カバン			紙袋は不可。使い慣れたものを。雨のとき、カバンがすっぽり入るビニール袋も便利
お　金			交通費等。つきそいだけでなく本人も
交通系ICカード			Suica、PASMOなど。バスや電車の乗りかえに便利
電話番号（なんらかの事態発生時のため）			受験校（　　　） 塾（　　　） 家族携帯（　　　）
上ばき			スリッパは不可。はき慣れたものを
雨　具			雨天の場合、傘をすっぽり入れられるビニール袋も
お守り			必要なら
のどあめ			必要なら
携帯電話（保護者）			緊急連絡用。ただし受験生は試験場には持ちこめない
願書のコピー（保護者）			面接前にチェック。願書に書いた内容を聞かれることが多い
ビニール袋			下足を入れたりするのに便利
カイロ			使わなくとも持っていれば安心
マスク			感染症の予防にはやっぱりこれ
アルコールスプレー			新型コロナウイルス感染症対策はおこたりなく！

＊必要受験校数をコピーしてご利用ください。

知ってほしい月経のこと

女の子のためのこころとからだのケア

女の子にとって、月経はとても大切なことです。しかし、受験を控えたこの時期には、月経によって心と身体が不安定になりがちに。これから受験を迎える女の子のために、このコーナーでは受験期の月経とのつきあい方をご紹介します。月経のことをよく知って、安心して試験日を迎えられるようにしましょう。

月経とじょうずにつきあうために

これから本格的に試験勉強に取り組んでいく時期になりました。女の子にとっては月経というものが始まるなど、心と身体が変化していく時期でもあります。月経は女の子が「おとな」になっていくための大切なものです。しかし、月経による心の不安や身体の不調は、受験期のお子さんのためになるべく遠ざけてあげたいですね。

ふだんから月経について話すことが大切

月経で困ることのほとんどは、前もって準備しておくことで解決できます。お子さんの不安な気持ちを取り除いてあげられるように、ふだんから月経についてご家庭で話しあっておくことが大切です。

まずはお子さんの気持ちをよく聞いてあげてください。月経の始まる時期は、人によってそれぞれです。まだ初経を迎えていないお子さんは、「いつ」「どのように」月経が始まるのか不安に思いますし、すでに月経が始まっているお子さんも、「受験勉強中の体調管理」や「試験当日に月経になってしまったらどうしよう」といった心配を感じているかもしれません。

まだ初経が始まっていないお子さんでも、実際にナプキンの使い方を試してみるといいでしょう。使用したあとのナプキンの処理の仕方についても教えてあげてください。そして、いつどこで月経になっても大丈夫なように、ふだんから生理用品をお子さんのカバンに入れておくと安心です。

月経の話は、女の子のいるご家庭のことだけではありません。男性や男の子には女の子の身体の変化は理解しにくいものですが、女の子に思いやりを持てるように、男の子のいるご家庭でも話しあってください。

学校でも林間学校や修学旅行など、宿泊行事の前に月経についての授業を受けることがありますので、その機会に説明をしてあげるといいですね。

月経はいつなるの？

初めて月経を迎えることを初経といいます。では、初経はいつごろなるのでしょう。目安としては身長が150cm、体重が40kg、体脂肪率が15％を超えたころといわれています。急に背が伸びてきたり、体重が増えてきて身体が女性らしい丸みをおびてきたら、初経が近いかもしれません。

これから月経を迎える女の子向け

これから月経が始まると思うと不安です

月経に対してなんとなく不安を感じている女の子は多いかもしれません。受験が近くなれば、なおさら強く感じることでしょう。しかし、初めての月経は小さな女の子が「女性」となり、新しい命を産める身体になっていくための、大切なできごとです。月経は、けっして面倒でいやなものではありません。月経はおとなの女性だったら、だれにでもやってくる自然なことなのです。女性の先輩であるお母さんなどに相談相手になってもらい、ふだんから月経を前向きにとらえられるようにしておきましょう。

突然の月経でショーツや洋服を汚してしまったら

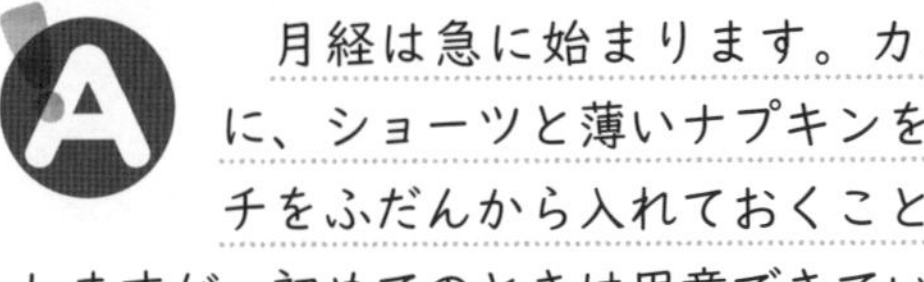

月経は急に始まります。カバンのなかに、ショーツと薄いナプキンを入れたポーチをふだんから入れておくことをおすすめしますが、初めてのときは用意できていないことがほとんどでしょう。

もしも持っていない場合は、学校であれば保健室へ行きましょう。養護の先生が相談に乗ってくれます。

汚したショーツは、おうちに帰ったらお子さん自身で洗うようにしましょう。経血はお湯だと固まって落ちにくくなってしまうので、かならず水かぬるま湯で洗ってください。石けんを使ってモミ洗いするとよく落ちます。

どのような準備をするの？

いつ初経を迎えても大丈夫なように、ふだんから月経に必要な生理用品を用意しておきます。ポーチにナプキンを２～３個と生理用ショーツを入れて、いつも使うカバンに入れておくなどの準備をしておけば、急に初経がきてもあわてることがありません。

ナプキンの使い方をおうちの人に聞いて、実際に試してみるのもいいでしょう。おとなと子どもでは快適と感じるナプキンの種類がちがうこともあります。自分に合ったナプキンを見つけておけば安心ですよ。使ったあとのナプキンはトイレに流さない、個別ラップでくるむといったエチケットもいっしょに覚えておきましょう。

月経が不規則です

月経が始まる前には、おりものが増えたり胸が張ったりします。ほかにも便秘や下痢、ニキビができたり、肌が荒れたり、また精神的にはイライラや憂うつなど、気持ちが不安定になることもあります。こうしたいろいろなサインが身体に表れますので、ふだんから気をつけてみてください。

月経の周期を記録しておくことも大切です。月経周期がわかってくれば、つぎの月経日の目安になります。とはいっても、初経を迎えてすぐの場合は、周期的に月経がくる人は全体の半分くらいです。とくに受験期にはストレスによって月経の周期が変わることもあります。月経が止まったり、逆に受験当日に突然来てしまうことも考えられます。いつもナプキンを携帯してカバンに入れておくと安心です。

月経痛でお腹や腰が痛いときはどうすればいいの？

お腹が痛いときは、毛布や使い捨てカイロなどで下腹部を温めて、月経痛体操で骨盤内の血流をよくすることが効果的です。

それでも月経痛がひどい場合は、早めに痛み止めを飲むという方法もあります。痛み止めは市販のものでいいですが、薬を飲む量や間隔はきちんと守ってください。胃の不快感や眠気など副作用をともなうこともあるので頭痛・歯痛のときなどに飲み慣れている薬が安心です。また、痛み止めが効かないほどひどい場合は、早めに産婦人科のお医者さんに相談してみてください。

月経痛体操

❶ あお向けに寝て、そろえた両膝をあごに近づくまで上げてから、ゆっくり元に戻す動作を10回ほど繰り返す。

❷ うつぶせで腕と膝を立て、猫のように背中を丸めたり伸ばしたりします。

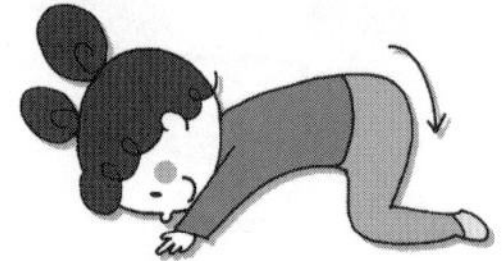

すでに月経を迎えた女の子向け

月経前は勉強に集中できない！

生理前にはお腹や腰が重くなり、なんとなく勉強に集中できないことがあります。

このような症状を和らげるために、生活面でできることがいくつかあります。たとえば、食生活ではお茶やコーヒーなどカフェインの多いもの、またインスタント食品といった塩分の多い食品などをたくさんとらないように気をつけてください。甘いお菓子を食べ過ぎたり、眠気をさますためといって、カフェイン飲料をたくさん飲んでしまうと、かえって月経前症候群が悪化してしまいます。

月経前症候群とは、月経前のおよそ２週間、ホルモンのアンバランスにともなって起こるさまざまな症状のことです。腹痛や頭痛、乳房の痛み、疲れやすい、眠くなるなどの身体症状、イライラ、無気力、憂うつなどの精神症状などがよく知られています。思春期にはとくにバランスのとれた食事がとても大切です。無理なダイエットにも注意してください。

憂うつなときに元気になれる方法を教えて

食生活に気をつけたり、カモミールやペパーミントなどのハーブティーを飲んだりするのも、身体を温めてくれるのでおすすめです。また、適度な運動も効果的です。

ほかにも、大好きな音楽や香りで元気になる方法もありますし、ぐっすり眠れるように寝具や照明を工夫したり、ミルクを人肌に温めて飲むのもいいでしょう。自分なりの気分転換法を見つけ、元気に過ごしましょう。

試験会場で急に月経が始まってしまったら

A　大丈夫だと思っていても、試験会場で急に月経がきてしまうことも考えられます。もしもそのときにナプキンがなければ、清潔なハンカチやハンドタオルをたたんでナプキン代わりにしてください。トイレットペーパーを多めに重ねても代用できます。お昼休みなど時間が取れるときは、恥ずかしがらずに試験官の先生に相談してみましょう。保健室には備えの生理用品があるはずです。

もし洋服を汚してしまったら

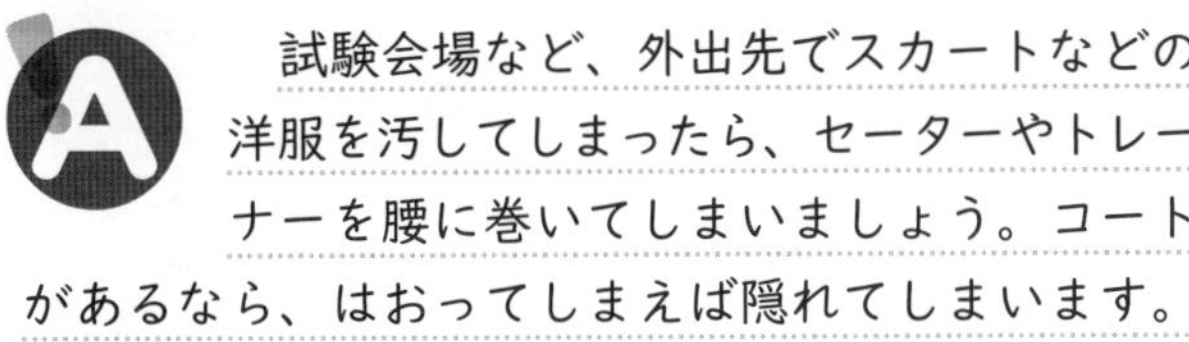

A　試験会場など、外出先でスカートなどの洋服を汚してしまったら、セーターやトレーナーを腰に巻いてしまいましょう。コートがあるなら、はおってしまえば隠れてしまいます。

試験日に月経が重なってしまったときは、あらかじめ長めのナプキンを使っておくといいと思います。試験会場のトイレは混みあうこともあるので、休み時間など替えられるときに替えるようにしておきましょう。

試験当日 困っても あわてなくて 大丈夫

試験当日に月経がきてしまいそうで不安なときは

A　そろそろ月経になりそうで不安だと思ったら、試験当日の朝からナプキンを下着にあてていくといいでしょう。試験日には受験票や筆記用具などの持ちものといっしょに、ナプキンやショーツといった生理用品を用意してください。

ほかにも、いざというときの痛み止め（頭痛・歯痛などで使い慣れたもの）を持っていき、万が一、経血がモレてしまってもめだたないような黒っぽい色の暖かい服装ででかければカンペキです。

前もって準備し、心がまえをしておくことで、月経で困ることのほとんどが解決できるものです。あとはいつもどおりの自分でしっかり試験にのぞめるようにしてください。

月経のときのお風呂効果

身体が冷えて月経痛などがひどいときは、お風呂に入ってゆっくり湯船につかるのが効果的。月経のときのお風呂は、身体を清潔に保ち、月経の不快感を和らげてくれます。お湯に経血が混じることが気になるかもしれませんが、お風呂のなかではほとんど経血はでないことがわかっています。

もちろん、貧血ぎみや体調が悪いときは無理せずシャワーですますなど、じょうずに利用してください。

「自立した女性の育成」をめざす

江戸川女子中学校

（えどがわじょし）

東京都　江戸川区　女子校　https://www.edojo.jp

江戸川女子中学・高等学校は、創立90周年を迎えた伝統ある女子校です。西洋のお城のように輝くエントランスに足をふみ入れると、生徒たちの明るい声が聞こえてきます。そのような環境のなか、「教養ある堅実な女性」「自立した女性」の育成をめざし伝統と革新を積み重ねています。今年度より国際コースを設置し、「教育課程特例校」の指定を受けイマージョン教育を開始しました。

今年度より中学国際コースがスタート

江戸川女子中学校は、今年度より「世界を舞台に活躍できる、真の国際人の育成」を目標に、国際コースをスタートしました。これまでの高校英語科や帰国子女の指導で蓄積してきたノウハウをいかし、さらなる英語力の向上と国際感覚の醸成をめざしています。

このコースでは、ネイティブ教員が副担任としてつき、日常的に英語でコミュニケーションをとりあいます。英語の授業は、中学入学時点での英語力に応じて、「Advanced Class」と「Standard Class」に分けて少人数授業を行っており、音楽と美術の授業は英語イマージョン教育を実施しています。

国際コース 授業風景

Global Studies（探究）という授業では、ネイティブ教員といっしょに世界が直面する課題を学び、各自がスライドにまとめ発表をするなかで自己発信力をきたえていきます。

また、一般コースと同様、情操教育の一環として茶道、箏曲、華道に取り組み、日本の伝統文化についての教養も身につけることができます。

このような多彩な授業や研修をつうじて、世界を舞台に活躍できる真の国際人を輩出していきます。

新制服（左：中学、右：高校）

江戸川女子のさらなる改革

「さらに上へと進化する江戸川女子」をめざし、さまざまな改革が始まっています。

多様な分野でICTの活用が進むなかで、江戸川女子も導入を推進しており、今年度入学生から1人1台のタブレット端末を持ち、Microsoft Teamsを活用しながら課題提出や連絡など、教師と生徒間の情報共有を行っています。

また来年度から、これまでの1コマ65分から45分へと授業時間を短縮し、45分授業と2コマ連続で行う90分授業を学習内容に応じて併用する「Hybrid Edojo教育」を導入します。

短時間に集中して知識習得をはかる授業と、理科の実験などじっくり考え学ぶ授業を織り交ぜながら、より深い学びへと導いていきます。

そして創立90周年を機に、来年度より新制服を採用することになりました。江戸川女子らしく、気品ある、そして輝きを持つことができる制服に仕上がっています。学校の公式SNSで紹介されていますのでご覧になってみてはいかがでしょうか。

説明会日程

●**学校説明会**（要予約）
12月 4日(土)10:00～11:30
1月15日(土)10:00～11:30

●**入試問題説明会**（要予約）
12月11日(土)14:00～15:30

●**受験スタート説明会**（要予約）
2月19日(土)10:00～11:30

SCHOOL DATA

所在地	東京都江戸川区東小岩5-22-1
アクセス	JR総武線「小岩駅」徒歩10分 京成線「江戸川駅」徒歩15分
TEL	03-3659-1241

これだけは伝えたい

公立中高一貫校をめざすみなさんへ

ここからは、公立中高一貫校をめざすご家庭に向けたページです。
近づく入試本番までに確認しておきたい出願方法や変更点、
学習のヒントをお伝えしていきます。

東京、神奈川、千葉、埼玉の4都県には合計で23校もの公立中高一貫校があります。93ページで改めて触れますが、なかでも千葉は検査日が目前に迫ってきています。

ひと口に公立中高一貫校といっても学校ごとに教育の特徴があり、それにともなって、課される適性検査にもちがいがあります。ですから、その学校、そして適性検査を理解することが重要となるのです。

ではまず、各校の出願期間や方法、検査の日程、変更点などをみていきましょう。

各都県の出願期間検査日を知ろう

東京

都立桜修館中等教育学校
都立大泉高等学校附属中学校
千代田区立九段中等教育学校
都立小石川中等教育学校
都立立川国際中等教育学校
都立白鷗高等学校附属中学校
都立富士高等学校附属中学校
都立三鷹中等教育学校
都立南多摩中等教育学校
都立武蔵高等学校附属中学校
都立両国高等学校附属中学校

東京では、2021年度入試からこれまでの都立の併設型一貫校5校の高校募集を停止し、中等教育学校(高校募集をしない6年一貫教育校)への移行が始まっています。

まず富士高校附属と武蔵高校附属、そして2022年度より両国高校附属と大泉高校附属も高校募集を停止。残る白鷗高校附属も2022年春の入試を最後に高校募集を停止し、中等教育学校に移行することが決まっています。

これらの変更により注目されていたのが募集人員の変化です。各校では2クラス計80人を高校で募集していたため、その人数がそのまま中学募集に移行することになると、5校で計400人も募集が増えることになると考えられました。

しかし、昨年度、富士高校附属と武蔵高校附属では、120人（男女各60人）3クラスから160人（男女各80人）4クラスという40人増にとどまり、来年度からの両国高校附属、大泉高校附属も同じ40人増でした。おそらく2023年度移行の白鷗高校附属も同数になるとみられ、最終的には5校合わせて200人増に落ちつくでしょう。

そのほか、2022年度に誕生する立川国際中等教育学校附属小学校も話題を集めています。募集は一般枠と海外帰国・在京外国人児童枠で、募集人員は一般枠58人（男女各29人）、海外帰国・在京外国人児童枠12人（男女各6人）です。小学校からの生徒が中等教育学校に入学するのはまださきの話ではありますが、都立初の小中高一貫教育には注目したいところです。

新型コロナウイルス感染症流行の影響から、私立中学校などは、出願方法を変更している学校があると、56ページからのコーナーでお伝えしてきました。都立の中高一貫校では、以前から各校が指定する郵便局に簡易書留郵便で送るかたちがとられており、それは2022年度入試でも変わりません（1月12日～18日必着）。ただし、海外帰国・在京外国人生徒枠（一般枠や特別枠との併願含む）は、窓口に持参するかたちです（1月10日～11日）。

千代田区立九段については、区分A（千代田区民の受検者）は窓口（1月12日～13日）、区分B（千代田区民以外の受検者）は郵送（1月6日～11日必着）と、方法が分かれています。

検査日は、都立の一般枠が2月3日、特別枠が2月1日、海外帰国・在京外国人生徒枠が1月25日、千代田区立九段は、区分A・Bともに2月3日です。

都立の各校については、2015年度から10校による共同作成問題を柱として、一定の割合で各校の独自問題が採用されています。独自問題を課すかどうか、どこで課すかは、あらかじめ募集要項にしめされており、2022年度入試では**【表】**のように発表されています。志望校がどのような出題をしているかチェックしておいてください。なお、千代田区立九段はすべて独自問題です。

過去の適性検査問題は各校のホームページに掲載されています。独自問題はそれぞれに特色がありますので、過去問を数年分解き、傾向をつかみましょう。

【表】2022年度入試　都立中高一貫校出題状況

学校名	出題状況
桜修館	適性検査Ⅰ：独自問題 適性検査Ⅱ：［1］のみ独自問題、［2］［3］は共通問題
大泉高校附属	適性検査Ⅰ：共通問題 適性検査Ⅱ：３題とも共通問題 適性検査Ⅲ：独自問題
小石川	適性検査Ⅰ：共通問題 適性検査Ⅱ：［2］のみ独自問題 適性検査Ⅲ：独自問題
立川国際	適性検査Ⅰ：独自問題 適性検査Ⅱ：３題とも共通問題
白鷗高校附属	適性検査Ⅰ：独自問題 適性検査Ⅱ：３題とも共通問題 適性検査Ⅲ：独自問題
富士高校附属	適性検査Ⅰ：共通問題 適性検査Ⅱ：３題とも共通問題 適性検査Ⅲ：独自問題
三鷹	適性検査Ⅰ：独自問題 適性検査Ⅱ：［1］のみ独自問題、［2］［3］は共通問題
南多摩	適性検査Ⅰ：独自問題 適性検査Ⅱ：３題とも共通問題
武蔵	適性検査Ⅰ：共通問題 適性検査Ⅱ：［2］のみ独自問題 適性検査Ⅲ：独自問題
両国	適性検査Ⅰ：共通問題 適性検査Ⅱ：３題とも共通問題 適性検査Ⅲ：独自問題

神奈川

県立相模原中等教育学校
県立平塚中等教育学校
横浜市立南高等学校附属中学校
横浜市立横浜サイエンスフロンティア高等学校附属中学校
川崎市立川崎高等学校附属中学校

神奈川には県立2校、横浜市立2校、川崎市立1校の5校があります。

出願は、県立の2校は1月4日～6日、学校に簡易書留で送付します。検査日は2月3日。なお、従来行われていたグループ活動による検査は、昨年度に引きつづき実施されないことが発表されています。2022年度入試からの変更点としては、男女各80人という募集ではなく、両校とも男女関係なく160人募集に改められたことです。

横浜市立の南高校附属、横浜サイエンスフロンティア高校附属も、簡易書留で郵送しますが、期間は1月5日～7日と県立とは異なります。検査日は県立と同じ2月3日です。

川崎市立川崎高校附属の出願期間は1月4日～6日で、こちらも簡易書留で同校に送ります。検査日は他の4校と同様に2月3日です。なお2022年度は、面接を実施しないことが発表されています。

また、ホームページでは、新型コロナウイルス感染症の陽性判明者および濃厚接触者について触れられており、追加の検査は実施しないとされています。ただし、濃厚接触者のうち、要件を満たす受検者については、別室での受検が認められるとのことです。詳細はホームページでご確認ください。

千葉

県立千葉中学校
県立東葛飾中学校
千葉市立稲毛国際中等教育学校

県立の2校は、11月22日～25日（23日を除く）に中学校に持参します。提出時に、書類審査が行われ受験票が交付されるため、可能なかぎり持参するようアナウンスされていますが、持参できない場合は、簡易書留の配達日指定郵便（23日を除く）での出願を受け付けています。検査は12月11日に一次が実施されます。なお、同2校では二次（1月24日）が実施されており、2022年度も、例年どおり集団面接（東葛飾はプレゼンテーション的内容を含む）が予定されています。

千葉県内の公立中高一貫校の大きな変更点としてあげられるのは、市立稲毛高校附属が2022年度より市立稲毛国際中等教育学校となることでしょう。募集人員は、男女各40人計80人から、男女別に定員を設けない160人になります。出願期間は11月18日～25日（当日消印有効）で、同校に簡易書留で郵送。検査は、これまでとは異なり、二次が設けられることになりました。一次は12月11日、二次は1月24日と、検査の日程は県立と同じです。従来から行われていた面接は二次で課されます。

埼玉

県立伊奈学園中学校
さいたま市立浦和中学校
さいたま市立大宮国際中等教育学校
川口市立高等学校附属中学校

県立伊奈学園は12月27日～28日に出願書類を学校に持参します。なお、12月24日の配達日指定であれば簡易書留等でも出願が可能です。検査は一般枠一次が1月15日に実施され、一般枠で作文と明記されているのが他校と異なる特徴です。二次は1月24日。

さいたま市立浦和への出願は1月5日午前が女子、同日午後が男子、1月6日が午前のみで男女問わず、と定められており、検査は1月15日に一次、1月22日に二次が実施されます。

同じくさいたま市立の大宮国際については、本誌締切（10月18日）時点で2022年度入試の募集要項はだされていません。ただ、出願期間はさいたま市立浦和と同様、検査日は一次が1月16日、二次が1月22日という情報が入ってきています。

2021年度に開校した川口市立高校附属についても、まだ募集要項はだされていませんが、検査日は一次が1月15日、二次が1月22日といわれています。同校は充実した施設、そしてその施設を活用する教育に、開校前から大きな注目が集まっていました。初年度の募集人員は、男女各40人で、志願者数はその7倍を超えました。

埼玉では、どの学校も、面接や集団活動を行っており、2022年度入試においても実施が予定されています。

◇

4都県の入試日程については、96ページに一覧を掲載していますので、そちらもご覧ください。ただ、募集要項が発表されていない学校もあり、また、変更が発表される可能性もありますので、今後も各校のホームページをチェックし、情報を集めるようにしてください。

●合否の判定ポイント

公立中高一貫校の合否は、出願時に提出した報告書と当日実施される適性検査のそれぞれが点数化され、換算されたのち、総合成績の結果で判定されます。

報告書は各校が指定する用紙を使い、小学校の先生に書いてもらうものです。おもな項目としては「各教科の学習の記録」「特別活動の記録」「総合的な学習の時間の記録」「行動の記録」「出欠の記録」「総合所見」

などがあげられます。これらの項目のうち、「各教科の学習の記録」は合否に影響するポイントが高いといえるでしょう。

小学校での生活に前向きな姿勢で真摯（しんし）に取り組み、基礎学力をしっかりと身につけるよう意識することが大切だといえます。

また、学校によっては「志願理由書」の提出が必要です。たとえば千葉では3校すべてが提出を求めています。志願理由書は志願者本人が書くことになりますが、多くの小学生にとって、このような書類の記入は初めてでしょうから、保護者のかたには、お子さんといっしょに考え、いっしょに書くという姿勢でサポートしていただきたいと思います。

茨城

じつは茨城にも、多くの公立中高一貫校が存在しています。「令和の大増設」といわれ、2020年春の入試から一気に10校が新設され始めているのです。2020年度開校が5校、2021年度開校が3校、そして、来春2校が開校し、「令和の大増設」10校が完成します。

もともと茨城には、県立並木中等教育学校、県立日立第一高等学校附属中学校、県立古河中等教育学校があったため、現在、その数では東京の11校と並んでおり、来春には東京を超え、13校となる予定です。

県立並木中等教育学校
県立日立第一高等学校附属中学校
県立古河中等教育学校

＋

【2020年度開校】
県立太田第一高等学校附属中学校
県立鉾田第一高等学校附属中学校
県立鹿島高等学校附属中学校
県立竜ヶ崎第一高等学校附属中学校
県立下館第一高等学校附属中学校

【2021年度開校】
県立水戸第一高等学校附属中学校
県立土浦第一高等学校附属中学校
県立勝田中等教育学校

【2022年度開校】
県立下妻第一高等学校附属中学校
県立水海道第一高等学校附属中学校

直前期に取り組むべき学習とはなにか

さて、公立中高一貫校を志望している場合、直前期にはどのような対策をしていくべきなのでしょうか。

この時期からは、過去問に取り組むことが勉強の中心となります。

過去問は多くの場合、各校のホームページにあります。ただ千葉の3校などは掲載がないため、塾の先生に相談しましょう。また、ホームページにアップされていても、著作権の関係から作文の課題文が掲載されていないことがあります。この場合も、どんな問題が掲載されていたのか、塾の先生に聞いてください。

公立中高一貫校の適性検査は、おとながみても面食らうような問題がだされます。国語、算数、社会、理科を横断的にまとめた融合問題となっており、表やグラフ、写真などから情報を読み取る力や問題文から条件を見抜く力などが要求されます。

また、思考力や表現力を試す問題として、作文（記述）で解答するものが多くあります。過去問から字数に加えて、「なにを答えさせようとしているのか」、その傾向を確認しておくといいでしょう。

最後に、直前期における学習のヒントをお伝えしてまとめとします。

［ 計 算 ］

計算練習は毎日取り組んでほしいことのひとつです。適性検査では、単純な１行問題はだされず、また「つるかめ算」「旅人算」などが活用できるかどうかも試されません。

過去問をみると、正しい答えをだすことよりも、その答えにたどりつく道すじを重視していることが感じられます。

算数と理科や社会を融合させ、表やグラフから読み取った数字を割り算し、%にして比較する問題もでます。環境問題にかかわる問題や農作物の地域比較に関する問題もあるため、大きな数字同士や、小数同士の計算をできる力も必要です。

漢字の読み書き

公立中高一貫校では、私立中学校の入試のように、むずかしい漢字は出題されず、「小学校配当漢字」がだされます。ただ、注意してほしいのは、漢字を読んだり書いたりできるだけでは足りないということです。その漢字の持つ意味からくる熟語がイメージできるようになることが大切です。

たとえば「中」には大中小の意味があるだけではありません。「あたる」という意味があり、そこから「中毒」や「的中」という熟語ができています。そしてそこから、「外」には、「はずれる」という意味がある、ということにも思いをめぐらせてください。

また、漢字から地名や歴史的な人物、事件も浮かぶようにしたいものです。受検校近隣の地名は把握しておくことをおすすめします。

これらのことから、直前期においても「漢字の読み書き」は、毎日つづけてほしいと思います。脳が目覚める手助けをするつもりで、朝、起きてすぐに取り組んでみてはいかがでしょう。繰り返し意味を考えながら読み、筆順を確認しながら書きましょう。ふだんから、まちがえることのないよう、ていねいに書いておけば、作文の誤字防止にもつながります。

作文

直前期に、作文のためだけに多くの時間を確保することはむずかしいでしょう。しかし、作文は取り組めば取り組むほど力がつきます。そこで、できる範囲で、作文で試される「思考力」「判断力」を磨いていってほしいと思います。

まず、新聞記事には、毎日目をとおすようにしましょう。読解力の向上にもつながりますし、時事問題の知識を増やすことにもなります。

そして週に1～2回は、新聞に掲載されているコラムや社説、記事などを、字数を決めて要約したり、要旨をまとめることにチャレンジしてください。加えて、それらの記事などから、自分はなにを感じたかを短くまとめる練習にも取り組むと、さらに力がつきます。

受検校の過去問をみて、解答の字数を確認してほしいことはすでにお伝えしました。練習の際は、その字数で書いてみるといいでしょう。字数は、読点、句点も1字として数えますが、一番上のマスに読点、句点がきた場合にどうするかを、過去問の注意事項を読み、あらかじめ確認しておきましょう。

時間配分についても気を配ることが肝心です。読解する時間、考える時間、書く時間、見直す時間、それぞれにどれくらい割り振るのか考えながら練習します。

これまでは、練習で書いた作文を塾の先生が点検してくれていたでしょう。しかし直前期になると、すべてを点検してもらう時間はなくなります。もしみていただけたとしても、「すぐに」とはいきません。書いてから時間が経ってしまい、書いたときのことを忘れてしまった、となると、あまり意味がありません。

ですから、これからは保護者のかたにお子さんの書いた作文の点検をお願いしたいと思います。そうはいっても、どのようなポイントをおさえて確認していけばいいのか、不安に感じられるかたもいるでしょう。

作文の問題は、課題文がしめされ、それを要約したり、作者が伝えたいことをまとめたりするものがほとんどです。課題の長文が2題しめされ、共通した主張をまとめて作文するというかたちの出題も多くなっています。さらには、課題文から自らの考えを導きだして書く、という問題もあります。

課題文に対して自分が感じたことや、自分の考えを書く問題においては、それまでに体験したことを盛りこんで書くと、字数を達成できるでしょう。

志望校の過去問に、このタイプの作文があるようであれば、さきほどお伝えした新聞のコラム等の要約の際、自分が感じたことをまとめるだけでなく、よく似た体験はなかったか、もし自分であればどうするか、などさまざまなことを考えながら自分の意見をかならず盛りこむかたちで練習しましょう。

作文を点検する際は、まず課題文の内容をふまえているかを確認することから始めます。

そして、「で・ある調」と「です・ます調」が混在していないか、「ら抜き言葉」がないかどうかといったことにも注意します。そのほか、日常的に「ちがって」を「ちがくて」「ちがうくて」と発音するお子さんがいた場合に、作文でもそのまま使ってしまうことがありますので、見逃さないようにしましょう。

この時期であれば、これらのことはクリアできていてほしいものですが、もし散見されるようであれば、書き上げたあとに見直しの時間をとり、その際に自分で気づき、修正できるように徹底させましょう。

お子さんは自分の書いた文章を振り返ることを「面倒だ」「苦手だ」と感じるかもしれませんが、しっかり見直すことが、合格につながるのだと自覚させることが必要です。

また、段落の設け方にも目を向けたいところです。話の区切りで段落を分けましょう。段落がまったく設けられていない文章は読みづらいものです。少なくとも、自分の意見や主張、結論の前には段落を設けることが必要です。なかには、段落の分け方を指定する学校もありますから、注意してください。

作文は、書き手の思いが読み手に伝わらなければ意味がありません。保護者のかたが読んでも、お子さんの思いが読み取れない場合は、まず口頭で説明してもらいましょう。その意図をくんだうえで、どこを工夫すればいいか、お子さんに肯定感を持たせながらアドバイスしてください。「伝わる喜び」を感じつつ、作文の練習に取り組んでいきましょう。

2022年度 首都圏公立中高一貫校入試日程一覧

各校の予定は本誌調査によるものです。必ず各校HPでご確認ください。

東京	募集区分	募集人員	願書受付 開始日	願書受付 終了日	検査日	発表日	手続期限	検査等の方法
都立桜修館中等教育学校	一般	160	1/12	1/18	2/3	2/9	2/10	適性検査Ⅰ・Ⅱ
都立大泉高等学校附属中学校	一般	160	1/12	1/18	2/3	2/9	2/10	適性検査Ⅰ・Ⅱ・Ⅲ
千代田区立九段中等教育学校	区分A※1	男女各40	1/12	1/13	2/3	2/9	2/10	適性検査1・2・3
	区分B※2	男女各40	1/6	1/11	2/3	2/9	2/10	適性検査1・2・3
都立小石川中等教育学校	特別※3	160（含特別5以内）	1/12	1/18	2/1	2/2	2/2	作文・面接
	一般		1/12	1/18	2/3	2/9	2/10	適性検査Ⅰ・Ⅱ・Ⅲ
都立立川国際中等教育学校	海外帰国・在京外国人	30	1/10	1/11	1/25	1/31	1/31	作文・面接
	一般	130	1/12	1/18	2/3	2/9	2/10	適性検査Ⅰ・Ⅱ
都立白鷗高等学校附属中学校	海外帰国・在京外国人	24	1/10	1/11	1/25	1/31	1/31	作文・面接
	特別※4	136（含特別6程度）	1/12	1/18	2/1	2/2	2/2	面接（囲碁・将棋は実技検査あり）
	一般		1/12	1/18	2/3	2/9	2/10	適性検査Ⅰ・Ⅱ・Ⅲ
都立富士高等学校附属中学校	一般	160	1/12	1/18	2/3	2/9	2/10	適性検査Ⅰ・Ⅱ・Ⅲ
都立三鷹中等教育学校	一般	160	1/12	1/18	2/3	2/9	2/10	適性検査Ⅰ・Ⅱ
都立南多摩中等教育学校	一般	160	1/12	1/18	2/3	2/9	2/10	適性検査Ⅰ・Ⅱ
都立武蔵高等学校附属中学校	一般	160	1/12	1/18	2/3	2/9	2/10	適性検査Ⅰ・Ⅱ・Ⅲ
都立両国高等学校附属中学校	一般	160	1/12	1/18	2/3	2/9	2/10	適性検査Ⅰ・Ⅱ・Ⅲ

※1千代田区民　※2千代田区民以外の都民
※3自然科学（全国科学コンクール個人の部で上位入賞した者）　※4日本の伝統文化（囲碁・将棋、邦楽、邦舞・演劇）

※募集区分はすべて一般枠

神奈川	募集人員	願書受付 開始日	願書受付 終了日	検査日	発表日	手続期限	検査等の方法
県立相模原中等教育学校	160	1/4	1/6	2/3	2/10	2/12	適性検査Ⅰ・Ⅱ ※2022年度については「グループ活動による検査」は実施しません
県立平塚中等教育学校	160	1/4	1/6	2/3	2/10	2/12	
横浜市立南高等学校附属中学校	男女各80	1/5	1/7	2/3	2/10	2/11	適性検査Ⅰ・Ⅱ
横浜市立横浜サイエンスフロンティア高等学校附属中学校	男女各40	1/5	1/7	2/3	2/10	2/11	適性検査Ⅰ・Ⅱ
川崎市立川崎高等学校附属中学校	120	1/4	1/6	2/3	2/10	2/11	適性検査Ⅰ・Ⅱ

※募集区分はすべて一般枠

千葉	募集人員	願書受付 開始日	願書受付 終了日	検査日	発表日	手続期限	検査等の方法
県立千葉中学校	男女各40	願書等11/22 報告書・志願理由書等1/11	願書等11/25 報告書・志願理由書等1/12	一次検査12/11 二次検査1/24	一次検査12/22 二次検査2/1	2/2	一次　適性検査 二次　適性検査・面接等
県立東葛飾中学校	男女各40	願書等11/22 報告書・志願理由書等1/11	願書等11/25 報告書・志願理由書等1/12	一次検査12/11 二次検査1/24	一次検査12/22 二次検査2/1	2/2	一次　適性検査 二次　適性検査・面接等
千葉市立稲毛国際中等教育学校	160	願書等11/18 報告書・志願理由書等1/11	願書等11/25 報告書・志願理由書等1/13	一次検査12/11 二次検査1/24	一次検査12/22 二次検査2/1	2/3	一次　適性検査Ⅰ・Ⅱ 二次　適性検査Ⅲ・面接

埼玉	募集区分	募集人員	願書受付 開始日	願書受付 終了日	検査日	発表日	手続期限	検査等の方法
県立伊奈学園中学校	一般	80	12/24	12/28	第一次選考 1/15 第二次選考 1/22	第一次選考 1/20 第二次選考 1/27	2/1	第一次　作文Ⅰ・Ⅱ 第二次　面接
さいたま市立浦和中学校	一般	男女各40	1/5	1/6	第1次選抜 1/15 第2次選抜 1/22	第1次選抜 1/19 第2次選抜 1/26	2/4	第1次　適性検査Ⅰ・Ⅱ 第2次　適性検査Ⅲ・面接
さいたま市立大宮国際中等教育学校	一般	男女各80（含特別1割程度）	1/5	1/6	第1次選抜 1/16 第2次選抜 1/22	第1次選抜 1/19 第2次選抜 1/26	2/4	第1次　適性検査A・B 第2次　適性検査C・集団活動
	特別		1/5	1/6	第1次選抜 1/16 第2次選抜 1/22	第1次選抜 1/19 第2次選抜 1/26	2/4	第1次　適性検査D・個人面接 第2次　適性検査E・集団活動
川口市立高等学校・附属中学校	一般	男女各40	12/25	12/26	第1次選考 1/15 第2次選考 1/22	第1次選考 1/20 第2次選考 1/27	2/7	第1次　適性検査Ⅰ・Ⅱ 第2次　適性検査Ⅲ・集団面接

※ 川口市立高等学校附属中学校の願書受付日は10/18現在未発表のため、昨年度の日程を掲載しています

YASUDA GAKUEN

JUNIOR HIGH SCHOOL

2021年大学合格実績 現役卒業生

国公立大学 52名合格

- 京都大学(1)
- 東京工業大学(3)
- 一橋大学(1)
- 防衛医科大学校(1)
- 東北大学(1)
- 大阪大学(1)
- 筑波大学(4)
- 千葉大学(11) ほか

早慶上理ICU 63名合格

大学合格実績の推移

	2017	2018	2019	2020	2021
国公立大学	22名	30名	49名	46名	52名
早慶上理ICU	30名	22名	34名	59名	63名
計	計52名	計52名	計83名	計105名	計115名

2022年度中学入試学校説明会 要予約・上履き不要

●全ての回で個別相談コーナーを設けております

11月14日(日)
★入試体験 9:30～

12月 4日(土)
★入試傾向と対策 14:30～/15:50～

1月 8日(土)
★入試傾向と対策 14:30～/15:50～

2月26日(土)
★小5以下対象 14:30～

安田学園中学校

【自学創造】自ら考え学び、創造的学力・人間力を身につけ、グローバル社会に貢献する

先進コース／東大など最難関国立大を目指す

総合コース／国公立大・難関私大を目指す

学校説明会のご予約はこちらから
予約申込方法など詳細は、ホームページをご覧ください。

〒130-8615 東京都墨田区横網2-2-25 ▸JR総武線「両国駅」西口徒歩6分 ▸都営・大江戸線「両国駅」A1口徒歩3分 ▸都営・浅草線「蔵前駅」A1口徒歩10分

0120-501-528(入試広報直通) 安田学園 検索

栄東高等学校

SAKAE HIGASHI SENIOR HIGH SCHOOL

SCHOOL GUIDE **2022**

※写真・イベント等は

全国学生美

最年少!! 15歳で
行政書士試験合格!!

国際化学オリンピック日本代表候補!!
科学の甲子園 県大会２位!!

全国鉄道模型コンテスト
理事長特別賞!!

すべて生徒たちだけで演出
「アラジン」上演!!

フードドライブ
Stamp Out Hunger!!

栄東の誇るサメ博士!!
サンシャインでトークショー

栄東のクイズ王!!
全国大会準優勝!!

〒337-0054 埼玉県さいたま市見沼区砂町2-77（JR東大宮駅西口 徒歩８分）
◆アドミッションセンター TEL：048-666-9288 FAX：048-652-5811

CONTENTS

Success15 10

http://success.waseda-ac.net/

サクセス15
October 2021

これぞ新時代！

自動運転バスがかなえる自由な移動

昨年から公道での導入も始まり、話題となっている「自動運転バス」。バスが自動で動くなんてすごい！　と興味を持っている方もいるのでは？　ただ、実際にどのような仕組みで動かしているのか、知っている人は少ないはず。そこで、自動運転バスの事業に携わるBOLDLY株式会社を訪ねて、自動運転バスに関するあれこれを聞いてきました。そう遠くない未来、あなたの町でも自動運転バスが走っているかもしれませんよ。

画像提供：BOLDLY 株式会社

自動運転バスの遠隔管理とは？

まずは自動運転車両の運行管理システムを開発するBOLDLY株式会社の改發壮さんに、自動運転バスやDispatcherについて色々とお聞きしました。

BOLDLY株式会社
クリエイティブディレクター
企画部 部長
改發（かいはつ） 壮（そう）さん

すべての人に「移動の自由を」

長距離の移動に欠かせない、バスや電車などの乗りもの。とくに少子高齢化が進む地方では、街のなかを縦横に走るバスが公共交通機関として重要な役割を果たしています。しかし、何人もの乗客の安全を守りながら走行しなければならないなど責任も重いバスのドライバーには成り手が少なく、バスの路線を減らすしかないという状況におちいっている地方が少なくありません。

そこでBOLDLY株式会社（以下、BOLDLY）が着目したのが自動運転バスです。すべての人に「移動の自由を」という思いで4年ほど前から自動運転車両の運行管理システム「Dispatcher」の開発に着手しました。

BOLDLYが扱うおもな自動運転バスの1つがフランスの会社が開発した「NAVYA ARMA」という車両です。この車両は①GPSとそれを補正する信号によって数cm単位で正確な位置情報を取得しながら、事前にスキャンした3Dマップ上に描かれた走行経路を自動で走行できる②リアルタイムで周囲の状況をスキャンして、走行経路上の人や障害物などを検知し自動で停車などができるという性能を持っています。これにDispatcherを導入することで、より安全な走行が可能となります。

「Dispatcherは自動運転車両を思いのままに行ったり来たりさせられるコントロールセンターの役割を持つシステムで、遠隔地から監視者が様々な指示や状況の確認をすることで、車両の安全な運行をサポートすることができます。現在は常時4～5名のエンジニアが開発に携わっており、そこに我々企画部の社員がかかわることもあります」と話すのは、クリエイティブディレクター兼企画部部長の改發壮さんです。

さらにDispatcherの開発に加えて、自動運転車両の走行に必要な3

Dispatcherはエーアイによる乗客の動きのチェックを、人物の頭の動作だけで行うなど、シンプルな処理にすることでスピーディーに管理者にアラートを通知できるようにしています。さらに、ほかのメーカーや違う車種の自動運転車両も運用でき、現在20もの車両の運行管理が可能です。

BOLDLYが扱う自動運転バスの1つ「NAVYA ARMA」。走行時はGPSのほか、補足する信号で緯度経度の情報を取得し位置を修正しながら走ります。

Dマップの作成や、どこをどのくらいのスピードで走るかなどの各種設定もBOLDLYで実施しています。

安全に運行するための工夫がそこかしこに

遠隔監視者が自動運転車両に対してできるのは、おもに「走行指示」「状態監視」「緊急時対応」「走行可否判断」の4つの操作です。例えば何時何分にバス停に着いて、何分間そこに停まっていて、次のバス停にいつ着くのかという情報をDispatcherに入力すると、バスがその通りに走ります。また、これまではドライバーが担っていた車内の安全確認も遠隔管理できます。

「車内には乗客の動きを確認するカメラが設置されており、走行中に立ち上がり、移動したりすると、その動きをAI（人工知能）が検知して車内に注意喚起のアナウンスを流します。と同時に、監視者にもアラートとして通知するため、それでも乗客が移動を継続したり転倒したりした場合は、監視者が直接テレビ電話でコミュニケーションをとることもできる仕組みです。

このとき、乗客の安全を守るためには、アナウンスの再生やアラートが監視者に届くまでのタイムラグを少なくする必要があります。しかし、身体全体の動きを検知するとなると、AIが情報を処理する時間が長くなることから、素早い対応が難しくなっていました。

そこで我々が着目したのが頭の動きです。人間が移動するときは、頭の動きが伴いますから、検知の対象を頭に絞ることで、素早く注意喚起ができるようになりました。これによってドライバーがいなくても安全に乗車できる環境が整いました」（改發さん）

さらにすごいのは、Dispatcherはメーカーや使用用途の異なる20車種に対応していること。20車種のうちどの車でも、同じ操作方法で動かすことができるのです。「車によって規格や性能がまったく異なるので、それをDispatcherと対応させるためには、1つずつデータを変換していく必要がありました。膨大な量のデータを扱うのでなかなか大変な作業ですが、車両を作っておらず、しがらみのない我が社だからこそできる仕事だと感じています」と改發さん。

ドライバー不足の地方でも自由な移動をかなえる、そんな夢のようなシステムがDispatcherなのです。

≪Dispatcherが担う4つの役割≫

走行指示

あらかじめシステムに入力した運行ダイヤ通りに自動運転車両が走ります。地域の交通網に合わせた運行も可能で、リアルタイムで位置情報を管理するため、遅延情報などの問いあわせにも正確に対応できます。

緊急時対応

車内で乗客が危険な行為をしたとき以外にも、ケガをしたりして緊急の対応が必要な場合には管理者から車内電話などで乗客に呼びかけることができます。また、乗客側から管理者に連絡することも可能です。

状態監視

遠隔地から、カメラで乗客の動きや車外の様子をリアルタイムで見守ります。さらに、人工知能が車内カメラの映像から乗客の危険行為を感知すると、自動でアラームが作動し、管理者に通知されます。

走行可否判断

走行前に、自動運転車両の運行ルートの天気や道の状態などが適切であることを管理者が判断しDispatcherに入力・管理を行います。ほかにも走行前後に行われる車両点検業務も管理します。

国内初、公道での定時運行開始！

（茨城県境町での事例）

Dispatcherを搭載した自動運転バスが、公道において日本で初めて定時運行を始めています。その事例をご紹介します。

境町を走る３台のNAVYA ARMA

昨年から走り出した自動運転バス

２０２０年11月から茨城県境町で、NAVYA ARMAが町のなかを走り始めました。自動運転バスが「公道」で、しかも「定時」に運行するのは日本で初めてのこと。運賃は無料で、バスはスーパーや病院などに設置されたバス停に立ち寄りながら、往復８㎞と６㎞の２ルートを走行します。

自治体での自動運転バス導入は、住民の暮らしをよりよいものにするために行われることが多く、高齢化が進む境町でも、住民の移動をサポートするための手段として取り入れることにしました。

導入をあと押ししたのは、BOLDLYが全国各地で約１００回もの実証実験を行っていたこと。境町の町長がその実績をみてBOLDLYを信用したことが、導入にいたった１つの要因だったようです。実証実験を数多く行ってきた努力の積み上げが実を結び、BOLDLYの方々は喜んだといいます。

なお、前のページで紹介したようにバスの運行はDispatcherを通して遠隔で管理をしており、この監視業務は基本的に外部に委託する形をとっています。そのためBOLDLYでは、監視業務を行う人材を育成するためのトレーニングメニューも開発しています。

Dispatcherを開発しているBOLDLYの方々自身は、もちろんなにをどうすればいいのか、詳しく知っています。しかし実際に使うのは第三者です。どうすればそのノウハウをわかりやすく伝授することができるか、それをしっかり理解してもらうことができるか、試行錯誤を重ねたという開発チーム。

そのうえで座学と実務を組みあわせたトレーニングメニューを作成し、ひと通り学べば、だれでも問題なくDispatcherを扱えるようになりました。安全に運行するためにはこうした育成制度を整えることも重要であることから力を入れて取り組んだという改發さん。しかしバスが町のなかを定時運行するためには、まだ重要な課題が残っていました。

地元の方々といっしょに作る新しい公共交通機関

タクシーのように目的地やルートがその都度変わる場合は別ですが、バスのように目的地とルートが決まっている場合、自動で車両を走らせること自体はそこまで難しくはないそうです。ところがそこに路上駐車があったら、車を避けつつ安全に走行する必要があるため、とくに対向車との距離が近い道の走行となると、途端に高度な技術が求められます。そしてその技術は、多くのコストと時間をかけて開発しなければなりません。

しかし改發さんをはじめとするBOLDLYの方々は「できるだけ早く地域の問題を解決したい」という思いで事業に取り組んでいるため、「いまできること」として、地域の方々にバスの走行経路に重なるような路上駐車を控えてほしいとお願いをしました。

そのとき大切にしたのが「みんなで新しい公共交通機関を作っていきましょう」という気持ちです。その気持ちを住民の方々に伝えながら、外観デザインのコンテストを行って案を募ったり、バスの座席シートを境町ゆかりの企業に製作してもらったりと、バスの運行に関して地元の方々を巻き込んでいきました。

いまでは走行経路に重なる路上駐車はほとんどみられなくなり、スムーズに運行できているそうです。

また、現在は運転責任のある添乗員が1人乗車することが義務づけられていますが、約2年後には法律が改正され、完全に無人で走行することが可能になる見込みです。

ただ、運転責任のなくなった添乗員は成り手が増えると考えられるため、同乗をそのまま継続すれば、地域で雇用を生み出すことにつながりますし、車椅子で乗車する方などをサポートすることもできます。無人で運行するか、添乗員を乗せて運行するか、境町が選ぶ運行形式に注目が集まります。

このように地域の人々と連携しながら、様々な問題を1つひとつクリアしたうえで走り出したNAVYA ARMA。境町の人々を乗せながら今日も元気に運行しています。

繰り返し行う実証実験

自動運転バスの可能性を探るために、全国各地で実証実験を行っているBOLDLY。地元の交通業者の方に、実際にDispatcherを使用してもらい、そこで様々な声を拾い、参考にしています。システムを改善するためには、実証実験はなくてはならないものなのです。

全国各地で運行中

境町のような公道以外にも、テーマパーク内や大学内、病院内など、様々な用途で運行されており、その場所も北海道、千葉県、埼玉県、神奈川県、静岡県、大阪府、福岡県、長崎県、沖縄県など、全国各地におよびます。

住民とのかかわり

「私の家がある方向にも来てほしい！」「平日だけではなく土日も運行してほしい！」という住民の声に応じて、8月から運行ルートを拡大するとともに、土日の運行も開始。

注目度が高く、各種メディアで取り上げられることも多いため、「昨日あなたの町が映っているテレビを見たよ、と親戚から電話がかかってきて嬉しかった」といった声も寄せられるそう。

小学校で行われる地元の文化や歴史を学ぶ授業の教材にも、自動運転バスが登場しています。子どもたちからも愛される存在として親しまれています。

Dispatcherの「これまで」と「これから」

安心・安全な移動を支えるため、様々な機能が備えられているDispatcher。最後に、開発の裏にどんな想いや経緯があるのか、またそのやりがいについて改發さんにお伺いします。

試行錯誤を繰り返し人の役に立つシステムを開発

Q　Dispatcherの開発はどのような想いで始められたのでしょうか?

冒頭でも触れた通り、私たちが掲げている理念は「移動の自由」です。安全で安価な移動がだれでもできる、そんな世の中の実現をめざしています。それが実現すれば、運転免許証を返納して思うように移動できないお年寄りや、公共交通機関の少ない地方に住む方など、いわゆる「交通弱者」の問題を解決できるでしょう。私もそうした困っている人々を助けたいという思いで、この仕事に取り組んでいます。

Q　開発するうえで苦労した点があれば教えてください。

当初、私たちは単にドライバーのいない車両が走れば問題を解決できると考えていました。しかし、バスドライバーの役割はバスを走行させるだけではなく、車内の安全確認や日常の車両点検など多岐にわたることをバス事業者の方に教えていただき、Dispatcherに必要な機能を増やしていったんです。

急病人が出たとき、事故にあったときにどう動くか、その判断はどのようなプロセスでDispatcherを使って行うかなど、多面的に考える必要がありました。実際に運行してみて初めてわかることもあったため、現在も改良を続けています。

Q　困ったことはありましたか?

以前、「添乗員がいなくても、お客さまが安心して乗車できるように」とPepper※を添乗員代わりにして走行実験を行ったんです。その際、耐久性を確かめるため急ブレーキをかけたら、Pepperの腰がボキッと折れてしまったというエピソードがあります。そんな試行錯誤を経て、いまのDispatcherが完成しました。

Q　自動運転車両の運行管理システムのなかでも、Dispatcherならではの特徴はありますか?

最初のページで紹介した通り、いくつもの自動運転車両に対応していて、それらが同じ操作方法で扱えるという点は大きな特徴です。日本だけでなく海外でも走行した実績があり、過去にはフィンランドで数カ月間、Dispatcherが運行管理に使用されました。

ただ、その土地の法律や交通文化に沿って運行する必要があるので、国によってはシステムに対する要請が違ってくる場合もあります。そう

※ソフトバンクグループが開発するヒト型のロボット

地方や都市部でさらなる活用も Dispatcherが示す「移動」の新たな形

境町では、難易度の高い場所での運行を可能にしたDispatcher。今後はこの実績を活かして、境町と同じく移動に不便を抱えるほかの地方にも自動運転バスを展開していく予定だといいます。

また、HANEDA INNOVATION CITY（東京）という複合施設では、施設内の移動手段として自動運転バスが活用されており、Dispatcherによって運行管理されています（写真）。オフィスや店舗などを回る「横に動くエレベーター」（改發さん）として人々の移動を支え、広い施設内でなくてはならない存在ともなっています。

今年からは「オンデマンド運行」も開始される予定です。これは、路線バスほど需要が多くはない時間帯や場所において、予約制でバスを走らせるという取り組みです。利用者はバス停と時間を設定してバスを呼び出し、移動することができます。

このほか、地元の産品などの荷物の運搬にも活用される計画もあります。ムダを省いて効率的に自動運転バスを運行できるよう、その可能性を追求し続けています。

した課題をクリアすれば、海外でのよりいっそうの展開も十分視野に入ってくると思います。

新しい分野への挑戦 やりがいや求められる力は

Q この事業に携わるなかで、どんなときにやりがいを感じますか?

やはり、地域の方々から喜んでいただけたり、温かい反応をいただけたときですね。実証実験を行った八頭町（鳥取県）では垂れ幕（写真㊦）を掲げて自動運転バスを歓迎してくださいました。また、自動運転バスが毎日走っている境町では子どもたちがイラストを描いてくれたり、地元のお店がバスを模したケーキを作ってくれたりと、生活に根づいている様子がみられて嬉しかったです。

Q みなさんのように新しい事業に取り組むためには、どんな力が必要でしょうか?

前例のないことを試そうとするとき、なにをすべきかを吟味することも重要ですが、とにかく手を動かしてやってみる、というのもとても大切なことです。試してみることはたくさんあるはずなので、時間を有効に使うためにも、広い視野を持って、短時間で多くのアイディアを出す瞬発力も重要だと思います。

幅広い知識は適切なアイディアを生み出す材料となるものなので、中高生の間はとくに、5教科をまんべんなく学んでおくのがおすすめです。

Q 読者のみなさんにメッセージをお願いします。

みなさんのなかには、学校で日々取り組んでいる勉強が社会に出てからどう役立つのか、イメージしづらいという方もいるかもしれません。私は、そうした学生時代の勉強はスポーツ選手の「筋トレ」に近いものだと思っています。勉強して鍛えた脳が、いずれ社会人が仕事で行っている課題解決という「競技」に活きてくるはずです。勉強に限らず、様々なことから学びを得て、多面的に脳を鍛えていきましょう。

Special School Selection

埼玉県　本庄市　共学校

早稲田大学本庄高等学院

School data

所在地：埼玉県本庄市栗崎239-3
アクセス：上越・北陸新幹線「本庄早稲田駅」徒歩13分、JR高崎線「本庄駅」・JR八高線ほか「寄居駅」スクールバス
生徒数：男子533名、女子469名
ＴＥＬ：0495-21-2400
ＵＲＬ：https://waseda-honjo.jp/

- ３学期制
- 週６日制
- 月・火・水・金６時限、水・土４時限
- 50分授業
- １学年８クラス
- １クラス約40名

広大なキャンパスで過ごす3年間　教育の特徴は「自由と多様性」

緑あふれるキャンパスで伸びのびと過ごすことができる早稲田大学本庄高等学院。早稲田大学の附属校として大学受験にとらわれない魅力的な教育を実践しています。

個性豊かな仲間とともに学べる環境

早稲田大学本庄高等学院（以下、早大本庄）は、早稲田大学（以下、早稲田大）の附属校として、同大学が建学１００周年を迎えた１９８２年に創立されました。男子校としてスタートし、２００７年に男女共学校になりました。

校舎のある埼玉をはじめとして、首都圏はもちろん、寮が併設されていることから、日本各地、そして海外からも生徒が集います。２０２１年度は１１０人の帰国生が学んでいます。

半田亨学院長は「本学院の特徴をひと言で表すと、『自由と多様性』です。本学院には、国内生向けの一般入試やα選抜（自己推薦入試）、帰国生入試など、複数の入試種別があり、異なる文化のなかで育った様々な生徒がともに学んでいます。

自由な校風の学校ですし、また１人ひとりの個性や考え方を尊重し理解しあう雰囲気があるので、だれもが安心して本来の自分を出せると思います。色々な生徒が集まることによって起こる『化学反応』に期待しています」と話されます。

半田 亨 学院長

学習の基本姿勢は「自ら学び、自ら問う」

2022年度入学生よりカリキュラムが新しく変わります。これまでは高2で文系、理系に分かれていましたが、新カリキュラムでは高2までは共通履修とし、高3から選択科目によって文系、理系に分かれる形となります。なお、文系であっても数学Ⅲは必修です。

早大本庄の教育方針は「自ら学び、自ら問う」。レベルの高い授業が実施されるのはもちろん、多彩なプログラムを用意することで、思考力や判断力など、様々な力を伸ばしています。施設も充実しており、例えば全館にWi-Fi環境が整備され、物理・化学・生物・地学すべて別々の実験室、高校ではトップレベルの蔵書を有する図書室、稲稜ホールなどがあります。

「早稲田大の附属校である本学院では、基準を満たせば全員が進学できます。『附属校の生徒としてどのような力を身につけて、早稲田大に進学すべきかを考えてほしい』、これは年度初めに必ず生徒に伝える言葉です。大学受験を経験した他校の生徒と比べると、記憶している英単語の量が少なかったり短時間で長文を読み解く力などが劣っていたりすることがあるかもしれません。しかしそれは受験を前提とした訓練をしていないから仕方ないことです。

その代わりに本学院だからこそ養える力を身につけようと話しています。私は情報科の教員として、表現力やプレゼンテーション力の育成に力を入れています」（半田学院長）

自然を活かして行う独自のプログラム

早大本庄の特徴的な学びとしてあげられるのが広大で自然豊かなキャンパスを活用した授業と「卒業論文」です。

校舎は大久保山を中心とした丘陵地一帯に立地しています。四季の草花がキャンパスを彩り、タヌ

環境を
活かした
学び

緑あふれる立地を活かした、独自の教育を展開しています。早大本庄だからこそできるものばかりです。

大久保山の数理科学

古墳の測量

丘陵の高低差を測る水準測量実習

キヤウサギ、キジなどの野生動物も生息しています。植物や動物の観察を通して、人間と自然との関係について考え、ときにはその自然を俳句や短歌に詠み、風景を写生することも。そして、丘陵地の高低差の測定やコンパスを使った地図作成、気温・湿度マッピングなど、その環境を最大限に活かした早大本庄ならではの取り組みが各教科で取り入れられています。

高2[※]では「総合的な探究の時間」を使って、「大久保山の数理科学」「本庄市周辺の歴史と文学」「大久保山に住む人ってどんな人?」など、キャンパスを題材にしたテーマで「大久保山学」という独自の授業が行われます。

そして、高2から高3にかけて「卒業論文」に取り組みます。テーマを設定し、教員の指導を受けながら2万字以上の論文を仕上げます。早大本庄での学びの集大成となるものであり、「自ら学び、自ら問う」という教育方針を具現化したものともいえます。

※現カリキュラムでは高3

「『卒業論文』で、探究力や表現力、知的所有権に配慮する力が養われます。卒業論文で扱ったテーマが早稲田大での学びにつながることもあるので、進路を選ぶ一助にもなっているようです」と半田学院長。

2020年度は「観光情報発信がもたらす観光公害の可能性～京都市錦市場を事例として～」「Pepperと赤外線アレイモジュールを用いた体温測定システムの構築と評価」「現代日本の吹奏楽におけるファゴットの存在意義」といったテーマがありました。

オンライン上での国際交流を実現

国際交流が盛んなのも早大本庄の魅力です。創立当初から海外修学旅行を実施しており、当初は全員で中国を訪れていましたが、2008年より、中国、韓国、台湾の3コースから選択する形となっています。どのコースでも、現地の姉妹校と交流する日が設けられているのが特徴です。

希望者は、シンガポールやタイなどの学校との相互交流プログラムに参加することも可能です。

ただコロナ禍においては、こうしたプログラムの対面実施は難しく、中止を余儀なくされています。そこで、代替プログラムとしてオンライン上での新たな取り組みが行われています。

ミニシンポジウム「国際交流へのいざない」では国際交流の盛んな他校の先生の講義や卒業生とのパネルディスカッションなどを実施しました。「国際交流プログラムを楽しみに入学してくる生徒も少なくありませんから、そのよさを伝えたいとの思いから企画しました」と半田学院長。

一方、生徒たちも、この情勢下でもできることはないかと考え、オンライン上で国際交流プログラムを実現しました。その1つが今年1月に実施された国際シンポジウム「Asia Academic and Cultural Sessions（A'ACS）」です。毎年相互交流を行っていたタイとシンガポールの学校、そして愛知にある学校の生徒と協力して開催しました。どのような情勢であっても、諦めずにできることを考える早大本庄生の熱い思いが感じられます。

卒業生が協力するキャリア教育や施設設計

前述したように、早大本庄の生徒は卒業後、早稲田大へと進学することができます。大学が開放している講義を受けることも可能で、進学後は単位として認定されます。

なお、新たに日本医科大学への推薦入学制度もスタートしており、卒業後の道が広がっています。

キャリア教育にも取り組んでおり、例年卒業生による講演会が6回ほど開かれています。

「コロナ禍においてはオンライン上で実施し、昨年度はカナダの大

国際交流

開校以来、国際交流に力を入れる早大本庄。例年多くの生徒が積極的に海外に飛び出しています。

インドネシアでの地震被災者と懇談

シンガポールの学生とのディスカッション

行事

マラソン大会や体育祭など、年間を通じて様々な行事が実施されています。

稲稜祭（文化祭）

マラソン大会

体育祭

卒業式

バレーボール部

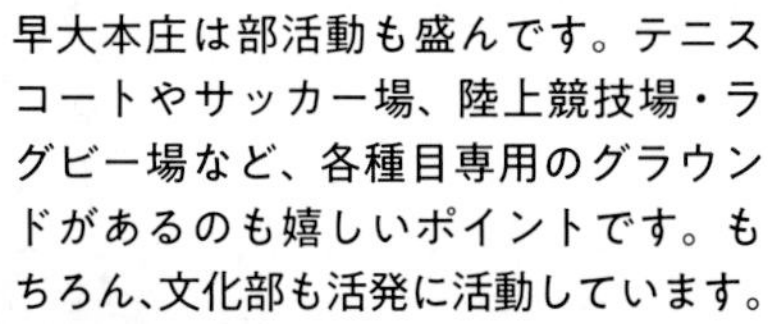
早大本庄は部活動も盛んです。テニスコートやサッカー場、陸上競技場・ラグビー場など、各種目専用のグラウンドがあるのも嬉しいポイントです。もちろん、文化部も活発に活動しています。

茶道部

ラグビー部

学院で学んでいる卒業生にも協力してもらいました。彼女は海外の美術館や博物館で学芸員として働ける資格を取るために留学しています。国境も簡単に越えられるというオンラインのメリットを活かして、今後海外で働く卒業生に協力をお願いしようと思っています」（半田学院長）

施設

階段状の交流ラウンジ㊤は生徒に人気のスペース。憩いの場でもあります。体育館㊦は2020年に完成したばかりです。上を見上げるスポーツであってもまぶしくないように、間接照明が取り入れられているなど工夫が凝らされています。

交流ラウンジ

体育館

このように、早大本庄は卒業生との深いつながりを持つ学校です。そのかかわりはキャリア教育だけにとどまりません。キャンパス内には卒業生が設計した施設もあります。校舎はその1つです。

階段状の交流ラウンジは、お昼を食べたり友人と話をしたり、お茶会などのイベントを開催したりと、思い思いの活動ができる人気のスペースです【表紙写真参照】。天井近くに備えられたどの窓からも等しく光が採り入れられるように工夫されています。

昨年完成したばかりの体育館も卒業生の設計です。ランニングコースやトレーニングルーム、部室や更衣室が完備されています。いずれの建物もエアコンがなくても涼しいように、全館に空気循環システムが導入されています。

広大なキャンパスで伸びのびと学校生活を送ることができる早大本庄。最後に半田学院長は「本学院では多彩なプログラムを用意してみなさんを待っています。なにかやりたいことがある人や色々なことに挑戦しながら将来の道を探りたいという人にとっては、色とりどりの宝石が転がっていると感じられる学校だと思います。その宝石を自ら積極的に拾い、3年間で大きく成長しましょう」と話されました。

■2021年３月卒業生　早稲田大学進学状況

学部	進学者数
政治経済学部	73
法学部	44
文化構想学部	21
文学部	16
教育学部	28
商学部	32
基幹理工学部	32
創造理工学部	23
先進理工学部	16
社会科学部	20
人間科学部	3
スポーツ科学部	3
国際教養学部	11

写真提供：早稲田大学本庄高等学院　※写真は過年度のものを含みます。2020年度、2021年度に撮影されたものは、十分な感染症対策の上で撮影したものです

東京都立 立川高等学校（共学校）

「7つのC」を身につけ未来に向けてさらなる進化を

2022年度より普通科の一部が創造理数科に改編される東京都立立川高等学校。新たな歴史を刻み始める伝統校から目が離せません。

時代を切り拓き国際社会で活躍する人に

1901年に開校された東京府第二中学校を始まりとする東京都立立川高等学校（以下、立川高）。120年を超える長い歴史を誇る伝統校でありながらも、「立高は未来に向けて進化します」をキャッチフレーズに、進学指導重点校、英語教育推進校、そしてスーパーサイエンスハイスクール（SSH）指定校として、時代に即した特色ある教育を展開しています。

体育祭や文化祭、合唱祭、演劇コンクールなど行事が盛んなのも魅力で、とくに高1全員が遠泳に取り組む「臨海教室」は、心身ともに大きく成長する行事として重視されています。残念ながら臨海教室は今年度実施がかないませんでしたが、そのほかの行事はコロナ禍においても「できることを、できる限りやる」をモットーに万全な感染対策を講じながら、可能な範囲で実施しています。

そんな立川高において吉田順一校長先生は身につけてほしい「7つの力」を「7つのC」として掲げました。以下がその7つです。

①Challenge（挑戦する心）②Collaboration（協働する姿勢）③Concentration（集中力）④Creativity（創造性）⑤Confidence（自信）⑥Critical Thinking（批判的思考力）⑦Citizenship（市民としての義務を果たす力）

「本校の生徒には、高い志を胸に抱き、その目標を実現できる人へと成長してほしいと考えています。そのために必要な力として7つのCをあげ、様々な教育活動を通し

所在地：東京都立川市錦町2-13-5
アクセス：多摩都市モノレール「柴崎体育館駅」徒歩5分、多摩都市モノレール「立川南駅」徒歩6分、JR中央線ほか「立川駅」徒歩8分
生徒数：男子497名、女子459名
TEL：042-524-8195
URL：http://www.tachikawa-h.metro.tokyo.jp/

⇨ 3学期制
⇨ 週5日制（土曜授業年間20回）
⇨ 月～金45分7時限、土曜45分5時限（2022年度から）
⇨ 1学年8クラス
⇨ 1クラス約40名

て養っているのが本校の特色です。これらの力を身につけて、ゆくゆくは新たな時代を切り拓き、国際社会でたくましく活躍してほしいですね」（吉田校長先生）

新たに2科制がスタート 質の高い授業を実施

立川高では、2022年度より新たに創造理数科が設置されます。創造理数科は「創造」と名がつくことからもわかるように、他校でみられる「理数科」とは一線を画す学科です。吉田校長先生は、「『理数数学』や『理数物理』、『理数生物』といった専門科目の授業を通して、理数分野に関する理解を深めながらも、人文科学分野や社会科学分野などの学習にも力を入れ、『文理の壁を取り払った新しいイノベーションを創造する学科』として展開していきます」と話します。

普通科はいままで通り、高1・高2は共通履修、高3で進路によって選択科目を履修し、文系・理系に分かれます。ただし文理でクラスを分ける形ではなく、ホームルームクラスを基本に、各自が選択した授業を受けるために教室を移動する形をとっています。

「私が着任して以降、各教員には『与えるから求めさせる授業へ』という意識で授業を行ってほしいと伝えています。これは教員側からなんでも知識を与えてしまうような授業ではなく、生徒自ら色々なことを考え、知識を求めたくなるような授業をしてほしいという意味を込めているのです。

そのためには生徒が予習をしてきて、わからないところを授業で聞くというスタイルが最善であると考え、近年は『予習を前提とした授業』を実施するようにしています」（吉田校長先生）

吉田 順一（よしだ じゅんいち） 校長先生

［行事］ 外部のホールで本格的な演劇を披露する①演劇コンクールをはじめ、②合唱祭や③体育祭、④SSH海外研修など、様々な行事が行われています。

［学校生活］ 部活動（①卓球部②サッカー部）、③フィールドワーク、④探究の授業、行事（⑤文化祭⑥臨海教室）、すべてに熱心に取り組むのが立川高の伝統です。

生徒をサポートする様々な体制が整う

SSH指定校として、SSHクラスのみならず、全員が課題研究に臨んできた立川高。現在1クラスあるSSHクラスは創造理数科※の設置に伴い学年進行でなくなりますが、これまで培ってきたノウハウは創造理数科の教育に活かされ、同科生は3年間でより深い研究に取り組みます。なお、普通科の生徒もこれまで通り、高1・高2の2年間、SSH指定校としての取り組みを行います。

「研究テーマは自由に考えるため生徒の数だけのテーマがあり、教員が数人ずつ担当し、『全教員で生徒全員をみる』という形式で進めています。私も数人の生徒を受け持っていて、『この仮説を実証するために、こんな実験をしてみたい』と我々が思いつかないような実験を提案する生徒も多く、その発想の豊さには驚かされます。そうした生徒の創造力を伸ばしていきたいです」と吉田校長先生。

なかには研究の成果を大学受験に活用して、東京大学をはじめとする難関大学に推薦合格を果たす生徒もいるのだそうです。

また、英語教育推進校として、英語4技能を鍛える教育環境が整っているのも特色です。オールイングリッシュの授業やオンライン英会話などを行うことに加え、ネイティブスピーカーが4人在籍しているため、普段から英語に触れる機会が多くあるのです。

そのほか特色としてあげられるのが、同窓会（紫芳会）の強力なバックアップがあること。社会の第一線で活躍する卒業生を招いて講演をしてもらう「立高未来塾」や、現役大学生の卒業生を招いた座談会「先輩企画」を開催するほか、紫芳会による独自の奨学金制度も用意されています。

入試形式も変わり新しい立川高へ

創造理数科の新設によって、入

※創造理数科が1学年に何クラス募集されるかは、現時点（8月下旬）では未発表。

試形式にも変化がみられます。

まず学力検査に基づく選抜は、「創造理数科」「創造理数科と普通科の併願（以下、併願）」「普通科」のいずれかを選択して出願する形となります。問題は創造理数科と普通科で共通で、「創造理数科」と「併願」を選択した者のうち成績上位者から創造理数科の合格が決まります。そして、「併願」を選択した者で創造理数科への合格がかなわなかった場合、そのまま「普通科」へのスライド合格のチャンスがあります。

なお、国語・数学・英語は自校作成問題です。そのポイントについて吉田校長先生は、「難問・奇問ではなく、基礎をしっかり身につけた生徒なら、時間をかければ解けるような問題になっています。しかし、それを試験時間内に解くには、一定の力が必要です。

例えば国語なら、長文をスピーディーに読み解き全体の意味を正しく把握する力が、数学なら計算問題を早く、正確に解く力がいりますし、英語も語彙数が多いので、長文に慣れておかないと難しいでしょう。ただ、どの科目も記述式で部分点を獲得できる場合もあるので、最後まで諦めずに挑んでほしいです」と話します。

一方、推薦に基づく選抜では、調査書、小論文、個別面接が選抜の要素となるのは創造理数科、普通科ともに共通ですが、創造理数科は研究実績報告書の提出、および同報告書の内容に関する口頭試問が行われるのが特徴です。

「報告書は各自がこれまで取り組んできた科学に関する研究内容をA4用紙2枚ほどにまとめてもらいます。レポート内容を評価するのではなく、あくまで口頭試問の内容を評価します。

また、推薦に基づく選抜は、通常、定員内であれば全員合格となりますが、創造理数科の選抜は『特別選考』となるので、一定の基準に達しないときは定員に余裕があっても不合格となる場合があります」（吉田校長先生）

このように、選抜方式にいたるまで新しい要素を取り入れる立川高。最後にどんな生徒さんを待っているのか尋ねると、「自分で課題を見つけて、その課題を周りの友人と解決できるような生徒、そして新しい立川高を自分たちが作っていくんだという気持ちを持った生徒に来てもらえると嬉しいです」と答える吉田校長先生。意欲あふれる生徒と新しい時代を創造する学校として、これからますます発展を遂げることでしょう。

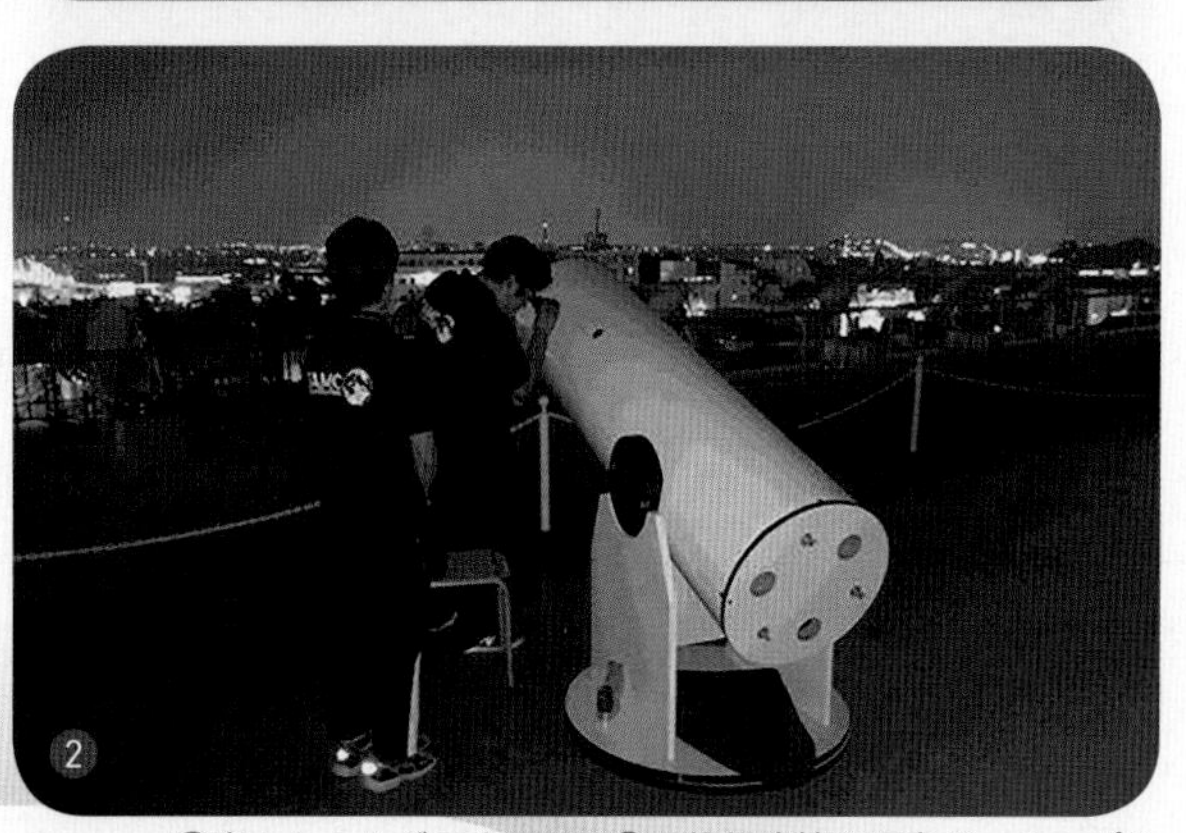

［施設］①広々としたグラウンド、②天体望遠鏡や天文ドーム、プラネタリウムなどの施設も魅力です。

■2021年3月卒業生　大学合格実績抜粋（　）内は既卒

国公立大学		私立大学	
大学名	合格者	大学名	合格者
北海道大	3（2）	早稲田大	62（20）
東北大	3（1）	慶應義塾大	30（13）
筑波大	6（1）	上智大	21（3）
東京大	2（0）	東京理科大	48（16）
東京医科歯科大	1（0）	青山学院大	34（10）
東京外語大	3（0）	中央大	124（42）
東京学芸大	18（4）	法政大	73（29）
東京工業大	8（4）	明治大	116（35）
東京農工大	17（3）	立教大	44（12）
一橋大	8（1）	学習院大	7（4）
大阪大	4（1）	国際基督教大	3（1）

写真提供：東京都立立川高等学校　※写真は過年度のものを含みます。2020年度、2021年度に撮影されたものは、十分な感染症対策の上で撮影したものです

桐光学園高等学校

文藝部

楽しく活動しながら文章力が鍛えられる

1995年に創部された桐光学園高等学校の文藝部では、毎年、評論・小説・俳句の３種類の作品を部誌にまとめ、全国コンクールに出品しています。

今回紹介してくれたのは

高2 副部長 師玉 真礼音さん

高2 部長 魚住 渚さん

高2 林 太一朗さん

School information〈別学校〉
所在地：神奈川県川崎市麻生区栗木3-12-1　アクセス：小田急多摩線「栗平駅」徒歩12分、京王相模原線「若葉台駅」・小田急多摩線「黒川駅」スクールバス
TEL：044-987-0519　URL：http://www.toko.ed.jp/

評論・小説・俳句を部誌に編纂する

桐光学園高等学校（以下、桐光学園）は同じ敷地内に男女それぞれの校舎があり、同性だけのクラスで授業を受ける男女別学校ですが、文藝部は男女いっしょに、かつ中高合同で活動します。おもな活動内容は1年間かけて評論・小説・俳句の作品を作り、部誌にまとめることです。

評論は、おもに明治時代に生きた小説家の初期作品について研究する文学評論です。評論について「創部当時、中学校や高校の文藝部で評論を書くところは珍しかったそうです。明治時代の文豪の作品を研究し評論を執筆することで、文学的な視点も養い、その視点をほかの作品作りに活かしています」と話すのは高2の師玉真礼音さんです。

小説は2部門あり、桐光学園では文藝部の日常をテーマにした作品を「ビブリア」、ジャンル・テーマに制限がない作品を「ラプソディア」と呼んでいます。毎年、全員が1作品ずつ執筆します。

ビブリアでは、物語の舞台・時間軸・登場人物たちの関係性などの設定が共通で、主人公が異なる「連作小説」を部員それぞれが作ります。

師玉さんと同じく高2の林太一朗さんは「ビブリアは、その作品の登場人物のセリフや行動が、別の作品に影響をおよぼします。そのため作品同士で矛盾が生まれないよう、部員全員で入念に打ちあわせをしなければならないところが大変ですが、みんなで話しながら執筆すると、どんどん作品のアイデアが湧いてきてとても楽しいです」と語ります。

一方、ラプソディアはジャンルを問わず、各自が設定からストーリーまで自由に決めて執筆します。高2の魚住渚さんはラプソディアの書き方について以下のように話します。

「私の場合は主人公が物語のなかで成長していく様子がわかるよう、心境の変化をストーリーの主軸にしています。そこから起承転結を考えて話を作っています」

俳句は、毎月そのときの季語を使った句を部員たちが考えて持ち寄り、部誌に載せるものを選びます。ほかの部員の句と似てしまわないように季語を探すのが大変とのことですが、たくさんの句が集まった月では、20句ほどが選ばれます。部員たちが選んだ句は顧問の先生が再度チェックし、最終的に厳選された6句が部誌に掲載されます。

このような作品を編纂した部誌は、創部以来、とくに作品の種類の多さも評価され、例年全国コンクールの部誌部門で優秀な成績を収めています。加えて、部誌に掲載された作品が単体で賞を獲得することもあり、2019年の「第34回全国高等学校文芸コンクール」では、ラプソディアのうち1作品が小説部門で優良賞を獲得するなど、作品のレベルの高さがうかがえます。

昨年度と今年度はコロナ禍の影響で中止となりましたが、例年夏に京都合宿を行います。合宿では、様々な文豪ゆかりの地を訪れ、作品世界を追体験することで、自身の作品作りに活かしていきます。

初めは苦手でも文章が書けるようになる

部員たちは日々多彩な作品を作り、文章力を磨いています。しかし、部員全員が入部前から小説を書いていたり国語が得意だったりするわけではなく、むしろ苦手だった部員もいると師玉さんは言います。

「小学生のころ、本を読むのは好きでしたが、文章を書くのは苦手でした。しかし、小学校の先生に自分

＼合宿／

京都合宿では有名な小説家や作品のゆかりの地を訪れ、作品の世界を追体験します。訪れる場所は部員たちで決めることができます。

＼編纂作業／

夏休みは部誌の編纂を行います。原稿はパソコンで執筆・編集します。

第34回全国高等学校文芸コンクールの表彰式の様子㊨と部室に飾られた賞状や盾㊦。

画像提供：桐光学園高等学校

の書いた作文をほめられたことがきっかけで、中学校で文藝部に入りたいと思うようになり、文藝部のある桐光学園を志望しました」

また、中学校では違う部で活動していた部員もいます。附属の中学校で剣道部に所属していた林さんは「高校では文化部に入部したいと思い、顧問の先生の授業が好きだったことがきっかけで文藝部に入りました。文藝部の活動内容は剣道部とはまったく違いますが、今後、剣道部をテーマにしたラプソディアを書きたいと考えています」と語ります。

初心者はどんな活動から始めるのか、魚住さんに尋ねると「まずは俳句を詠むことから始め、次にビブリアなど、身の回りの出来事を題材にした文章を書きます。文章を書くことに慣れてくると、イチからすべて自分だけで作り上げるラプソディアなども執筆することができるようになります」と答えてくれました。

さらに文藝部では、評論の資料や文学的視点を養うのに適している小説などの情報も部員同士で積極的に共有しています。後輩の指導について師玉さんは「普段読んでいる小説によって、各々の文章の書き方や内容が変わってくるので、自分が読んで、いい影響があったと感じた本は後輩にも伝えています。ほかにも、文章の修正をする際は、部員たちのセンスが光る部分を大切にしながら直します」と話します。

卒業生との交流で進路についても考える

部員同士だけでなく、卒業生とも仲がよく、卒業生は部誌の編纂期間や合宿時などに部を訪れ、活動を手伝ってくれる頼もしい存在です。部の活動以外のことも話しやすく、進路について悩んでいる部員が卒業生に相談すると、自身の経験だけでなく、知り合いからも情報収集し、相談に乗ってくれたそうです。社会人の卒業生から仕事について話を聞くこともあり、卒業生との交流が将来について考える貴重な機会にもなっています。

文章力だけでなく、俳句を詠んだり評論を書いたりするために、季語や明治時代の小説などについて学び、様々な知識も身につく桐光学園の文藝部。文章を書くのが苦手でも、挑戦してみたい、という気持ちがあれば安心して入れる部です。

勉強 先輩からのアドバイス 受験

高2 師玉 真礼音さん、魚住 渚さん、林 太一朗さん

Q桐光学園の魅力について教えてください。

林さん：男女別学なので、教室は同性ばかりのクラスですが、部活動は文藝部のように男女いっしょに行う部もあり、クラス、文藝部両方に居心地のよさを感じます。

Q3人とも中入生とお聞きしています。高入生とクラスは同じですか。

師玉さん：高2から高入生と合流します。私のクラスは、約半数の生徒が高入生です。勉強熱心なクラスメイトが多く、初めはどう接したらいいのかわからなかった高入生とも勉強の話がきっかけで仲よくなれました。

Q勉強と文藝部の活動は両立しやすいですか。

魚住さん：作品作りやビブリアの打ちあわせなどは、部室以外でも行えるので場所を選ばず活動することができ、勉強する時間も確保しやすいです。また、活動のなかで文章を書くことに慣れていき、現代文が得意になります。

Q最後に受験生にメッセージをお願いします。

魚住さん：作品作りは大変なこともありますが、完成したときは達成感を感じることができます。

林さん：部員はフレンドリーな人ばかりなので、とても雰囲気がよく、入りやすい部です。もし興味があれば、校内で開催される学校説明会などで部誌を配布していますので手に取ってみてください。

師玉さん：私たち中入生も、高入生と同じ問題の試験を受けて高校に上がります。試験勉強では、過去問を解いて対策を練っていました。受験生の方も、問題の傾向を押さえて頑張ってください。

KOSEI DREAM

～夢をかなえる、世界のステージで～

◆ 英検〈過去2年間の実績〉
1級取得者……… 8名
準1級取得者……68名

2021年度大学合格実績

- 国公立大 …………8名
- 早慶上智理 …… 12名
- GMARCH …… 36名
- 三大女子大 …… 10名

学校行事・説明会日程

- 学校説明会 10/3(日) 10/30(土) 11/27(土)
- 乙女祭(文化祭) 10/23(土)・24(日)
- 夜の入試個別相談会 11/10(水) 11/17(水) 11/24(水)
- 出願直前個別相談会 11/30(火) 12/2(木) 12/6(月) 12/8(水)

※上記はすべてWeb予約が必要です。詳細はホームページをご覧ください。

佼成学園女子高等学校

東京都世田谷区給田2-1-1 ☎03-3300-2351 https://www.girls.kosei.ac.jp/

【アクセス】京王線「千歳烏山駅」徒歩5分 小田急線「千歳船橋駅」から京王バス15分「南水無」下車

志望校はどう決める？
まずは公立高校か私立高校か？

志望校選びのスタートライン、夏休みが終わりました。みなさんはしっかりスタートできましたか。それができた人も「まだまだ」の人も、次は第1志望校の絞り込みへと進みます。収まらないコロナ禍にあって対面の学校説明会への参加にはネックもありますが、オンライン説明会であっても積極的な参加で学校の魅力は感じ取ることができます。その次の段階が志望校の絞り込みです。ここで、そこから志望校を絞り込む方法をお話しします。そのあと、後半部分では森上教育研究所のデータによる「志望校選択を先輩たちはどうしたか」をお届けします。

自分だけの考えで突っ走らないこと

志望校をいつまでに決めたらよいかというご質問は、毎年いただきます。最終的に受験校を決めるのは、中3・11月の三者面談まででよいのですが、秋からは集めた志望校の過去問などを元に対策を進めなけれ

志望校はどう決める?

まずは公立高校か私立高校か?

公立?国立?

私立?

共学校?

どんな学科?

男子校?女子校?

具体的な対策のためにも志望校は早めに決めるのじゃ。

ばなりません。

ただ、どんな学科に行きたいか、公立（国立）・私立どちらにするか、共学校か男子校・女子校かなどを決めるのは、すでにタイムリミットにきているといえるでしょう。

「なぜそんなに早く?」と感じたみなさんは、次のようなことも考えましょう。

志望校が決まれば、具体的な目標設定ができます。すると、めざす高校に合格するには「内申点はあといくつ?」「学力試験ではあと何点?」ということがわかります。

そうすれば、いまからやるべきことが明確になります。そのことによって対策が立てられるわけです。

先生や保護者の方の客観的なアドバイスは貴重です

ただ、「早く決めればよい」と自分の考えだけで突っ走るのもよくありません。学校の先生、進学塾の先生にも相談をしましょう。先生方は、あなた自身が考えている評価より、さらにあなたのプラス面に気づいているかもしれません。客観的なアドバイスは貴重です。

また、ご家庭にはそれぞれの事情があります。学費負担の面も見逃せません。私立も国や自治体の就学支援金が充実し、授業料の実質無償化が進みましたが、実際に入学すると授業料以外にも制服や、実習に伴う費用、旅行積立金などが必要です。保護者の方の意見を率直に聞いてみることも考えましょう。

1校に絞りすぎず2段階方式で選ぶ

このことは32ページでも触れますが、初めから第1志望校を限定せず、まずは第1志望の学校グループを作って考える、そのあと、そのなかから絞っていく、という2段階で考える方法がおすすめです。

一番行きたい学校があるのはよいことですが、受験には様々な不安定要素があります。受験直前になって志望校を変更しなければならないとき、あまりに1校に絞りすぎていると、次のモチベーションにつながりにくくなります。

志望校を決めるときは、第1志望校グループを3～4校は考えるようにしましょう。

志望校はどう決める？

まずは公立高校か私立高校か？

第1志望は公立か私立かどちらかで作戦は変わる

ところで第1志望は公立にしますか、私立にしますか。

みなさんが初めに悩むところはここかもしれません。

そして、それを決めたあと、並べる併願校の顔ぶれも変わってきます。公立を第1志望とする場合は、都県や各高校によってその比重のかけ方は違いますが、内申点が一定以上取れていないと、合格は難しくなります。

内申点がほぼ決まる学期末試験（都県でどの学期末かは変わります）の結果などから、めざす公立について、中学校の担任の先生や進学塾の先生と相談します。ただ、公立でも最近は入試当日の学力検査の結果を重視する高校も出てきています。そのことも含めて相談しましょう。

公立志望の場合、「もしも」に備えて、いくつかの私立を併願します。忘れずに必ず合格できるであろう高校を含めることがポイントです。

さて、私立を第1志望とする場合には、学校の難易度（偏差値）によって、ポイントが変わります。難関校や上位校の一般入試は、当日の試験結果次第です。「内申点はそう取れなかったけど、学力には自信がある」という場合は、頑張って挑戦しましょう。

難易度が中位校以下では、「推薦」で定員の多くを決める学校がほとんどです。内申点がその学校の示す基準を満たしていれば合格となる学校が多くあります。

偏差値のほかに知っておきたい学校の要素として校風、通学の難易、部活動、大学進学実績、大学への指定校推薦の概略などいくつかが考えられますが、次のページでは、これらの要素を先輩たちは、どのように意識したかについて、森上教育研究所のデータを公開していただきます。

公立（国立）

- 内申点が重要
- 「もしも」に備えていくつかの私立も併願

私 立

- 難易度によってポイントが変わる
- 学力に自信があれば一般入試に挑戦
- 内申点を満たしていれば「推薦」もあり

部活動

大学進学実績

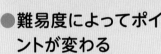

通学の難易

偏差値以外の要素もチェックするのじゃ！

第1志望校はこう決める

森上教育研究所
高校進路研究会

本来なら学校説明会が数多く開かれている時期ですが、新型コロナウイルス感染症のまん延で人数制限など様々な制限がかけられ、受験生には気の毒な状態となっています。ただ学校側は昨年の経験を活かして自らの学校を少しでも受験生に知ってもらおうと努力をしています。そんな状況のなかでも志望校を決めなければならない時期は近づいています。志望校選択の際にはどんなことに気をつけたらよいかを考えてみましょう。

志望校の絞り込みは2段階で

志望校は、早い時期に明確にするにこしたことはありません。志望校が明確になることで、学習目標などを立てやすくなるからです。模擬試験の際に記入されたアンケートの第1志望の推移からみる大雑把な傾向ですが、女子は中3の6月ごろには第1志望を定めている人が多く、男子は同11月ごろまでじっくり吟味する人が多いようです。

まだ心に決めた志望校がない人は、もうすぐ始まる学校の担任の先生との話しあいの前に、公立（国立）・私立のどちらにするか、またどのような学科・コースに行きたいかは考えておきましょう。

以前から私立には大学の学部を意識した学科やコースが多く開設されていましたが、このところ公立にも、医歯薬系、理数系、国際系、教育学部コースなど、特定の大学の学部受験に特化した学科・コース・クラスが増えています。

具体的には都立戸山のチーム・メディカルや千葉県立東葛飾の医歯薬コース、都立立川の創造理数科（２０２２年度開設）、都立国際や神奈川県立横浜国際の国際バカロレア、千葉県立我孫子の教員基礎コースなどです。普通科だけではなく多くの特徴ある専門学科に目を向けることも大切です。

志望校選びの際にはずすことのできない学力と内申点

いきなり1つに絞る必要もありません。まずは受験候補校を何校か選び、そこから11月ごろまでに絞り込んでいく、2段階で考えるのがよいでしょう。

これが決め手！　私の学校選び

※複数回答あり

- 校風が気に入ったから 21.4%
- 学校を見学してよいと思った 16.1%
- 家から近かった 11.4%
- 進学実績を見て 10.9%
- 入りたい部活動があった 9.5%
- カリキュラムがよい 7.8%
- 自分とともに成長できそうな仲間がいる 7.3%
- 進学塾の先生にすすめられて 6.1%
- 親にすすめられて 4.9%
- 共学か別学か 3.4%
- 兄姉が行っていた 1.2%

入学した学校の説明会にはいつ行きましたか？

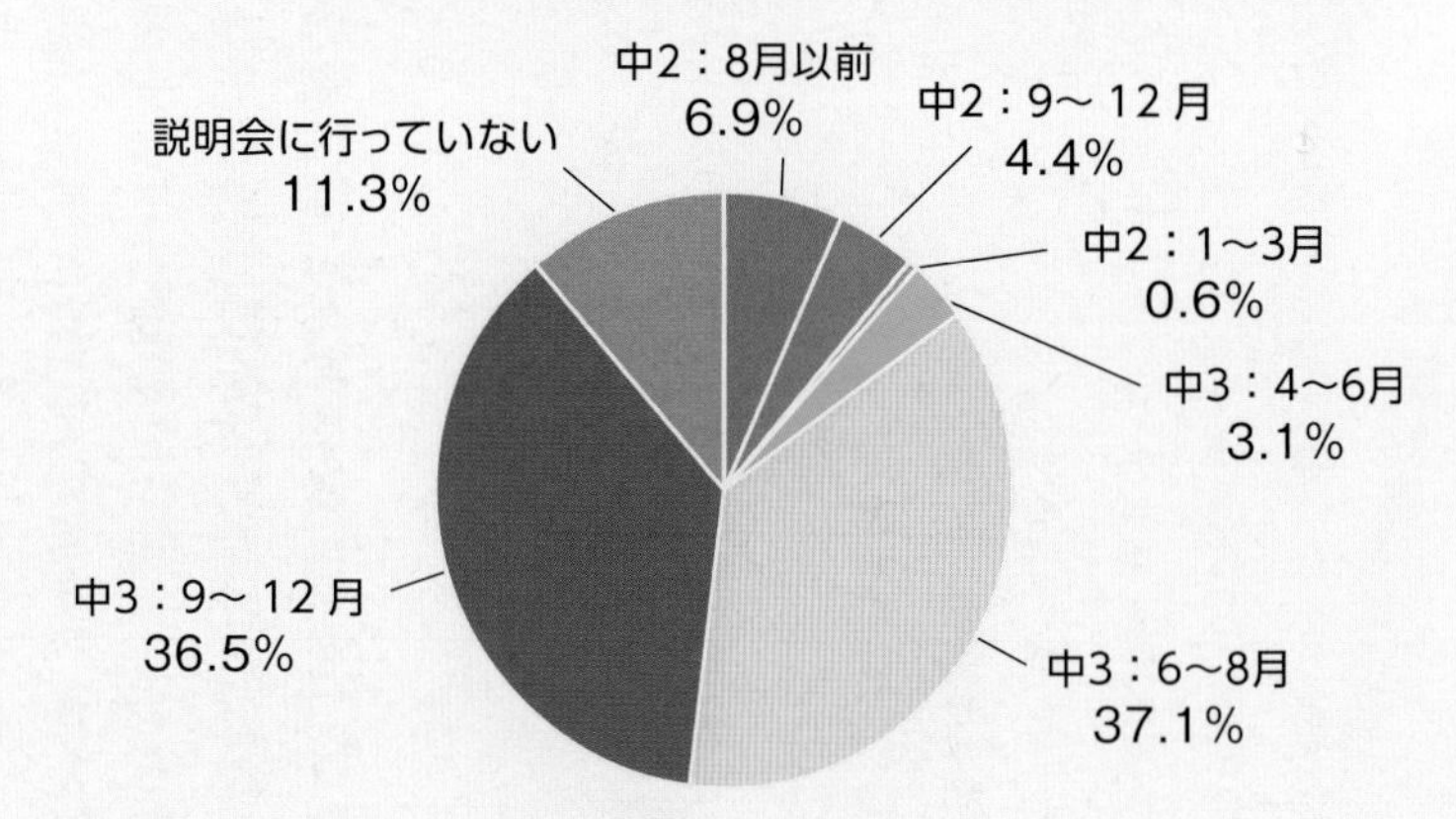
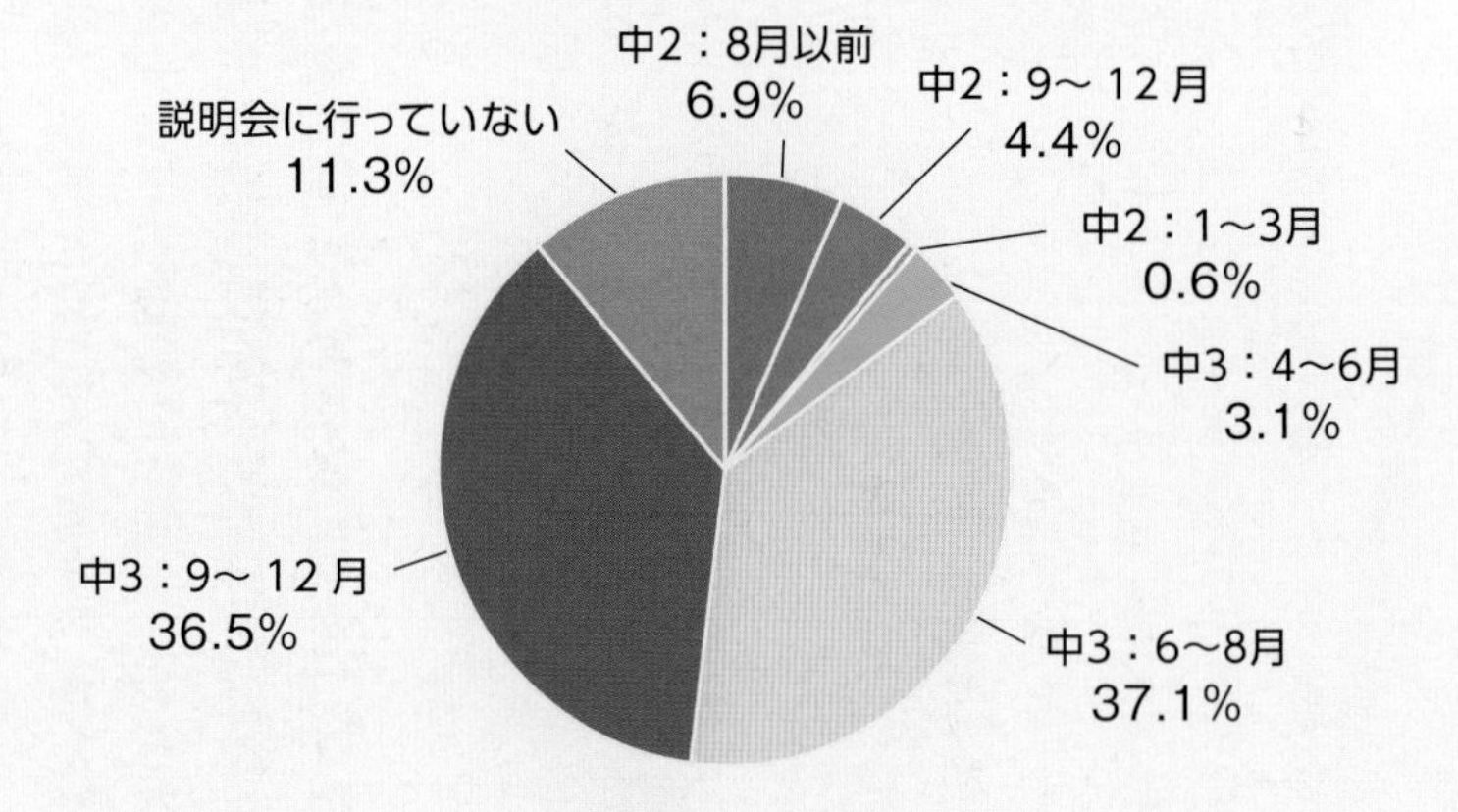

説明会に行って志望校に変化はありましたか？

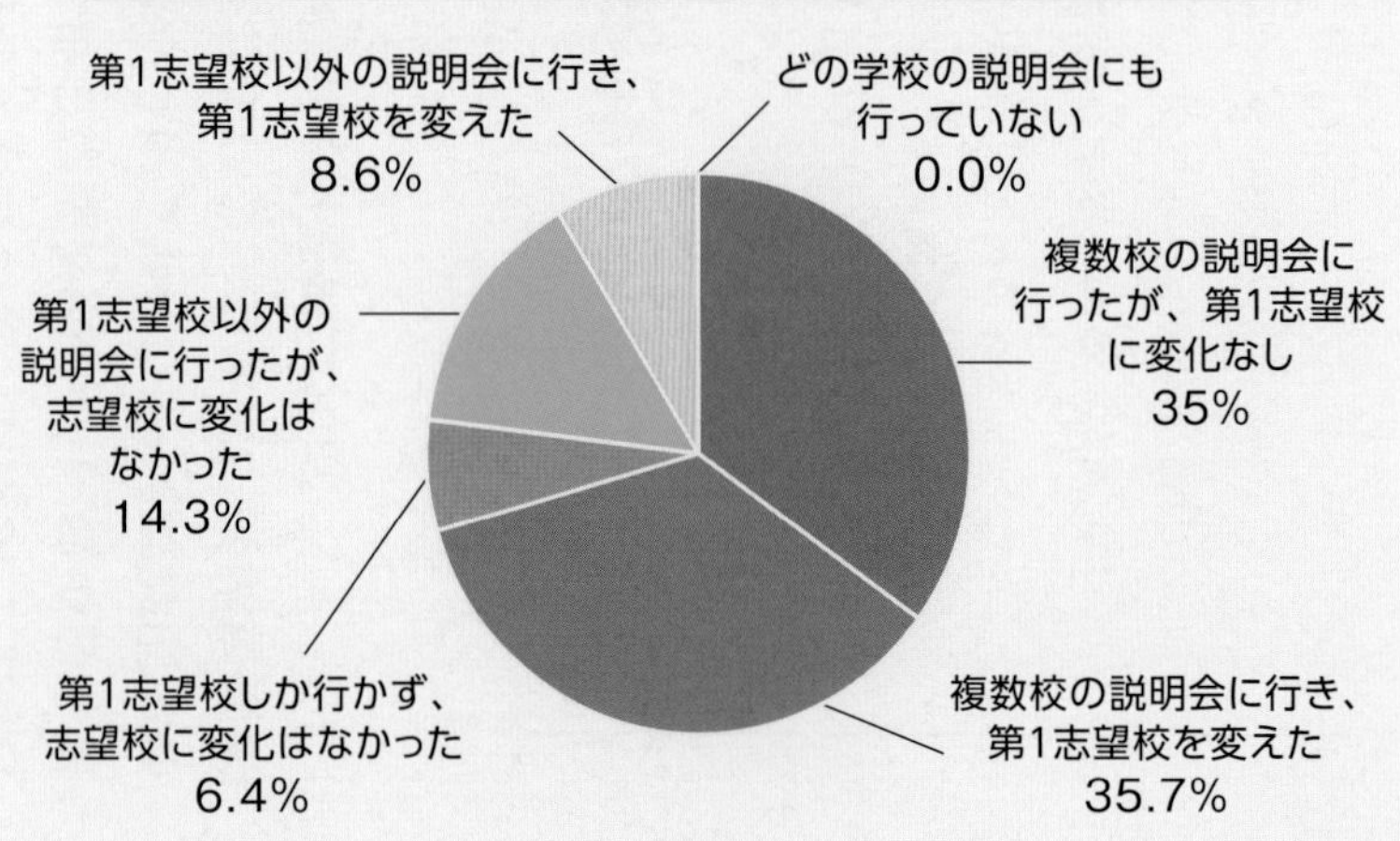

※森上教育研究所調べ

第1志望校はこう決める

高校入試では、おもに当日の学力検査の得点と調査書（内申）点で合否が決まります。

そのため学力検査の参考値となる模擬試験の得点や偏差値、中2と、中3（1学期）の内申点は重要な目安となります。

公立は、都県によって学力検査の得点と内申点の比重のかけ方に違いがありますが、学力難易度の高い学校ほど学力検査の得点比率が高い傾向にあります。

だからといって現在の学力（模擬試験の偏差値）だけで決めてしまうことはありません。学力は直前期まで伸びます。伸び予測を進学塾や学校の先生と相談し、ある程度幅を持たせて複数の受験候補校を選びましょう。

なお、都立高校の推薦入試を第1志望とする場合は、早い時期からの内申点対策に加え、面接のほか、作文や小論文・実技の対策を行う必要があります。

難関私立を第1志望とする場合に注意することは入試科目です。多くの私立は国語・数学・英語の3教科入試ですが、昨年度、新たに巣鴨（東京）や専修大松戸（千葉）が5教科入試を採用しました。

これらの高校は国公立大学や医学部の合格実績を伸ばそうとする意図もみてとれ、この傾向は今後増える可能性もあります。私立志望だからと中2以前から教科数を絞りすぎるのはやめておきましょう。

先輩の志望校の決め手は⁉

初めから「学力的に行ける学校」だけをみて学校を選ぶとミスマッチが起こりやすくなります。入ることができる学校が自分に合った学校だとは限りません。入学してからミスマッチに気がつくことほど不幸なことはありません。

さて、学校選択の「決め手」は人によって様々ですが、右のページで先輩たちが学力以外でなにを決め手に選んでいたかをグラフに表しました（森上教育研究所調べ）。

多くの先輩があげている「校風」は、校則の厳しさだけでなく、学校を取り巻く関係者（先生、OG・OB、在校生など）が連綿と築き上げてきたものです。校風は実際に学校を訪れたり、先生や先輩との会話を通じて肌で感じ取ることが大切です。

44・3％の先輩が学校説明会で志望校を変えている

ここまで述べてきた通り、幅を持たせて受験候補にあげた学校のなかから具体的に絞り込んでいくにあたり、実際に学校に足を運ぶことはとても大切です。

昨今のコロナ禍で学校説明会などの機会は減っていますが、可能な限り足を運びましょう。

学校を生で感じ取ることによって、志望校が変更されることもありえます。先輩たちの88・7％が学校説明会（オンライン含む）に参加し、そのうち44・3％の人が第1志望校を変えています。

自宅からの通いやすさや、在校生や先生の様子。施設や学校周辺の環境やカリキュラムなど、様々なポイントをチェックし、総合的に判断しています。

森上教育研究所
1988年、森上展安氏によって設立。受験と教育に関する調査、コンサルティング分野を開拓。私学向けの月刊誌のほか、森上を著者に教育関連図書を数多く刊行。高校進路研究会は、幅広い高校進学ニーズを抱える中学生、保護者に向け、おもにWebを通じて様々な角度から情報を提供。

トビラ

たリポートをお届けします。昨年度入試に続き、新型コロナウイルス感染症の影響は来年度入試にもその影を落としています。受験に向けて情勢の変化が見込まれる次号以降も最新情報をお確かめください。

千葉　公立高校1日体験入学の予定を発表
コロナ禍での変更に備え確認も必要

千葉県教育委員会は、8月末「中学生の一日高校体験入学」の実施予定一覧を発表した。同委員会のホームページで日程を確認し、詳しくは各公立高校のホームページまで。コロナ禍で日程、実施内容等は変更される場合がある。

随時の見学については、見学を希望する公立高校に連絡し、予約する。希望が集中した場合、高校側の調整で、希望日変更の連絡がくる場合もある。なお、中学校でまとめて申し込む形の高校もあるので事前に中学校と相談したい。

来年度公立高校入試の出題方針発表
思考力問題は県立千葉のみで実施

千葉県教育委員会は、公立高校の来年度入試について「学力検査の実施教科及び出題方針等について」を発表した。

実施教科は、国語、数学、理科、社会は各教科50分、英語は60分（配点は各100点満点）。

国語では放送による聞き取り検査、英語でも放送によるリスニングテストが実施される。

学校設定検査のうち、その他の検査として「思考力を問う問題」が初めて実施されるが、来年度の採用は県立千葉のみとなった。サンプル問題は本誌締切日までには未発表。

受験生のための明日への

ここからのページは、高校受験生、またその保護者が知って得する「学校情報」「高校入試情報」「入試問題情報」などを扱うコーナーです。「明日へのトビラ」をコーナー名として、毎号、受験生に寄り添っ

NEWS

千葉　来年度公立高校の募集定員を発表 昨年度より400人の定員増に

千葉県教育委員会は8月26日、2022年度の公立高校募集定員を公表した。

全日制の募集定員は、県立2万9360人、734学級で昨年度比480人増（12学級増）。市立は2120人、53学級で昨年度比80人減（2学級減）となり、合わせて3万1480人、787学級、400人増（10学級増）。このうち市立の募集定員は市立稲毛高附属中から同高校に進む卒業生分は除かれている。

なお、来年3月の県内中学校卒業予定者は、国公私立合わせて約5万3000人で昨年度比約1630人の増となっている。

埼玉　来年度公立高校入試Q&Aを掲載 わかりやすい解説が好評

埼玉県教育委員会は8月17日、ホームページに2022年度公立高校入試に関するQ&Aを掲載した。日程・募集人員、出願資格、出願書類の記入や出願手続きまで、細かく分けて解説がなされており好評だ。

とくにコロナ禍での変更部分について、受検生にはわかりにくい面もあるので一読をすすめたい。例えば、出願は所属の中学校が各高校への受検者の願書をまとめて郵送（2022年2月10日配達日指定）することが原則となっている。

あの学校の魅力伝えます
スクペディア No. 58

開智未来高等学校

埼玉県　加須市　共学校

所在地：埼玉県加須市麦倉1238　生徒数：男子256名、女子189名　TEL：0280-61-2021　URL：https://www.kaichimirai.ed.jp/
アクセス：東武日光線「柳生駅」徒歩20分、JR宇都宮線・東武日光線「栗橋駅」、JR宇都宮線「古河駅」、JR高崎線「鴻巣駅」、東武伊勢崎線「加須駅」「羽生駅」「館林駅」スクールバス

未来をめざす「3I's to I+I」教育

「国際社会に貢献する心ゆたかな、創造型・発信型リーダーの育成」を教育目標とする開智未来高等学校（以下、開智未来）。学力などテストで測れる力である「認知能力」と、自制心ややり抜く力などテストでは測れない「非認知能力」をバランスよく高めることをめざし、特色ある教育を行う埼玉の共学校です。

開智未来では、認知能力と非認知能力を育む教育活動を、「3I's to I+I」と表現しています。

「3I's」の意味は「探究（Inquiry）、世界水準（英語）（Internationalization）、つなげる知能（ICT）」のことで、「I＋I」とは「これからのIntelligence＋開智未来のIdentity」を表しています。「3I's」を高めることで、「I＋I」の獲得へとつなげていく開智未来の教育を表した標語といえます。

「3I's」は生徒が1年間かけてそれぞれの研究に取り組む高1の「才能発見プログラム」や、高2の生徒全員が参加する海外探究プログラム「カナダ探究フィールドワーク」など、様々な学校独自の教育プログラムを通して育まれていきます。

また、「つなげる知能」としてICTの活用にも積極的です。1人1台のタブレット端末を導入し、学習ツールとしての利用を通じてデジタルリテラシーも高めていきます。

本物の学力を育てる徹底的な受験指導

開智未来では、十分な学習時間を用意し、高2までで教科書内容を修了し、高3では大学受験を見据えた演習を実施しています。

高1から進路希望によって、東京大学や国立大学医学部をめざす「T未来クラス」、国公立大学や難関私立大学をめざす「S未来クラス」、G-MARCHから中堅私立大学レベルをめざす「開智クラス」の3つのクラスに分かれて学びます。

クラスは高2で再編成され、さらに理系・文系別となり、専門分野をしっかりと学習していきます。そのうちの「T理系」内には医系コースを設置し、医学部進学をサポートします。そして受験学年となる高3では、進路に応じて「難関理系（国立医系）」「難関文系」「国立理系」「国立文系」「私立理系」「私立文系」の6コースに分かれてより効率的な受験指導を実施します。

国際社会のリーダーとなる人物の育成をめざす開智未来の教育から、今後も目が離せません。

あの学校の魅力伝えます
スクペディア No. 59

京華商業高等学校

東京都　文京区　共学校

所在地：東京都文京区白山5-6-6　生徒数：男子302名、女子155名　TEL：03-3946-4491　URL：https://www.keika-c.ed.jp/
アクセス：都営三田線「白山駅」徒歩3分、地下鉄南北線「本駒込駅」徒歩8分

個々を尊重する「オンリーワン教育」

2021年で創立120周年を迎えた京華商業高等学校（以下、京華商業）。都内で最も歴史ある商業高校の1つであり、首都圏の商業高校で唯一の私立共学校でもあります。

京華商業がめざしているのは、1人ひとりが持つ個性を尊重し、才能・素質を伸ばす「オンリーワン教育」です。基本的な礼儀やマナー＝「生活力」、身体で感じて身につける力＝「体感力」、社会で役立つ実務的な力＝「実践力」を身につけ、広い視野と協調性を備えた「オンリーワン」人材を育成しています。

カリキュラムの特徴は、一般的な科目に加え、簿記・情報処理などの商業科目が含まれること。また、理論だけでなく実用性に重きをおいた「実学（実践）教育」に力を入れていることです。高1は共通カリキュラムで幅広い社会性と基礎学力を養成し、高2から「大学進学コース」「情報処理コース」「ビジネスコース」の3コースに分かれ、専門性を深めていきます。

学校行事においても、体育祭や文化祭などの一般的な行事に加え、独自の行事も行われています。例えば、日ごろの学習成果を競う伝統行事「実科競技大会」では、商業科目を中心に「総合競技」「ワープロ競技」といった個人競技のほか、計算速度と正確さを競う「カリキュレート」などの団体競技で盛り上がります。

資格取得を武器に希望の進路を実現

京華商業の大きな魅力は、在学中に様々な資格取得にチャレンジできる点です。簿記専門学校・大手予備校との連携による実践的なカリキュラムや特別講習など、多彩な資格検定対策が講じられています。「全商簿記実務検定1級」「全商情報処理検定1級」など上級資格の取得もめざせる環境です。

なお、取得した資格は就職のみならず大学受験にも役立てられます。近年、簿記・情報処理などの資格が評価され、商業高校生の推薦入試枠などを設ける大学が増加。チャンスを活かし、京華商業からは毎年約6割の生徒が大学に進学しています。その現役合格率はほぼ100％となっています。

もちろん、大学以外に専門学校、就職など進路は様々です。専門学校合格率、就職内定率ともに100％を誇り、多くの卒業生が希望の進路を実現しています。

受験生のための Q&A

同じ大学の附属校でも、学校によって違いがあるのでしょうか？

早稲田大学や慶應義塾大学をはじめ、いくつかの大学は附属の高校や中学校を有することを知りました。それらは１つの大学につき１校というわけではなく、いくつもあったのですが、それぞれの学校で教育の内容は違うものなのでしょうか？

（埼玉県上尾市・SI）

附属校とひと口にいっても、様々な特性がありますから別の学校としてとらえてください。

複数の附属校・系列校を有している大学は少なくありません。それらの附属校・系列校は母体となる大学が同じであるため、基本的には大学の建学の精神を体現した教育方針を掲げている場合がほとんどです。

しかし、学校ごとに設立にいたる経緯や、キャンパスの特性によって具体的な教育内容には違いがあるのが一般的で、それぞれ独自の取り組みを展開しています。

例えば本誌12ページから紹介している早稲田大学本庄高等学院（埼玉・共学校）は早稲田大学の附属校の１つで、同校は豊かな自然を活かした取り組みが魅力の学校です。早稲田大学にはそのほか、附属校の早稲田大学高等学院（東京・男子校）、系属校の早稲田実業学校高等部（東京・共学校）などがあります。

さらに、大学附属校はそのまま大学へ推薦入学できるのも大きな特徴ですが、それぞれの附属校によって推薦基準や進学できる人数などは異なります。なお、国立大学の附属校の場合は、基本的にこういった推薦入学の制度はなく、一般受験生と同様に受験を経て入学することになります。

今回ご紹介したように、同じ大学の附属校といっても、まったく同一の教育を行っている学校はありませんから、それぞれに特徴があることを知ったうえで志望校を選ぶようにしてください。各校の特色を比較するためにも実際に学校説明会に参加したり、資料をながめてみたりすることをおすすめします。

高校募集をしている中高一貫校では、各校でクラス編成が異なるそうですが……。

中高一貫校で高校募集をしている学校では、中学から進学してくる内進生と高校から入学する高入生が３年間別のクラスで過ごす場合と、高１のころから混合でクラスを編成する場合があるようです。どちらがおすすめか、教えてください。（千葉県市川市・HO）

内進生と高入生が別々に学ぶか、いっしょに学ぶか、あらかじめ調べたうえで、自分に合う方を選びましょう。

高校からの入学生（高入生）を募集している場合も、入学してしまえば附属中学校からの進学者（内進生）も高入生もなんら区別なく、同じ学校の生徒として扱われます。そのため、高入生だからといって、なにか不利益を被ることはいっさいありません。

ただ、なかには効果的に授業を進めるために、６年一貫の教育システムを構築して中学段階で先取り授業を実施したり、中学校から「物理」「化学」「生物」といった、通常は高校で設置される科目でカリキュラムを組んだりと、様々な工夫を凝らしている学校があります。

そうした学校では、高入生が途中から合流するのは難しいと考えて、一部の授業を内進生と高入生で分ける、３年間まったく別のクラスで過ごす、といった対策がとられています。別々に学ぶことで、内進生はそのまま６年一貫カリキュラムを進めることができ、高入生は無理なく自分たちに合ったペースで学習を進められるからです。また、高１のときだけクラスを分けて別々に学び、１年間かけて高入生が内進生の進度に追いつき、高２から混合クラスを編成するというパターンもみられます。

一方で、高１から内進生と高入生が机を並べる場合は、異なるバックグラウンドを有した色々なタイプの生徒とともに、切磋琢磨しながら高校生活を送ることができます。どちらが合うかは人によりますから、まずは各校がどんなシステムをとっているか確認したうえで、自分に合った学校を選びましょう。

保護者のための Q&A

集中力はあるのに、やる気が出ないときは勉強しない子どもへの効果的なアドバイスは？

中2のわが子は、集中するときはとても集中して勉強する一方で、気分が乗らないときはまったくといっていいほど勉強しません。どうも学習意欲にムラがあるようです。こういった子どもには、どのようなアドバイスをすればいいでしょうか？

（東京都八王子市・KY）

集中するときにしっかり集中できるように、適切な休憩をとるようすすめてみてください。

つねにモチベーションを高く保ったまま机に向かってほしいというのが、周囲の大人の希望かと思います。しかし、実際に勉強するお子さんの立場からすれば、気分が乗らないときもあるでしょうし、学習以外のことに気をとられてしまうこともあるでしょう。それに、長い時間じっと集中し続けるのは、大人であっても難しいときがあります。

お子さんの場合、集中力を発揮するときはきちんと勉強しているようなので、そこは大きな長所です。それができているようなら、たとえいまはやる気が出ないときがあったとしても、中3の受験学年に向けて、軌道修正をしていくことは可能です。

大事なのは、「集中すべきときにきちんと集中すること」です。つねに100%の力を出し続けるのは不可能でしょうから、オンとオフのメリハリをつけることを意識しましょう。

そのためのアドバイスとして、例えば、なにか気分転換の方法を前もって決めておいて、一定時間集中して勉強しているようならば、「ひと息入れたら？」と声をかけるのはいかがでしょうか。どんな気分転換が効果的かは人それぞれ違うと思うので、まずはお子さんに合った気分転換の方法を探してみるよう伝えるのもいいですね。

受験勉強は、長いスパンで考える、いわば長距離走です。適切なタイミングで適切な休憩をとり、無理なくゴールをめざせるような姿勢をいまのうちから整えていきましょう。

兄弟が同じ学校に通うメリット、デメリットはなんでしょうか？

受験生の次男が考えている志望校の１つに、長男と同じ学校があります。そろそろ志望校を絞り込んでいきたいと思っているので、兄弟が同じ学校に通うことになった場合のメリットとデメリットが知りたいです。それをふまえて、志望校を選ぼうと考えています。（神奈川県横浜市・OY）

兄・姉がいるからこそ得られるメリットもあれば、いるからこそプレッシャーになることもあります。

兄弟・姉妹で同じ学校に通うという例はよくあることです。通学時間、校風、カリキュラムなど、すでに通学しているお子さんがいれば様々な事情がよくわかっているでしょうから、そのことが学校選びの大きな要因になっているのだと思います。同じように親御さんや親戚の方の出身校に通うという例も少なくありません。

まず、メリットとしては、兄・姉が通学している経験から教育方針などがよく理解できているため、なにかあった場合の対応が適切にできる点、さらには相談すべき人が探しやすいという点があげられます。

さらに、兄弟・姉妹が同時に在学している場合は、授業参観や学校行事などで別々の学校を訪れなくていいというのも、メリットだと感じる方がいるでしょう。

だれにでも当てはまるデメリットというものはとくにありませんが、兄や姉が卒業生だった場合、もしくは在学中の場合でも、兄や姉を教えていたことがある先生が何気なくコメントを述べることがあります。

先生方は兄弟・姉妹を比較しようとしているわけではないものの、兄・姉が優秀だったときは、少しつらい思いをするかもしれません。ただ、それも考えようによっては兄や姉を知っている先生がいることで、相談を持ちかけやすいと感じることもあるはずです。

このように、どの点をメリット、デメリットだととらえるかは、あくまで本人次第ですから、まずはお子さんとよく話しあってください。

東京都 ● 共学校

中央大学杉並高等学校

1963年に設立され、2001年より帰国生を受け入れている中央大学杉並高等学校。「真善美」を建学の精神としつつ、創立50周年には「共育と共創」という理念を示し、共に学び合い、共に未来を創りあげる他者をつなぐ場であることを目指しています。今回は、入試広報委員長の鈴木章弘先生にお話を伺いました。

海外での多様な経験を生かせる校風

本校は「共育と共創」という理念を重視しており、いろいろな意見や考え方を持った生徒が集まって学校を作っていく校風があります。授業でもグループワークを多く取り入れており、様々な経験を持っている多様な生徒にぜひ入ってきてほしいと考えています。

帰国生は積極的で、誰とも分け隔てなく接することのできる、風通しの良い生徒が多い印象です。海外で年齢や国籍の異なる人と関わる機会に恵まれ、国内の中学生よりも幅広い出会いをしていることが多いからだと思います。

実際に、海外での経験を生かして活躍する生徒が多いです。例えば、中央大学の附属校4校が共同で実施する英語のスピーチコンテストにも、帰国生がたくさん参加しています。その他にも、外部のビジネスコンテスト、模擬国連、模擬裁判等に参加する生徒もいます。

全員が同じスタートラインで始まる高校生活

本校は中学校が併設されていないため、国内生も同じ中学校出身の生徒が他にいない場合が多く、その点は多くの帰国生と状況は変わりません。その中で生徒たちはそれぞれ自分の居場所を作っていきます。

取り出し授業は実施していませんが、帰国生もすぐに学校になじんでしまいます。

ほとんどの生徒が中央大学に進学する学校ですが、同調圧力は強くありません。「いろいろな人がいるのが楽しい」「自分と違う意見が聞けて良かった」という声もよく聞かれます。そうした点も帰国生に合っているのだと思います。

生徒によると、本校は海外の大きな日本人学校に雰囲気が似ているようです。

図書館での中杉版PBL（Project Based Learning）

高大7年間を通じたグローバル教育

国際交流プログラムとしては、アジアの国々でPBL(Project Based Learning)を展開しています。一年を通じて事前学習や調査、現地でのフィールドワークを行い、問題を見つけ、解決策を考えます。これまでに、ブータンのお土産を開発するクラウドファンディングを実施したり、カンボジアのハーブを使った害虫駆除を提案したりしました。

その他、オーストラリアのユニティカレッジと姉妹校提携し、相互に訪問しています。また、ニュージーランドへの短期留学やイギリスのオックスフォード大学の学生と意見交換をするプログラムもあります。

さらに、中央大学は留学制度が充実していますので、高大7年間のどの段階で留学するのが自分にとってベストなのかを考えて決めることができます。

海外で経験した不安も強みに

アジアからの帰国生の受験者が5〜6割を占めていますので、「帰国生＝英語」とは考えていません。帰国生入試の科目も国語、数学、英語の基礎学力検査と日本語面接です。

基礎学力検査の国語では古文を出題せず、また、英語にもリスニングはありません。一般入試と比べてスリム化され、よりオーソドックスな問題になっています。小中学校の9年間で学んできたことを確認します。

面接試験では、あえて「帰国生らしい」質問はしていません。帰国生といってもその経験は様々ですので、滞在していた国によって有利不利が出ないようにしています。

本校の帰国生入試で特徴的なのが「ミニスピーチ」です。面接会場に入室する直前に問題が渡されて、面接試験の最後に1分間のスピーチをしてもらいます。

例えば、「友人が家に来たときに、普段の食事でもてなすか、ごちそうを用意するか」といったテーマが出題されます。自分の意見とその理由を、初めて会う大人の前でも臆することなく、説得力を持って述べる力があるかを見ています。

帰国生の受け入れを始めて20年以上が経ち、本校では帰国生の存在が「自然」になっています。海外での生活や帰国後の進学にあたってはいろいろ不安に思うこともあるかもしれませんが、中杉ではその経験も強みになります。ぜひ今の自分そのままで入学してきてください。

入試広報委員長
鈴木 章弘（すずき あきひろ） 先生

スクールインフォメーション

所在地：東京都杉並区今川2-7-1
アクセス：JR中央線・東京メトロ丸ノ内線「荻窪駅」北口よりバス8分／JR中央線「西荻窪駅」北口よりバス8分／西武池袋線「石神井公園駅」南口よりバス19分／西武新宿線「上井草駅」南口より徒歩12分
TEL：03-3390-3175
URL：http://www.chusugi.jp/

2021年4月　中央大学進学実績

学部	人数	学部	人数
法学部	82名	文学部	33名
経済学部	56名	総合政策学部	20名
商学部	54名	国際経営学部	7名
理工学部	32名	国際情報学部	6名

早稲田アカデミー国際部から

出願書類の準備

入試の準備は出願書類を取り寄せるところから始まります。入試形式や出願要件、出願方法は前年度から変更されている場合がありますので、必ず最新年度の要項で確認する必要があります。

作文課題や「活動報告書」等は直接的に点数化されることは少ないものの、面接試験の際に参照されることがあり、決して手を抜けません。また、海外滞在時に通っていた学校の成績表が必要な場合は取り寄せるまでの時間もかかるでしょう。早め早めの準備が大切です。

注目の1校！

HōYū-GAKUIN
HIGH SHCOOL

朋優学院高等学校（ほうゆうがくいん）

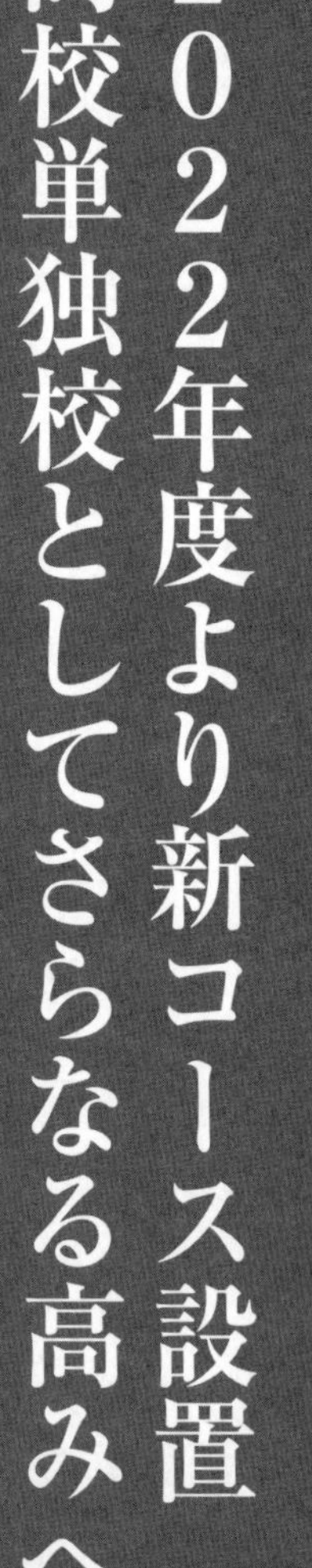

2022年度より新コース設置 高校単独校としてさらなる高みへ

附属中学校を持たない高校単独校として、独自の進化・発展を遂げてきた朋優学院高等学校。生徒の学力レベルが上昇していることを受けて、2022年度から新しいコース編成をスタートさせます。

最難関大学をめざすコースを新設

「自立と共生」を教育理念に掲げ、主体性と協調性をあわせ持つ人材を育成する朋優学院高等学校（以下、朋優学院）。この理念について佐藤裕行校長先生は「近年はとくに『自立』に重きをおいています。本校は私立の一貫校とは違い、公立中学校からの進学者が多く、もともとその中学校で優秀な成績を収めていた生徒がほとんどです。そうした生徒たちが、卒業後は未来をけん引する人材となるために必要な自主性を養っています」と話されます。

そんな朋優学院は、在籍する生徒のレベルや社会情勢に合わせて変革を続けてきました。2001年の共学化をはじめ、2010年には国公立大学の現役合格をめざす「国公立コース」を新設。着実に進学実績を伸ばし、2022年度からはさらに高い目標を据えた「国公立TGコース」がスタートします。

「これまでは、高1で『国公立コース』と『特進コース』の2つに分かれ、高2進級時に改めて選び直したうえで文系・理系に細分化する形をとっていました。しかし、生徒の学力水準が上がるにつれて『国公立コース』在籍者の比率が高まり、学校全体を引っ張っていくという意味でも、東京大学や京都大学をめざす最上位コースを設置しようと考えました」と小野間大副校長先生。

3年間で効率的に目標達成をかなえる

これらのコースのうちどこに属するかは、入試結果によって振り分けられます。なお「国公立TGコース」のみ5教科入試が課される予定です（ほか2コースは3教科入試）。今後、「国公立TGコース」対象の海外研修や社会人講演を新たに実施することも検討されており、高い学力とモチベーションを活かして、さらなる

3年間の流れ

高1	国公立TG・国公立・特進
	コース選択
高2 高3	国公立TG／国公立 文系・理系／特進文系／特進数理

飛躍をめざせる環境を整えていきます。

このように高1からコースを分ける意図を佐藤校長先生は「早いうちから大学進学を意識してほしいという狙いがあります。ただ、高校受験の時点で自分がどんな大学を志望するか、ということまで絞るのは難しいでしょう。

そのため、高1で進路ガイダンスを年5回、個人面談も5回以上実施するなど手厚い進路指導を行ったうえで、コースを選び直せる形にしています」と説明されます。

高2進級時に改めて行うコース選択では、生徒の希望だけでなく成績も考慮されるため、高1での学習への取り組みも重要です。高1で自らの適性を見極めつつ学力を高め、高2でコースが決定してからは目標進路の達成に向けて集中できる、効率的なコース編成になっています。

伝統に縛られず社会に合わせて変化

朋優学院が進化させてきたのは学力面だけではありません。学校行事や校則も時代に合わせて柔軟に変えてきました。学校行事や部活動の取り組み方も徐々に生徒主体のスタイルへと変更しており、そうした活動のなかで「自立」を促しています。

「かつて禁止されていた、文化祭での調理を伴う出しものや物販も現在はできるようになりました（※）。その結果、『どうすれば魅力的に見えるか』『どうしたらもっと売れるのか』と生徒は工夫を凝らしてくれています。

学校全体の学力水準が上がり、扱う教材や問題の難易度も高くなりました。そこで、合わせて生活面の自由度を上げて考える幅を広げることで、人間性も高めていきたいと考えています」（小野間副校長先生）

加えて、生徒指導においては「ルールだから」と一律で禁止するのではなく「なぜやってはいけないのか」を考えさせることを重視しているといいます。社会通念に合わせてルール自体もつねにアップデートし続け、卒業後も活躍するために必要な素地を養っているのです。

最後に、佐藤校長先生から読者のみなさんにメッセージをいただきました。

「受験生のみなさんには、志望校を選ぶ際に偏差値だけを重視せず、自分に合っている学校かどうかをよく考えてほしいと思います。本校は、自立した学校生活を送りたい生徒さんにぴったりの学校です。与えられた自由をしっかりと活かして充実した3年間を過ごしたい、という意思を持った方に入学してもらえたら嬉しいです」

※2020年度、2021年度は新型コロナウイルス感染症の影響で一般公開なし

Event Schedule

オープンスクール
10月23日(土) 11月13日(土)
11月27日(土) 12月 4日(土)
日時・内容は変更の可能性があります。学校HPでご確認ください。

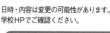

オンライン説明会特設ページ

School Data

住　所：東京都品川区西大井6-1-23
ＴＥＬ：03-3784-2131
アクセス：JR横須賀線・湘南新宿ライン「西大井駅」徒歩10分ほか
ＵＲＬ：https://www.ho-yu.ed.jp/

自分自身の新たな可能性と出会う

国学院（こくがくいん）高等学校

真面目で穏やかな校風が特徴の国学院高等学校。
高校3年間で色々なことにチャレンジできる全方向性を持った学校です。

大規模校だからこそ必要な「親身の指導」

１９４８年の開校以来、併設中学校のない高校単独校として、バランスのとれた全人教育に取り組む国学院高等学校（以下、国学院）。学校周辺の明治神宮外苑エリアでは、スポーツや文化など、東京の新しい魅力を発信するための環境整備が進んでいます。

国学院は、1学年約６００名の生徒が在籍する都内でも有数の大規模校で、青山という立地のよさもあり、毎年多くの受験生を集める人気校です。高校募集時には、他の進学校にあるような特進コースや選抜コースといったコース区分がないため、新入生は、みな同じ教育環境のもとで高校生活をスタートすることができるのも、国学院の魅力の1つです。

「本校は生徒数が多いので、『親身の指導』をとても大切にしています。各教員が積極的に生徒とコミュニケーションを取ることが伝統となっていて、なかでも、年3回実施する面談週間では、各担任が生徒一人ひとりに寄り添い、時間をかけて様々な話をします。

また、本校はなにかに偏ることのない全方向性を持った学校なので、高校3年間で色々なことにチャレンジできます。学力だけではなく、社会で必要とされる力を身につけることができ、自分の新たな可能性をきっと見つけることができるはずです」と話されるのは入試広報部長の柳町和洋先生です。

真面目で穏やかな校風

付属校＆進学校の実力

国学院大学の付属校でありながら、都内でも屈指の進学校である点も特徴の1つです。

高校3年間の学習内容を見てみると、1年生は基礎学力と学習習慣をつけることを目的としたカリキュラムが中心で、2年生から文系・理系に分かれて大学受験を意識した授業

に入ります。そして2年生の秋に実施する修学旅行を境に本格的な受験モードに入り、3年生では学校推薦も含め、各々の進路目標の達成に向けた準備に取りかかります。

「大学受験に関しては、外部講師による長期休暇中の講習や3年生の勉強合宿など、様々な学習機会を用意しています。一方、最も大切にしている点は、授業への準備や取り組み方など、当たり前のことを、泥臭く、日々徹底して指導していることです。小テストへの取り組みや課題提出についても、細かいことですが、徹底して指導しています」と柳町先生。

国学院では、毎年、2割弱の生徒が無試験推薦で国学院大学へ進学しており、その他8割強の生徒は、国公立大学をはじめとした難関大学へ果敢にチャレンジしています。2021年度大学入試では、国公立大学15名、早慶上理92名、G-MARCH388名の合格者を出しています。

3か国・5コースで展開される海外研修が魅力

昨今、英語民間試験の結果を大学入試に利用する大学が増えていることをふまえて、国学院では、英検への取り組みに以前よりも増して力を入れています。

1・2年生は年3回、3年生は年1回の英検受験を全員必修にしており、長期休暇中には英検講習を実施しています。外部講師による年5回（1・2年生は3回必修）の英検講習を通して、生徒全員の英語力の底上げを図りながら、高校卒業までに英検2級の取得をめざします。

その結果、全国の高等学校のなかで、年間の英検合格者が最多であったことが評価され、2017年から2年連続で「文部科学大臣賞」を受賞しています。

また、海外研修も充実しています。1年生が参加するプログラム（約2週間）は年々希望者が増えており、カナダ、オーストラリア、イギリスの3か国・5コースの研修が用意されていますが、今後もコースを追加する予定です。2019年は、約260名の希望者全員が参加しました。

2年生には英語習得に特化したカナダの語学学校研修が好評で、基本的に観光などはなく、海外の生徒と一緒に英語漬けの2週間を過ごします。さらに推薦等で進路が決定した3年生を対象とした短期留学制度もあり、これらの海外研修に興味を持って入学する生徒も少なくないようです。2022年度の研修再開に向けて、現在準備を進めています。

「本校は、伝統を大切にしつつ、近年は学校長のリーダーシップのもと校内施設の整備や教育内容の充実など、積極的な改革を実施してきました。学校行事も大変盛んな学校なので、神宮外苑という絶好の立地を活かして、地域との交流をさらに深めていきたいと思います。勉強だけでなく、部活動や学校行事など、高校3年間を、思いっきり楽しむことのできる学校です」（柳町先生）

■国学院高等学校（共学校）
所在地　東京都渋谷区神宮前2-2-3
TEL　03-3403-2331
https://www.kokugakuin.ed.jp/
<アクセス>
地下鉄銀座線「外苑前駅」徒歩5分、
地下鉄大江戸線「国立競技場駅」徒歩12分、
JR線「信濃町駅」「千駄ヶ谷駅」徒歩13分
■文化祭　10/2(土)・3(日)
■オープンスクール　10/23(土)
■入試問題解説会　11/3(水・祝)
■学校説明会　10/16(土)、11/13(土)、11/27(土)、12/4(土)

未来をここで創る

“SDGsを推進しながら、言葉に強い生徒を育てる”それが豊島学院のアイデンティティです

地球上のボーダレス化が、驚くようなスピードで進んでいる現代社会。

そのなかで起きている技術革新によって、誰も経験したことがなく、求められる答えもひとつではない時代が、すぐそこまで来ています。

そのような時代に必要なのは、様々な経験を通して知識や技能を身につけ、『自分の言葉』で柔軟に発信し、ポジティブな姿勢をもって対応していく力です。

『言葉に強い生徒を育てる』という目標は、そんな背景から生まれた豊島学院のアイデンティティなのです。


豊島学院では、世界共通の課題として、国連が定めた17の目標からなる『SDGs（接続可能な開発目標）』を教育のなかで生かしていこうと考えています。そこで「貧困」「飢餓」「健康」「福祉」「ジェンダー」などの目標に、生徒一人ひとりが向き合うことで、問題を解決するために“なにをしなければいけないのか”“なにができるのか”という問題意識を持つ人間性を身につけてもらいたいと考えています。

豊島学院は、そのための教育を推し進め、生徒の未来をサポートし続けていきます。

今春の主要大学合格実績

■国公立大学・大学校（準大学）…22　東京医科歯科大学1・東京外国語大学1・東京農工大学1・電気通信大学1・横浜国立大学1・埼玉大学3・山形大学1・茨城大学2・群馬大学1・東京都立大学1・横浜市立大学1・釧路公立大学1・高崎経済大学2・前橋工科大学2・福知山公立大学1・山口県立大学1・国立看護大学校1
■早慶上理…13　早稲田大学3・慶應義塾大学1・上智大学1・東京理科大学8
■GMARCH…62　明治大学14・青山学院大学6・立教大学8・中央大学13・法政大学18・学習院大学3
■成成明武獨國…67　成城大学4・成蹊大学13・明治学院大学6・武蔵大学17・獨協大学15・國學院大學12
■医歯薬系（6年制）…18　星薬科大学［薬］1・東邦大学［薬］1・昭和大学［薬］1・帝京大学［薬］3・日本大学［薬］2・帝京平成大学［薬］6・武蔵野大学［薬］1・城西大学［薬］1・城西国際大学［薬］1・日本薬科大学［薬］1

【今春の主な進学先】

スーパー特進類型	東京農工大・電気通信大・茨城大・高崎経済大・国立看護大学校・慶應義塾大・東京理科大・明治大・中央大・法政大・東邦大・星薬科大　など **【大学現役合格率 92.0%　大学現役進学率 88.0%】**
特別進学類型	東京医科歯科大・横浜国立大・埼玉大・山形大・茨城大・前橋工科大・山口県立大・上智大・明治大・青山学院大・立教大・法政大・立命館大　など **【大学現役合格率 93.5%　大学現役進学率 83.9%】**
選抜進学類型	東京理科大・明治大・法政大・成城大・成蹊大・國學院大・日本大・東洋大・駒澤大・専修大・順天堂大・東邦大・日本女子大・学習院女子大　など **【大学現役合格率 84.0%　大学現役進学率 77.3%】**
普通進学類型	青山学院大・法政大・明治学院大・武蔵大・獨協大・國學院大・日本大・東洋大・駒澤大・専修大・東京電機大・東京女子大・白百合女子大・共立女子大・清泉女子大・大妻女子大　など **【大学進学希望者の現役合格率 93.5%】** **【大学進学希望者の現役進学率 93.5%】**

体験入学・個別相談【中学３年生対象／要予約】

※学校説明の内容を含む　① 校舎・施設見学　② 全体会開始

10月10日［日］	①14：30	②15：00
10月24日［日］	①14：30	②15：00
10月31日［日］	①14：30	②15：00
11月 7日［日］	①14：30	②15：00
11月21日［日］	①14：30	②15：00
11月28日［日］	①14：30	②15：00
12月 4日［土］	①14：30	②15：00
12月 5日［日］	①14：30	②15：00

●予約は、希望日と類型を電話にてお申し込みください。（03-3988-5511 平日9時～17時）または、学校見学会当日の全体会終了後に予約できます。●一回の定員に限りがあります。●模擬授業など、類型別に行います。●保護者のみ、または２年生以下の中学生は、学校説明の内容のみの参加が可能です。【予約不要】●個別相談は全体会（約２時間）終了後、希望制で行います。●上記日程外を希望される場合は、事前にお問い合わせください。（03-3988-5511）
■上記日程は諸般の事情により、中止になる場合があります。前日のホームページでご確認ください。

学校法人 豊昭学園
豊島学院高等学校
併設／東京交通短期大学・昭和鉄道高等学校

スーパー特進類型　特別進学類型　選抜進学類型　普通進学類型

〒170-0011 東京都豊島区池袋本町2-10-1
TEL.03-3988-5511（代表）
最寄駅：池袋／JR・西武池袋線・丸ノ内線・有楽町線 徒歩15分
副都心線 C6出口 徒歩12分
北池袋／東武東上線 徒歩7分
板橋区役所前／都営三田線 徒歩15分

中学生の未来のために！
大学入試 ここがポイント

みなさんはまだ、自分が文系、理系どちらに向いているかなどで悩むことは少ないかもしれません。しかし、高校では否応なく、その選択を迫られることになります。

高校での文系、理系選択は 大学から就職までを考えて

高校に入ると、普通科に進んでも高校2年生のときに、文系に進むか、理系に進むかの選択を迫られます。めざす大学の入試科目に沿って、その後高校で履修する科目が決まってくるからです。

ただ大学入試でも理系、文系の境界はあいまいになっています。

例えば今春から早稲田大学の政経学部（一般選抜）の入試では、選択科目だった数学を、必ず受験しなければならなくなりました。

同学部では「現代の政治学、経済学を学ぶにはデータ分析、ゲーム理論などの習得が不可欠となってきている。そのために基礎的な数学的思考力を学生に期待したい」としています。

大学でも3年生になれば、就職のことも考えねばなりません。従来なら、文系は総合職（将来的に企業の中核を担う人材、一般職はそれを補助する役割）を、理系なら専門職（研究職など国家資格に匹敵する力を持つ人材）での採用を模索するのが一般的です。

しかし近年、その境が見えなくなっています。総合職の代表的職種である営業職でも、論理的思考力や数値管理、分析能力など理系で培われるような能力が必要とされるようになっているからです。

その逆に専門職でも、チームを組んで仕事をするために、経験を糧とした人事管理などの潜在的能力を要求されます。

これからどちらの道を選ぶにしろ、就いた職種で高校、大学で学んだことを活かせるかどうかが試されることになります。

先入観による偏りを廃し、幅広い学びが求められています。

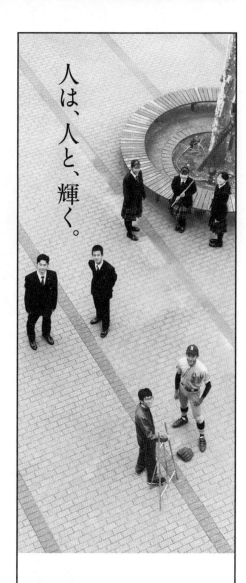

東大入試突破への現代文の習慣

東大入試を突破するためには特別な学習が必要？　そんなことはありません。身近な言葉を正しく理解し、その言葉をきっかけに考えを深めていくことが大切です。田中先生が、少しオトナの四字熟語・言い回しをわかりやすく解説します。

早稲田アカデミー教務企画顧問
田中としかね

東京大学文学部卒業
東京大学大学院人文科学研究科修士課程修了
専攻：教育社会学
著書に『中学入試 日本の歴史』『東大脳さんすうドリル』など多数。文京区議会議員、第48代文京区議会議長。文教委員長・議会運営委員長・建設委員長を歴任。

田中先生の「今月のひと言」

まずは「インプット」すること！頭に入れることが重要なのです。

今月のオトナの言い回し

プレゼンテーション

「先生、プレゼンをしなくてはならないのですが、どうしたらいいでしょうか？」中学生の教え子から「プレゼン」という言葉が飛び出しましたよ。でもこの「お願い」は、はじめて聞いたものではありませんでした。かつての教え子が社会人になってからも「先生、お願いします！」といって助けを求めてくるケースはよくあるのです。大手企業に就職が決まった教え子からは「新入社員を代表してスピーチをすることになってしまいました！　何かインパクトのあるスピーチを一緒に考えてください！」と懇願されたり、教職に就いた教え子からは「生徒に減価償却について授業をしなくてはならないのですが、何かわかりやすい説明の仕方はないでしょうか？」とアドバイスを求められたり、近所に住んでいる教え子からは「庭木が道路にはみ出していて通行のじゃまになっている家があるんですけど、先生から切るように言ってくれませんか？」と陳情を受けたりと、その内容はさまざまですが。それでも〝先生〟と呼んでくれる教え子からの頼みには、なんとしても応えたい！　と思うのが「教師心」というものなのです。ひと昔前は「突然お邪魔してすみません！」と、私のところにお願いの訪問をしてきて驚かせる教え子がいたものですが、最近はもっぱら「突然のメールですみません！」と連絡がきますね。

そんな「社会人になった教え子からのお願い」のなかで、よくあるケースなのがこの「プレゼンをどうしたらいいでしょうか?」というものなのです。

「プレゼン」は「プレゼンテーション(presentation)」の略語になります。英語では「表現」「紹介」といった意味になります。ビジネスのシーンでは、新しい企画などを立ち上げる際、周りを納得させ受け入れてもらわなければプロジェクトとしてスタートすることができません。そのために情報を提示して理解を得ようとするのですが、「情報の提示の仕方」によって、相手の理解度すなわち共感度に大きな差が出てしまうのです。ですから、どのようにして「紹介」すればいいのか、どんな「表現」を使えばうまく伝わるのかと、効果的な提示の仕方を工夫しなくてはならないのです。これが「プレゼン」の意味になります。

社会人の教え子からの「プレゼンを一緒に考えてくださいよ!」というお願いは、これまでにもあったのです。それはビジネスマンとしてのノウハウを求めてというよりも、「どうすれば生徒の理解が深まるか?」を常に考えて授業をしている先生として、相手にうまく訴える方法をアドバイスしてくれませんか? というものだったと思います。

さて、中学生からの「プレゼン」についての相談です。学校の授業で「外国の方に日本食について紹介する」という内容で発表を行うのだそうです。最近では学校教育にもこの「プレゼン」を導入するケースが増えてきています。「話す力」を身に付けることを重視しているのですね。人前で堂々と話すことができるようになれば、自分に自信を持つことができます。諸外国に比べて「自己肯定感」が低いという調査結果もある日本の生徒に、世界でも求められるライフスキルとしてこの「人前で話せる度胸」を身に付けてもらおうという意図です。語学力にくわえてプレゼン力の養成が、グローバル社会での活躍が期待される生徒たちに必須である、という考えに基づいています。

確かに人前で話をするというのは緊張します。私も仕事として「スピーチ」をする機会は多いのですが、今でも「自信を持って堂々と」できているかといえば、はなはだ心もとないですよ。けれども、そうできるように前もってしっかりと準備をすることを心掛けています。その準備段階で「話す内容の下調べ」や「話の展開の組み立て」を、自分が納得のできるまで続けるのです。「これで大丈夫!」と思えるまでやりきることが重要です。この点をおろそかにすると、本当に自信を持って臨むことができずに、堂々と振舞えなくなってしまうのです。

教え子の中学生にも「アウトプットを気にするよりも、まずはインプットを重視したほうがいいよ」と伝えました。「どうやって発言するか(アウトプット)」を気にかける前に、「どんな情報を頭に入れるか(インプット)」を大切にしてほしいと思います。

「日本食について外国の方に説明するなら、外国人による日本食の紹介を参考にしてみれば」とアドバイスしました。皆さんにも紹介しますね。フランスの人類学者クロード・レヴィ＝ストロースの『月の裏側』という本です。日本文化論になりますよ。「日本料理の説明」として次のような文章が出てきます。「日本料理はほとんど脂肪を使わず、自然の素材をそのまま盛りつけ、それをどう混ぜ合わせるかは食べる人の選択と主体性にまかされています。これほど中華料理から遠く隔たっているものはありません。」なるほど! と思わせるものがありますよね。レヴィ＝ストロースの大好物は「のりとごはん」だったりといったエピソードも紹介され

ていますよ。中学生の皆さんには、まずはインプット重視でお願いします。ぜひさまざまな情報を頭に詰め込んでほしいと思います！

今月のオトナの四字熟語

課題図書

皆さんの学校にも夏休みの宿題として「課題図書」がありましたでしょうか？「休暇期間中などを利用して読むことを推奨した図書」という意味で、学校での読書指導の一環として扱われています。「これを読みなさい！」といわば強制されるわけですから、「本ぐらい好きなものを読ませてほしい」と考える生徒にとってみれば、何かと気に食わないシロモノですよね。でもぜひ「インプットを重視する」という先ほどの観点でもって、「課題図書」について考え直してみてほしいのです。

夏休みの宿題として私にも経験があります。「1000ページ以上の分厚い本を一冊読破すること」という課題が出されたのです。「どんな本でもかまわないので」という意味では「強制」されている感覚は低かったのですが、それでも「ページ数」という設定を課されていましたので、思春期の私にとっては「勘弁してほしい」というのが、その時感じた本音だったと思います。それでも「無理やりにでも読んでおいてよかった」と、後になって思い返すことが何度もありましたよ。強制的な「インプット」にも大いに意味はあるのです！

どうせ読むならば「人類の課題図書」と呼ばれるようなものを読んでみよう！と、私は考えました。そこで選んだのがロシアの文豪トルストイによる長編小説『アンナ・カレーニナ』でした。志賀直哉が「近代小説の教科書」と評している作品だと聞いたことがあったからです。夏休みの間中、家で寝転がって読んだことを覚えています。そして、後になって「メモを取りながら読めばよかった！」と後悔したこともよく覚えています。内容について、今でも記憶に残っていることといえば、主人公の女性アンナ・カレーニナが蒸気機関車に飛び込み自殺を図るシーンですね。それから、アンナの恋愛相手となるヴロンスキーという魅力的であるはずの男性の登場人物が「首は太短く」「はげ」ていると描写されていることに、当時の私は強い違和感を覚えて、「いったいどんなキャラクターなんだろう？」と、頭の中でうまくイメージが描けなかった、ということです。

ストーリーについては全くといっていいほど忘れてしまっているのに、蒸気機関車とハゲ男の印象だけは記憶に残っているのですから不思議なものですよね。それでも確かに「インプット」されていますよ。そして鉄則として「メモを取りながら読書するべし」ということも学びましたから。役に立っています。皆さんも、だまされたと思って「課題図書」には果敢にチャレンジしてみてくださいね！

その研究が未来を拓く

研究室にズームイン

現存する動物と比較し動物化石から生存当時を探る

京都大学 大学院
理学研究科 地球惑星科学専攻
助教 松岡廣繁(まつおかひろしげ)先生

日本には数多くの研究所・研究室があり、そこではみなさんの知的好奇心を刺激するような様々な研究が行われています。このコーナーではそんな研究所・研究室での取り組みや施設の様子を紹介していきます。今回は京都大学の松岡廣繁先生の研究についてです。現代の動物についてデータを集め、それを化石研究に活かしています。

まつおか　ひろしげ
松岡 廣繁

1971年愛知県生まれ。私立南山高等・中学校男子部（名古屋市）卒。横浜国立大学教育学部卒。修士課程から京都大学理学研究科へ。1999年、琉球列島の化石鳥類相に関する研究で京都大学博士（理学）。京都大学研修員を経て現職。

化石との出会いは一種の奇跡

はるか昔の植物や動物の存在を私たちに教えてくれる「化石」。みなさんも博物館で目にしたり、テレビなどで「新たに〇〇の化石が見つかった」といったニュースを見たりしたことがあるのではないでしょうか。

「化石とは植物や動物の身体の一部が地中で長い間保存されたものです。化石が見つかるのは一種の奇跡といえます。なぜなら、生物の身体はほかの動物に食べられたり、微生物に分解されたりして、死後はこの世に残らないのが普通なのです。そんななかで様々な条件がそろい、地層のなかで保存されたのが化石です。しかもたまたま私たちが生きている時代に発見されて、目の前に姿を現したのです。すごいことだと思いませんか？」と話されるのは京都大学で化石研究を行う松岡廣繁先生です。専門は脊椎動物とのこと。

動物の化石研究というと、見つかったものがなんの動物のものであるかを探り、骨格を復元するというイメージがあるのではないでしょうか。京都大学にも標本室があり、そこに多様な骨格標本が並んでいて、まるで博物館のようです。

松岡先生も岐阜や石川、沖縄などに出かけ、化石を発掘しています。ときには洞窟を探検することも。しかし、ただ未知の動物の化石を発見する、ということを研究の目的としているのではなく「私が興味を持っているのは、その動物が生存時、どのような行動を取っていたかということです」と話されます。

現存する動物を解剖しデータ収集

もはや動くことのない骨から、いったいどのように生存時の行動を探っていくのでしょう。

「骨とひと口にいっても、それぞれに特徴が表れるものなんです。それは人間においても同様です。よくわかるのはスポーツ選手ですね。水泳と陸上の選手では発達する筋肉が違います。そして同じ陸上選手でも短距離と長距離の選手では筋肉のつき方が異なるのです。筋肉は骨についていますから、大きな筋肉を支えるためにはしっかりとした太い骨が必要で、骨を見ればどこの筋肉が発達していたか推測できるわけです。私は骨から、どのような動きを得意としていた動物なのかを解明したいと考えています」（松岡先生）

しかしじつは人間以外の動物は、現存する種でさえ骨格や筋肉のつき方について詳細に記載されている研究書などはないというのです。そこで松岡先生は、いまの時代に生きている動物について自らデータを集めているそうです。その方法は……。

「死んだ動物の解剖を行い、どのような骨格をしているのか、どんなふうに筋肉がついているのかを確かめています。現存する動物のデータを蓄積しておけば、未知の動物の化石が見つかったときに、そのデータと比較することで、どんな動きを得意としていたのか考察することができると考えています。引用できるデータがないことを大変だと思うか、新しい発見ができると思うかはその人次第です。私にとってはそれが楽しくて楽しくて……。自分の目で実際に確認するのはとても大切です。自分で確かめるからこそわかること、納得できることがあるはずです」と松岡先生は熱く語ります。

細かな情報を把握し自らスケッチする

解剖時の記録は「絵」で残します。骨の1本1本、筋肉の1筋1筋が丁寧に描かれたものです。なぜ写真ではなく、絵として自ら描くのか理由を伺うと「写真は大枠を把握するのには有効ですが、とらえられる情報が多すぎて、あとで見たときに細かい情報はわからなくなってしまうんです。実物を見ながらスケッチしていくとごまかしがきかず、どことどこをつなぐ筋肉なのか、わからなければ絵に表すことはできません。それを自分の手と目を使ってじっくりと確かめながら描いていきます。

これは解剖作業のときだけでなく、化石の発掘作業や地質調査のときも同様で、フィールドワークなどに行った際、学生にも写真を撮るだけでなく、絵を描くように伝えています。観察して理解したことを絵に残し、メモを書いておく。それらのデータが研究の土台となります」と

標本室

京都大学の標本室。化石や骨格標本が所狭しと置かれています。対面形式で開催される場合、京都大学のオープンキャンパスは参加に予約が必要ですが、標本室はオープンキャンパス当日であれば予約をしなくても入場が可能なので一般の方もこのコレクションを見ることができます。

ニホンジカ

サケビドリ

ペンギン

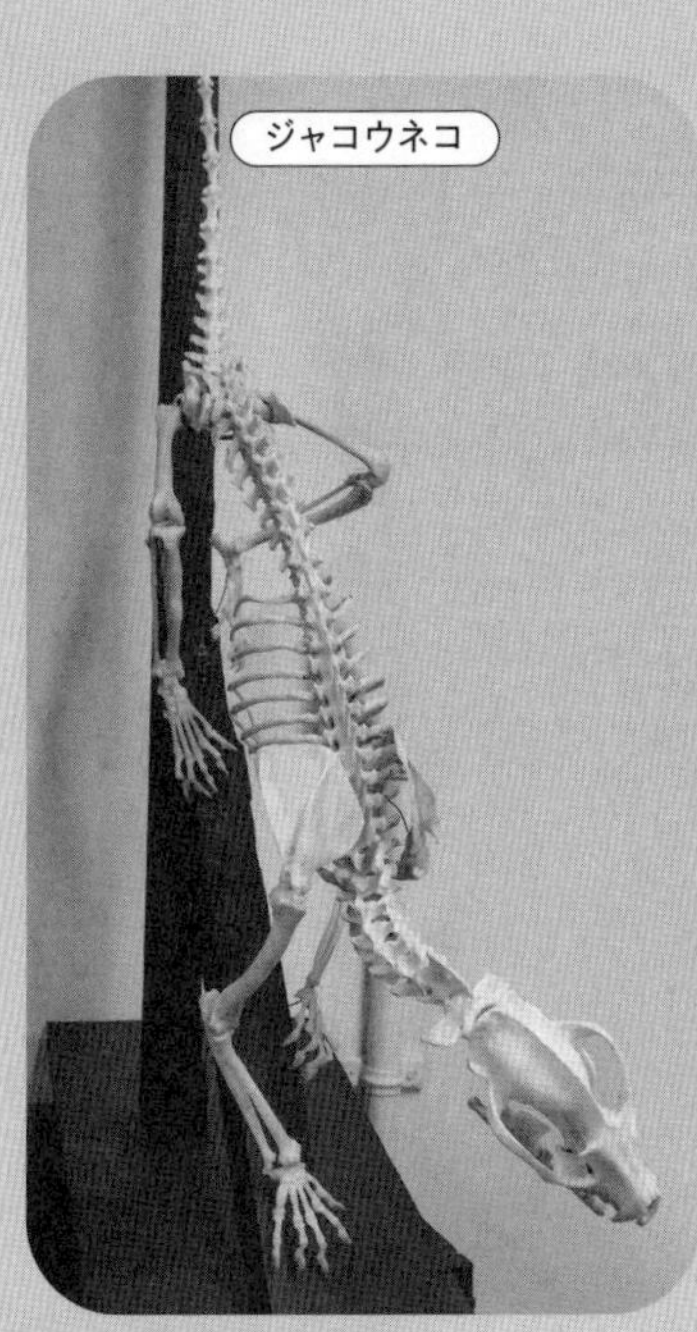
ジャコウネコ

ブタ

アンモナイト

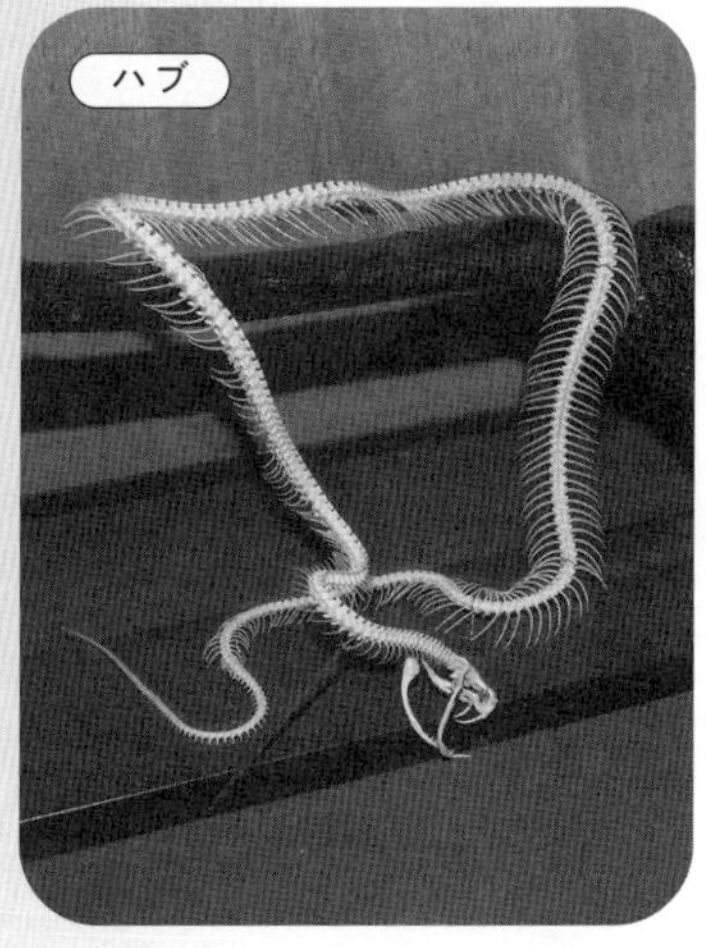
ハブ

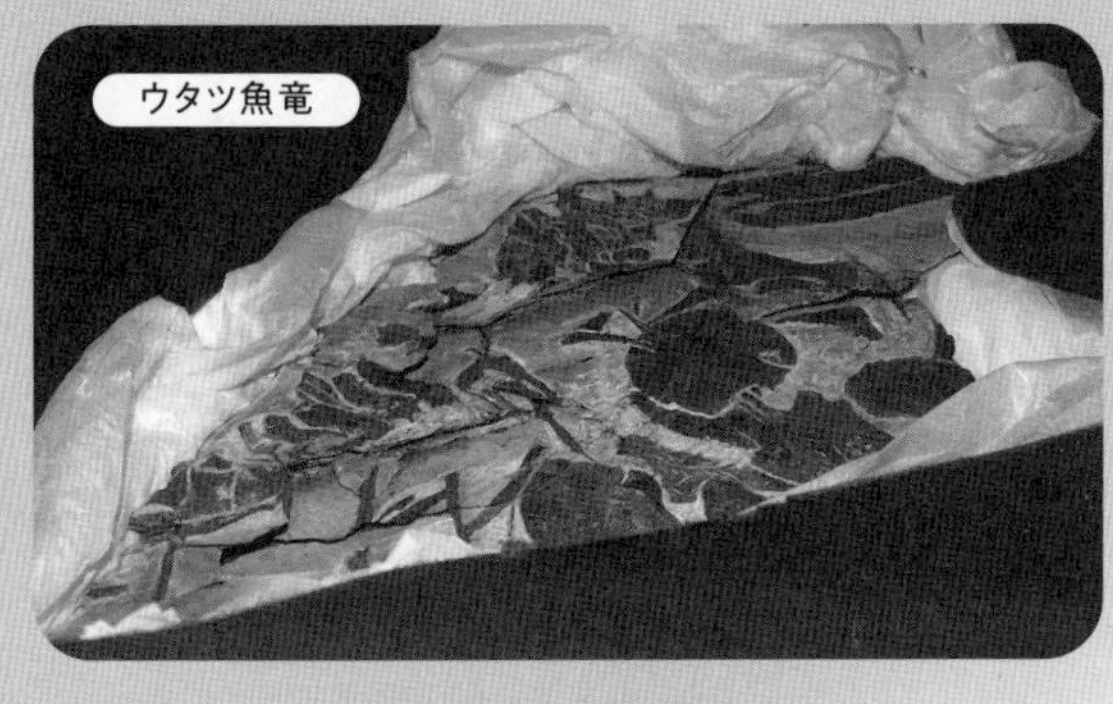
ウタツ魚竜

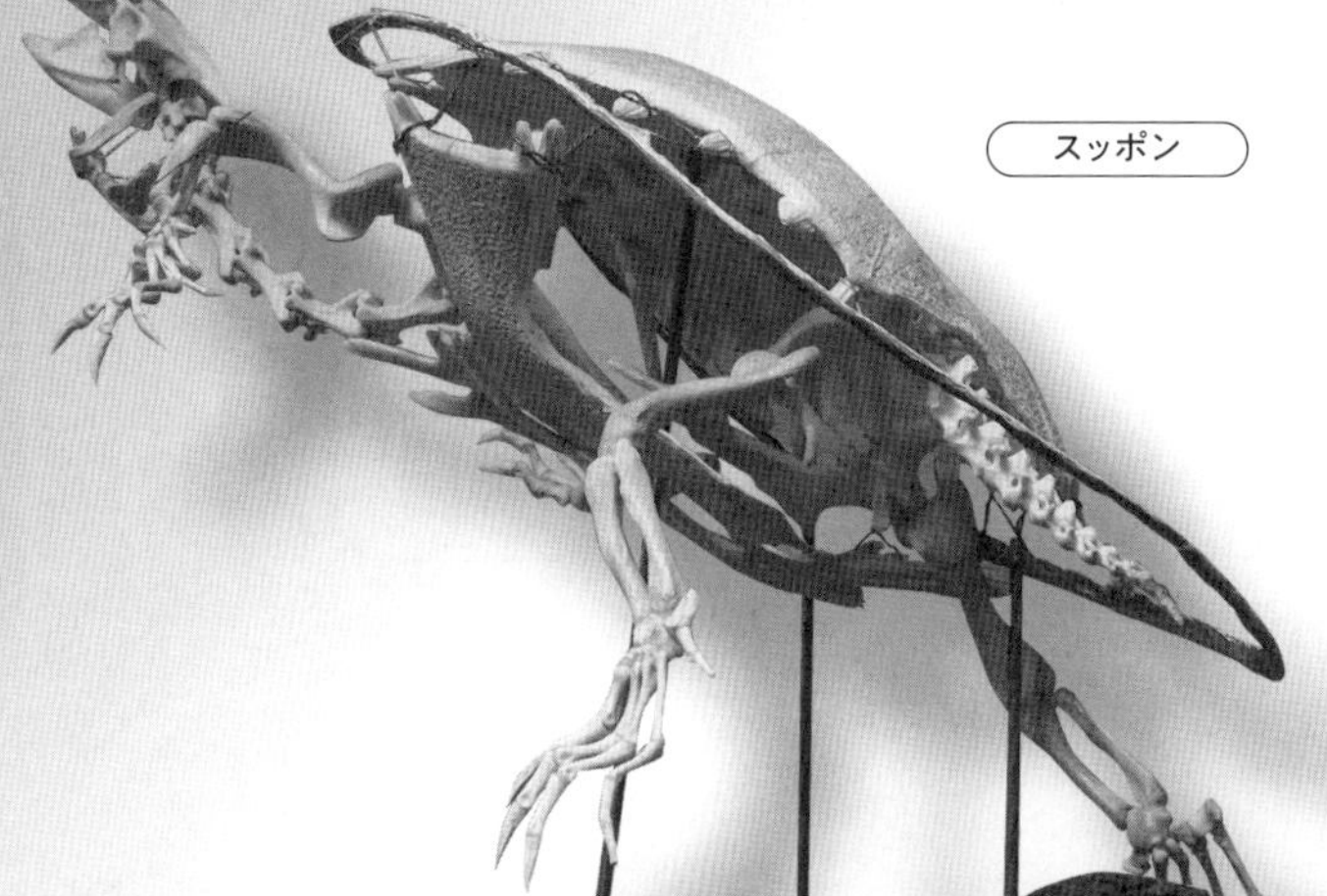
スッポン

説明されます。

最近では、白鳥や鹿、鶏の手羽先、鯛（頭部）の解剖に取り組んだそうです。よく知られている動物ですが、前述のようにその骨格や筋肉の構造については知られていないことも多く、新たな発見があったといいます。

例えばみなさんは「鯛の鯛」という言葉を聞いたことがあるでしょうか。鯛の胸びれのつけ根にある部分の骨が、小さな魚のような形をしているのです。目のように見える穴も開いているのですが、これがなんのためにあるかは知られていませんでした。しかし今回の解剖によって、筋肉が通っていたとわかったそうです。「存在自体は昔から知られていても、だれも詳しくは調べずにいたことについて新たな事実を見つける、この『古くて新しいことの発見』も楽しみの1つです」と松岡先生。

新しい観察技術の開発

化石や岩石の研究において、サン

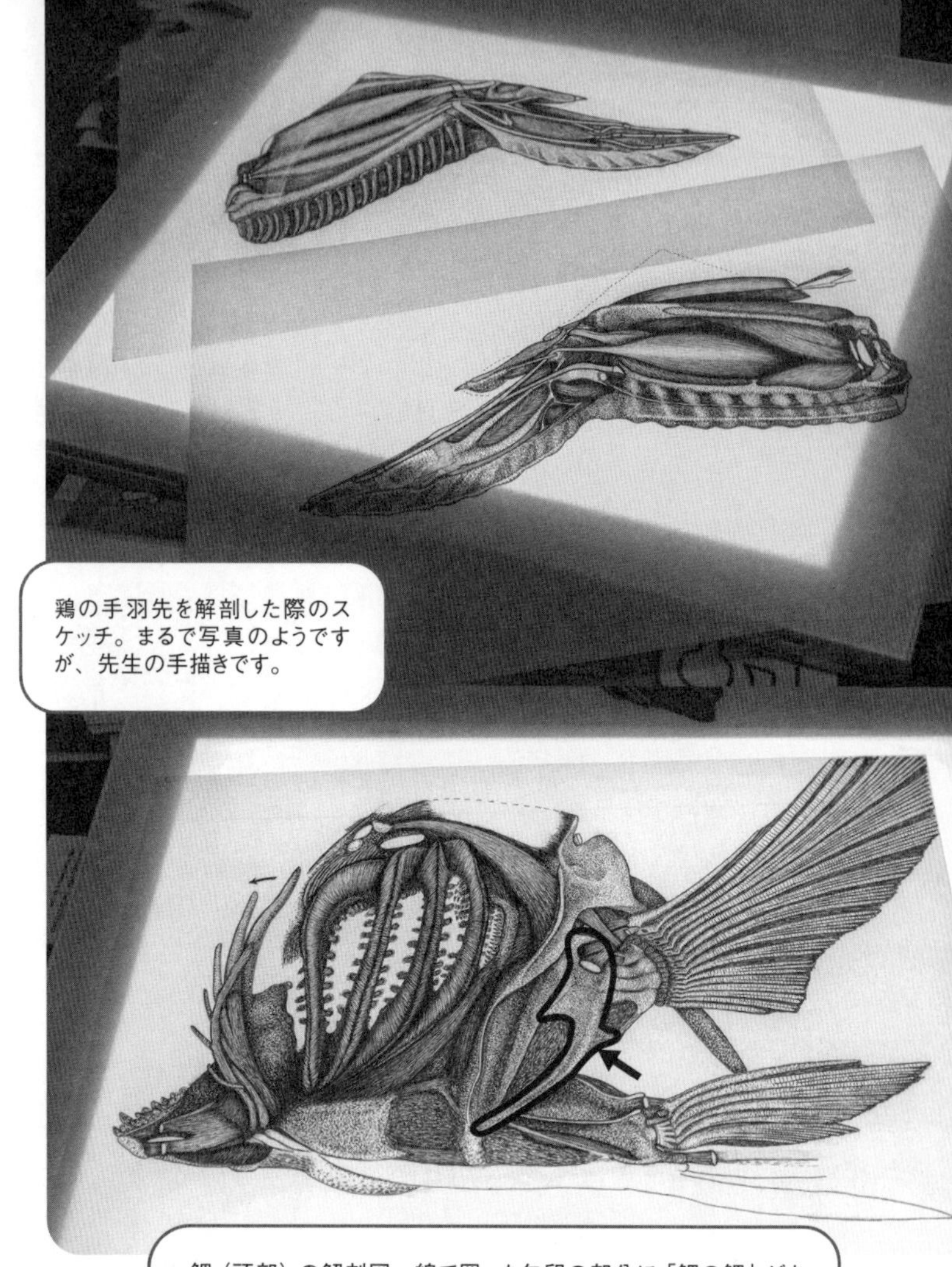

鶏の手羽先を解剖した際のスケッチ。まるで写真のようですが、先生の手描きです。

鯛（頭部）の解剖図。線で囲った矢印の部分に「鯛の鯛」があります。少しずつ解剖を進めていき、段階ごとにスケッチするため、すべての解剖図が完成するまでに1年以上かかったそうです。

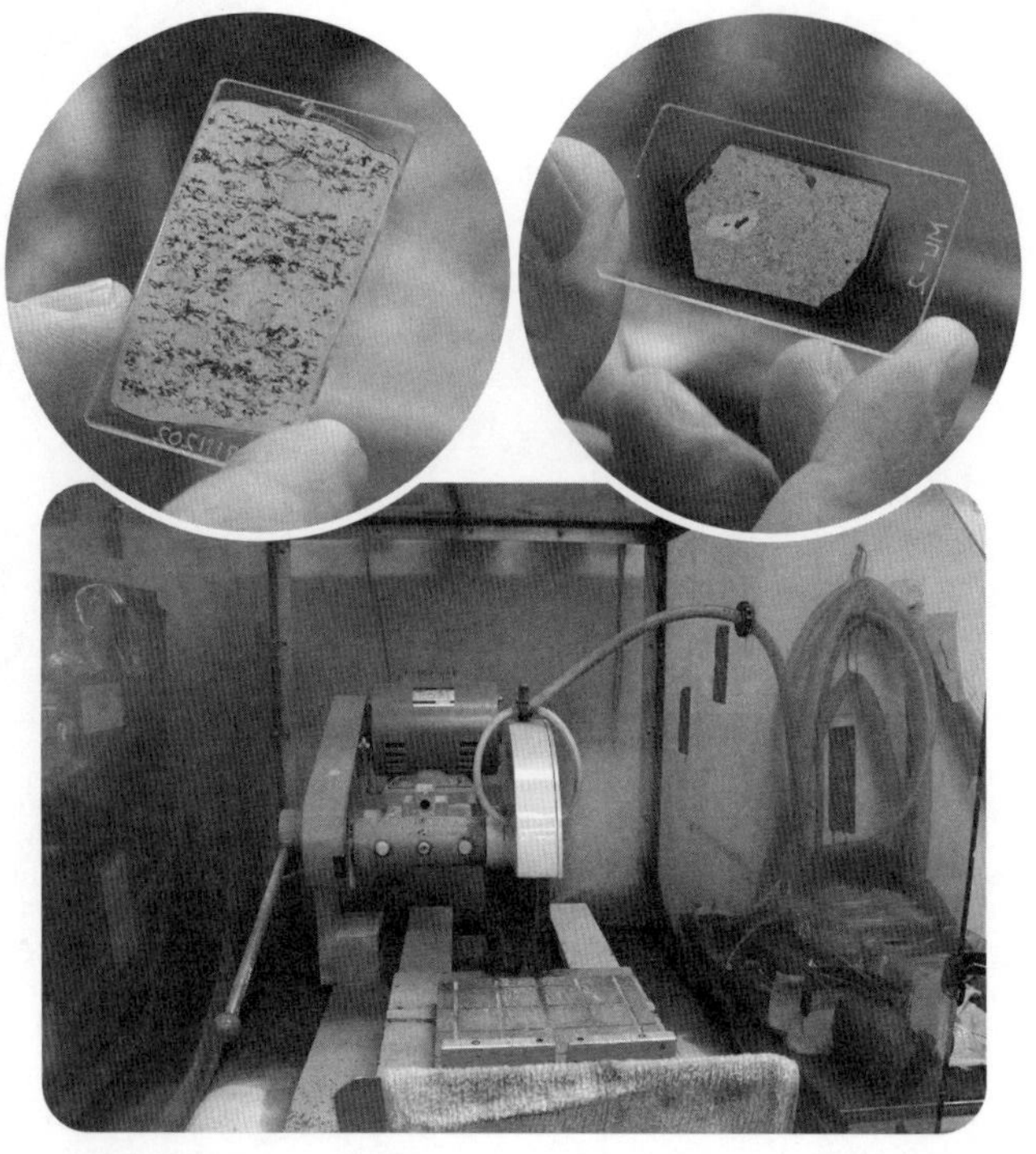

化石や岩石の研究では、サンプルを薄く磨いたプレパラート～地質学の分野では「薄片（はくへん）」といいます～で内部組織を観察します。そのための岩石カッター㊨と石を平らに磨く機械㊤。

樹脂で固めた鯛の内臓を手に、学生や薄片技術職員の方と話しあう松岡先生（右から2番目）。留学生も参加し、和気あいあいとした雰囲気です。

プルを薄く削ってガラスに貼りつけ、顕微鏡で観察できるプレパラートを作ることがあります。松岡先生は「これを応用して、魚の内蔵を丸ごとプレパラートにしようと、様々な樹脂で内臓を硬化する方法を研究しています。成功すれば、世界で初めてだと思います。ほかにもアザラシやオットセイのフンでプレパラートを作り、食べたエサの骨がどのように消化されているかを探っています」と話されます。

そして、「なぜこんなことをするかというと、化石のなかに〝フン〟の化石というものがあるのですが、これをカギに過去の『食うもの―食われるもの』の関係を解き明かしたいのです。そのために消化機構の基礎研究が必要なのです」と松岡先生は笑顔を見せます。

いまにつながる幼いころの体験

そんな松岡先生に、化石に興味を持ったきっかけを伺うと、「昔から古いものが好きでした。私は愛知出身で、農家をしていた祖父の家の畑から弥生時代の土器のかけらが出てきていたので、古いものがとても身近でした。そして、小学生のあるとき、両親が化石の博物館に連れていってくれたんです。開館したばかりだったので、まだ工事中の箇所もあり、そこで発掘途中の化石を見ることができました。いままで本でしか見たことのなかった化石を実際に目にして、化石は本のなかだけの話じゃない、実際に見つけることができるんだと実感したのを覚えています」と話されます。

その後、小学校の先生から化石採集をする理科部地質班があるとすすめられた私立中学校を受験し、中高時代は部の仲間と様々な土地を訪れて化石採集を楽しんだそうです。

「地元に社会人の化石クラブがあり、中高時代はそこにもよく顔を出していました。あるとき、見つけた化石がなにかわからなくて、そのクラブの方々に相談したんです。そうしたら、『横浜国立大学の長谷川善和先生に聞くといい』とアドバイスをいただき、後日引きあわせてくださいました。

長谷川先生は、化石研究においてとても有名な方で、私はせっかくだからと、それまでに見つけていた化石もたくさん持っていきました。すると、これはこの動物のこの部分の骨と、パッと見ただけでどんどん分類なさるんです。その姿がとてもかっこよくて、ぜひ長谷川先生のもと

研究室

大学内の標本室に負けないほど、数多くの化石、骨格標本が並ぶ松岡先生の研究室。専門とする鳥だけでなく、多種多様な動物のものが集められています。

で勉強したいと横浜国立大学に進むことを決めました」（松岡先生）

憧れの人に指導を受け研究者の道に進む

進学したのは横浜国立大学教育学部地学教室（当時）。入学すると、1年生のころから長谷川先生の研究室に通い、ハンマーや削岩機を使って岩のなかから化石を掘り出すクリーニング作業に日々取り組んだといいます。もともと手先が器用だった松岡先生は、大学生のときからこうした作業が得意だったため、どんどん作業を任せてもらい、ときには夜通し実施していたことも……。

「長谷川先生は、数多くの化石を持っていました。そして長い研究生活を通して、現在では採集できないような珍しい化石も大量に蓄積されていたのです。長谷川先生の化石コレクションが詰まった棚は、私にとっては宝箱でしたね（笑）。鳥の化石を研究するようになったのも、長谷川先生の指導が始まりでした。それ以来、鳥を専門にしつつ、ほかの脊椎動物の研究も行っています。

研究者は専門分野を深く研究することも大切ですが、合わせて幅広い知識を持つのが理想だと考えています。長谷川先生がまさにそういう方でした。私はいま大学の研究者という立場ですから、色々な方、例えば化石を発見した一般の方からも、見つけた化石がどういうものかを教えてほしいと問いあわせがきます。

　そのときに、たとえ専門分野のものでなくても、それがなんであるかは答えられる知識を持っておきたいのです。せっかくその方が発見されたものなので、わからないで済ませたくはありません。なんの化石かわかれば、専門の先生を紹介することもできますしね。きちんと研究されることが化石にとっても幸せなことだと思っています」（松岡先生）

珍しい雛の化石 そこから判明したのは

　鳥を専門とする松岡先生に、これまで研究されてきた化石のなかから印象に残っているものを伺うと、「沖縄で発見した約3万年前のオオクイナの雛の化石です」と話されます。これは「雛」であることが大きな意味を持つようで……。

　鳥は親と同じ大きさになるのが早く、大体3カ月ほどだといいます。3カ月経つと巣立ちし、自立して生きていくのです。雛である期間はとても短いため、雛の化石が見つかることはなかなかありません。松岡先生が発見された化石は、そろそろ巣立ちをしようかという時期の雛のもの。大きさはほぼ成体と同じでしたが、詳細に分析すると、骨が成体ほど固くなりきっておらず、雛だと断定できたそうです。そしてこの発見により興味深いことがわかりました。

「雛の化石があるということは、そこに巣があった、その地で繁殖していたということです。しかし、現在オオクイナは沖縄では繁殖していません。東南アジアなどさらに南にある島々で繁殖しており、沖縄には飛んでくるだけです。しかし、約3万年前には沖縄でも繁殖活動が行われていたことが判明しました。

　その時代は、現代よりも地球全体が寒かったので、沖縄も現在より気温が低かったはずです。オオクイナは暖かいところを好む鳥ですから、当時は寒くて沖縄では生息できなかったけれども、いまは温暖化で沖縄でも繁殖できるように北上してきた、ということであれば筋が通りますが、この発見は逆だったので驚きました。理由として考えられるのは人間の存在です。当時はちょうど日本列島に人が多く住むようになった時代です。沖縄にも人間が入り込んだことで生態系が乱れ、オオクイナが繁殖しづらくなって、南方に移動したのではないかと考えています」（松岡先生）

感動が大きい 発掘作業での発見

　1つの化石から、色々なことを探る松岡先生。化石研究の難しさや魅力について「実際に化石が見つからなければ研究できないのが、この分野の難しいところです。例えば、私が新種の恐竜を発見したいと思っても、化石が見つからなければ無理ですからね。しかし、だからこそ発見したときの感動は大きいです。

　じつは一昨年、恐竜の足跡の化石を見つけました。日本で発見されている足跡の化石のほとんどは大きくても30㎝ほどですが、それは60㎝近くあります。大きさにも興奮しましたが、はるか昔に生きていた恐竜の足跡を見ている、それに出会った最初の人間が自分だと思うと、とても感動しました。現在はコロナ禍の影響で作業を中止していますが、情勢が落ち着いたら現場を広く発掘したいと考えています。2歩目、3歩目の化石も見つかるのではないかと期待しています」と話されます。

　そして最後に松岡先生は読者に向けて「実際に体験することを大切にしてください。インターネットや本は情報を集める手段としては有効ですが、あくまでだれかが記した二次的なものです。それで満足せず、実際に色々な経験を積み重ねましょう。

　もし化石研究の分野に興味を持っている人がいたら、博物館などの会員になることをおすすめします。会員向けの講演や講座も行われていると思いますし、なにより同じことに興味を持つ人とのつながりができます。私がこの研究を始めたきっかけも人との出会いでした。みなさんにも人とのつながりや出会いを大切にしてほしいです」とメッセージをくださいました。

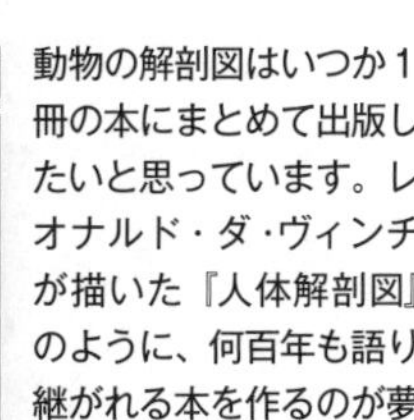

動物の解剖図はいつか1冊の本にまとめて出版したいと思っています。レオナルド・ダ・ヴィンチが描いた『人体解剖図』のように、何百年も語り継がれる本を作るのが夢です。

所在地：京都府京都市左京区吉田本町 京都大学吉田キャンパス
URL：http://www.sci.kyoto-u.ac.jp/ja/research/researcher/hiroshigematsuoka-ea.html

校内予備校
「プロジェクト叡智（えいち）」

麗澤（れいたく）高等学校［共学校］

「恩に報いることのできる人間」を育成するという創立者の思いが脈々と受け継がれている麗澤高等学校。高2からは、生徒の夢を実現させるための特別進学指導体制も始まります。

［入試説明会］要予約

第1回　10月17日(日)14：30～16：00
第2回　10月24日(日)10：00～11：30
第3回　11月21日(日)14：30～16：00

※各回とも説明会終了後、希望者対象に施設見学、個別説明、寮見学・寮説明会があります。日時や内容は変更の可能性がありますので、学校HPをご確認ください。

School Information
Address：千葉県柏市光ヶ丘2-1-1
T E L：04-7173-3700
U R L：https://www.hs.reitaku.jp/
Access：JR常磐線「南柏」バス５分

充実した校内課外講座で学力も教養も高める

麗澤高等学校（以下、麗澤）は、生徒の主体性を大事にしつつ、一人ひとりの可能性を最大限に伸ばすための独自の取り組みを行っています。その1つが、麗澤校内で開講される各種「プロジェクト叡智」講座です。

「プロジェクト叡智」は、高3・3月の国立大学2次試験当日まで開講される校内予備校です。高1段階からイベントや特別講座、高2ではプレ講座も実施しつつ、受験体制を本格始動。計画的、戦略的スケジュールで進められます。国公立大・私立大の文系理系すべてのコースに対応するカリキュラムが年間を通して設定されており、生徒はそれぞれの進路目標にあった講座を効率よく選択することが可能です。

プロジェクト叡智

放課後に校内で実施しているため、生徒の移動時間も短縮され、部活動後に夜8時まで講座があるので、部活動後に校内に完備された食堂で夕食をとってから、講座を受講する生徒も少なくありません。この講座の特徴は、生徒一人ひとりの学習状況に合わせたきめ細かな個別対応です。麗澤が厳選した外部講師と麗澤教員約25名がチームを作り、入試直前まで個別も含め対応していきます。

麗澤出身のチューター（現役大学生）も20名ほどいて、通常カリキュラムとは別に、数学演習や物理演習など、チューターそれぞれの経験を活かしたイベントを自主的に開講し、受験に向かう後輩受験生たちのモチベーションを高めています。

また、クラスごとのオリジナル授業動画を作成・配信するなど、ICTもうまく活用しています。

高1から始まるキャリア・進路支援プログラム

麗澤は3年間を通してコース制を導入しています。高1は、高入生のみで編成する「叡智スーパー特進コース」と「叡智特選コース」、高2・高3は、一貫生と混成の「叡智TK（国立強化）コース」、「叡智SK（私立強化）コース」の2コースに分かれます。

また、「自分（じぶん）プロジェクト」という3年間を通じたキャリア・進学支援プログラムも整備されています。高1は、1年間で高2からのコース選択や科目選択を決めなければならないため、特に初期指導には力を入れています。「自分再発見」をテーマに、OB・OGによる職業別講演会への参加や職業研究などで学びへのモチベーションを高め、そして、三者面談や担任との面談を重ねて、自分の進むべき進路を見つけていきます。

職業別講演会

建学の精神を脈々と受け継ぎ、心の力を育みながら、日本人として国際社会に貢献できる、次世代のリーダーを育成している麗澤高等学校です。

魅力に迫る

東洋大学京北高等学校

■ 東京都　文京区　共学校 ■

高い目標を掲げて頑張る生徒 その思いを受け止める教員

今春、コロナ禍においても国公立大学15名をはじめとする大学合格実績を出した東洋大学京北高等学校。その進路指導、教育環境についてお伝えします。

自主学習に励む東洋大京北生

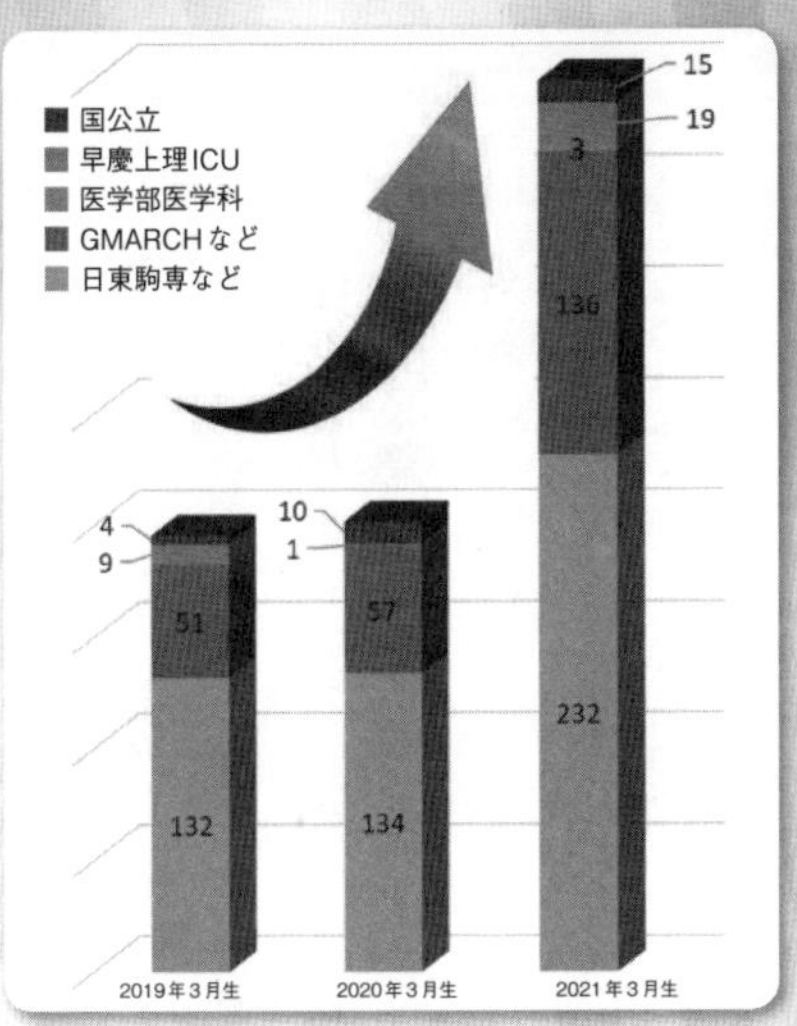

コロナ禍においても夢を諦めず力を発揮

東洋大学京北高等学校（以下、東洋大京北）は、東洋大学（以下、東洋大）の附属校として高大連携教育を実施するとともに、一定の基準を満たすことで同大学に進学できる制度を持っています。しかし「あくまで東洋大進学は選択肢の1つです。東洋大も含め色々な大学について調べ、自分のやりたいことも考えたうえで進学する大学を決めるように指導しています。そのために、高1から学部学科調べや『オープンキャンパスレポート』に取り組みます」と進路指導部長の武田浩哉先生。その言葉通り、2021年春も国公立大学15名、早慶上理・ICU19名をはじめとした実績を出しています。

2020年度は東洋大京北も他校同様、臨時休校から始まりましたが、「学びを止めない」という思いのもと、Zoomなどを活用して授業を実施し、加えて1対1の面談などで精神的なケアに努めました。昨年度、高3生を受け持った永峰博之先生は「生徒は不安な思いを口にするときもありましたが、高2までの努力をムダにはできないと強い気持ちを持って受験勉強に臨んでくれました。その頑張りが結果として表れていると思います」と話されます。

生徒の可能性を広げしっかりと伸ばしていく

「生徒には高い目標を掲げて高校生活を送ってほしいです。幅広く学ぶことが思考力を育て、また生徒の可能性を広げることになります」と武田先生が話されるように、東洋大京北では文理にかかわらず幅広く学べるカリキュラムが編成されています。入学後すぐの全員参加の学習オリエンテーション合宿で、高校の学びについて理解するとともに、大学受験への意識を高めます。

校内には、自習室や職員室前の学習コーナーなど、自主学習に使えるスペースが豊富にあり、さらにチューターが質問に答えてくれるもう1つの自習室も用意。そして放課後の講習や個々に課題を進められるオンライン上のプログラムも活用しながら、しっかりと学力を伸ばせる環境です。

「どの教員も生徒の質問には丁寧に対応するので、理解が不十分な点があれば、その日のうちに質問に行き、解決するよう促しています。3年間はあっという間ですから、朝や放課後の短い時間であっても有効に活用する努力の積み重ねが大切だと伝えています」（永峰先生）

高みをめざす生徒を丁寧にサポートする東洋大京北の教員。「考える力」を培う同校ならではの「哲学教育」も生徒の成長に大きな影響を与えているのでしょう。これからのさらなる飛躍が期待されます。

学校説明会

学校説明会 要予約
10月23日㊏　11月27日㊏
両日とも15:00～16:30

個別相談会 要予約
11月13日㊏ 14:00～17:00
11月20日㊏ 14:00～17:00
12月 4日㊏ 14:00～17:00
12月11日㊏ 13:00～16:00

SCHOOL DATA

所在地　東京都文京区白山2-36-5
アクセス　都営三田線「白山駅」徒歩6分、地下鉄南北線「本駒込駅」徒歩10分、地下鉄丸ノ内線「茗荷谷駅」徒歩17分、地下鉄千代田線「千駄木駅」徒歩19分
TEL　03-3816-6211
URL　https://www.toyo.ac.jp/toyodaikeihoku/hs/

「全員」を「徹底的に」フォローする英語教育

富士見丘高等学校【女子校】

School Information

所在地	東京都渋谷区笹塚3-19-9	TEL	03-3376-1481
アクセス	京王線「笹塚駅」徒歩5分	URL	https://www.fujimigaoka.ac.jp/

富士見丘高等学校は、「国際性豊かな若き淑女」を育成するために、多彩な国際交流プログラムや、慶應義塾大学をはじめとする大学と連携した探究学習など、様々な取り組みを実践している学校です。そのなかから、英語教育について詳しくご紹介します。

手厚い指導によって飛躍する大学合格実績

2019年までスーパーグローバルハイスクール（SGH）の指定を、2020年度からワールドワイドラーニング（WWL）コンソーシアム構築支援事業拠点校の指定を受ける富士見丘高等学校（以下、富士見丘）は、SGH指定期間中に開発し、その後も継続する数々の取り組みや、WWL指定校として導入した新たなプログラムなどを通して、国際社会で活躍できる力を育んでいます。なかでも定評があるのが、「全員参加と徹底的フォロー」をキーワードに展開する英語教育です。

「あるコースのみ手厚く英語の指導を行う学校もありますが、本校はグローバルコース（一般）も、アドバンストコース（英語特進）も、全員同じように4技能を伸ばせる環境を整えていて、だれに対しても徹底的にフォローの手を差し伸べています。その特徴を表現したのがこのキーワードです」と話すのは英語科主任の町田寛未先生です。

このような丁寧な指導により、例年多くの生徒が難関大学に合格しており【表1】、なかには海外の有名大学に進学する生徒もいるといいます。その要因について佐藤一成副教頭先生は、「SGHやWWLの取り組みのなかで培ってきたノウハウが活きていると感じます。SGH指定前から英語教育に力を入れ、色々な国際交流プログラムを用意してきましたが、指定を受けたことで学校全体が1つにまとまり、より高みをめざすようになってきました。

生徒も積極的に様々なことにチャレンジしていて、英語検定上位級取得者も増加の一途をたどっています【表2】。その実績を活用して多数の生徒が総合型選抜で大学合格を果たしているのも特色で、学校推薦型選抜での進学を含めると割合は卒業生全体の7割におよぶ年もあります」と話されます。

【表1】2021年大学入試合格実績（卒業生84名より抜粋）

大学	合格者数
東京外国語大学	2名（0名）
埼玉大学	1名（0名）
東京都立大学	1名（0名）
早稲田大学	2名（1名）
上智大学	13名（6名）
慶應義塾大学	1名（0名）
国際基督教大学	3名（2名）
学習院大学	6名（2名）
明治大学	1名（0名）
青山学院大学	8名（6名）
立教大学	18名（2名）
中央大学	6名（2名）
法政大学	4名（1名）

※（　）内は学校推薦型・総合型選抜合格者

【表2】

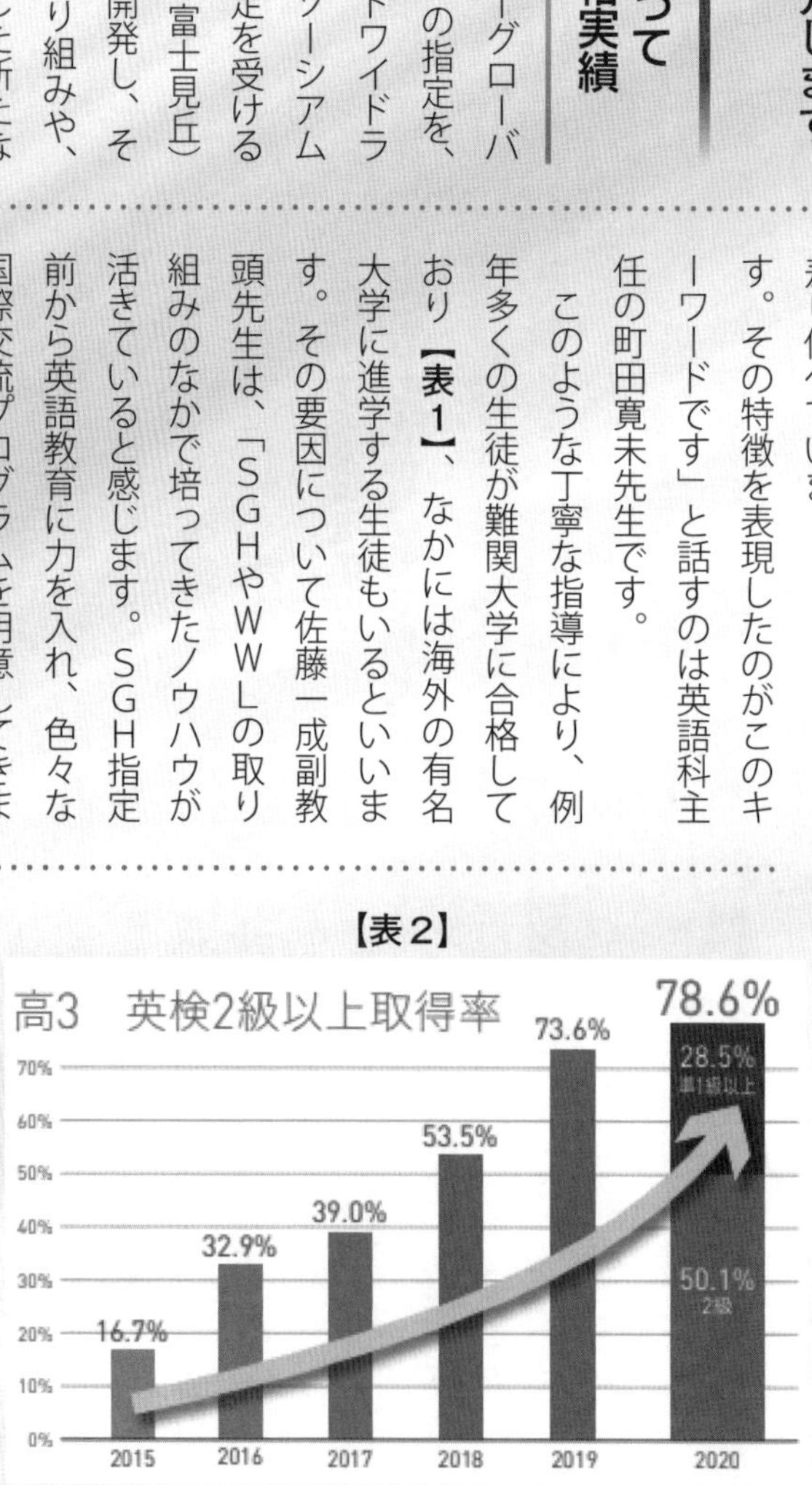

高3　英検2級以上取得率

年度	取得率
2015	16.7%
2016	32.9%
2017	39.0%
2018	53.5%
2019	73.6%
2020	78.6%（準1級以上 28.5%、2級 50.1%）

授業でも宿題でも意識するのは4技能

グローバルコース、アドバンスト

コースともに、高1～高3の3学年すべて英語の授業は週に9時間と豊富に設定されており、アドバンストコースはレベルに応じてさらにコースA、コースB、インターの3分類に分かれます。そしてそれぞれ、日本人教員＋ネイティブスピーカーの教員によるチームティーチング、ネイティブスピーカーの教員のみ、という違いはあるものの、4技能を伸ばすことを意識した授業が展開されています。

「定期試験の内容は共通なので、授業で扱う教科書はインター以外は同じですが、グローバルコースは基礎から丁寧に指導をしていく、アドバンストコースの各クラスは発展的な内容を扱っていく、というように、それぞれが現在持っている力をより伸ばせるような指導を実践しています」（町田先生）

さらに宿題でも4技能を意識しているのが特徴で、その1つにあげられるのが、毎週末取り組む「週末エッセイライティング」です。与えられたテーマに関する英文エッセイを書いて提出↓ネイティブスピーカーの教員と日本人教員が2人で添削↓教員のアドバイスを参考に直して再提出↓再度教員が添削して返却、と毎度2回のやり取りを繰り返すうちに、「書く力」がどんどん鍛えられていきます。

これだけ英語に触れる機会が多いと、「英語が苦手な場合はますます苦手意識を持ってしまうのでは」という心配の声も寄せられるそうですが、「そういった方こそ、ぜひ入学していただきたいです」と町田先生。「ここまで手厚く1人ひとりをフォローする学校はなかなかないと思いますし、たとえ本人が英語の学習に消極的でも、こちらから積極的に声をかけていくので、どんな生徒も英語の力を伸ばせると思います」と続けます。

こうした生徒を徹底的にサポートする姿勢は英語教育だけにとどまらず、各教科の授業、さらには進路指導においてもみられます。

「入学時には成績が伸び悩んでいた教科があったとしても、生徒が希望進路をかなえるための万全の体制を整えているので、毎年多くの生徒が夢をかなえています。勉強以外のことに目を向け、そこで生まれた興味関心がきっかけとなって、学習意欲が高まることもあると思います。本校はそうした意欲が芽生えるような、色々なプログラムも用意しているので、それらもぜひ活用してほしいです」と佐藤副教頭先生が話すように、生徒が夢をかなえる環境が整う富士見丘です。

ここがすごい！ 富士見丘の英語教育

書き直しまでしっかりと エッセイライティング

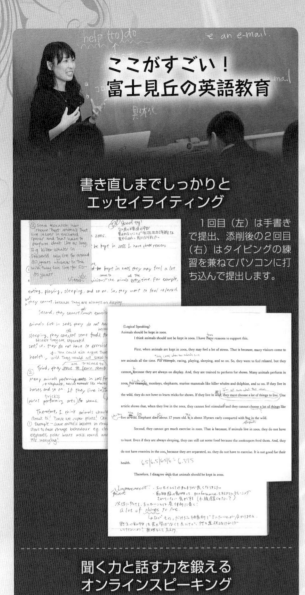

1回目（左）は手書きで提出、添削後の2回目（右）はタイピングの練習を兼ねてパソコンに打ち込んで提出します。

聞く力と話す力を鍛える オンラインスピーキング

高1・高2が週1時間取り組むオンラインスピーキング。自己評価シートを活用して振り返りを行い、そこで気づいた反省点を翌週の授業に活かしています。

学習成果を発揮する 校内英語プレゼンテーションコンテスト

毎年行う英語プレゼンテーションコンテストに向けての準備でも、原稿作成、発音指導、効果的な発表方法など、きめ細かな指導を受けられます。

運動面でも勉強面でも大切な食事にまつわるアドバイス

このコラムを書いている8月中旬はまだまだ暑い日が続いています。みなさんが雑誌を手にとるころも、まだ厳しい暑さが続いているでしょうか？　夏バテなどしていませんか？　それとも少しは涼しくなっているでしょうか？

　さて、先日私は4年間続けた水泳部を引退しました。これまでの選手生活を振り返ると、練習中に頑張るだけではなく、栄養管理にも気をつけていました。

　適切な栄養がきちんと摂れていると、スポーツのパフォーマンスが向上することはもちろん、体力をつけられたり、集中力を高められたりと、勉強やそのほかの活動においても、様々な効果をもたらしてくれるからです。

　今回は、そんな現役時代の体験談をふまえつつ、育ち盛りである読者のみなさんに、食事や栄養について私なりのアドバイスをお届けしたいと思います。

　まず1つ目は、間食についてです。夕方、学校から帰ってきたときや塾の前などに小腹がすくことはよくあるのではないでしょうか。そんなとき、コンビニで買った菓子パンやスナック菓子を大量に食べるのはおすすめできません。食品添加物がたくさん使われている一方で、栄養素となるたんぱく質やビタミン、ミネラルなどはほとんど入っていないものが多く、身体づくりや健康のためにはあまり役に立たないからです。

　その代わりにおすすめなのが、フルーツや、チーズ、ヨーグルトなどの乳製品です。これらのうち普段の食事であまり食べていないものを選んでみましょう。それが不足している栄養素を補うことにもつながります。スポーツなどをしていた運動量の多い人は、おにぎりやうどんなどを食べるのもいいですね。

　栄養素を考えながら食べものを選ぶのは難しいと思いますが、まずは間食からでも、自分で栄養価の高いものを意識してとってみてください。

伝えておきたい朝ごはんの重要性

　次に、朝食についてです。みなさんは毎日朝食をとっていますか？　朝ごはんが頭や身体を動かすために大切だということは、みなさんも一度は聞いたことがあるのではないでしょうか。

　これに加えて、朝ごはんは生活リズムを整えてくれると感じます。私は朝起きるのがあまり得意ではないため、遅刻ギリギリになってしまい朝食をとる時間がない生活が続いたことで、朝お腹がすかなくなり、よりいっそう起床がつらくなるという悪循環におちいってしまった時期がありました。

　そこで朝、お腹がすかなくてもスープやジュースだけでも飲むようにしたところ、目覚めがよくなり、余裕を持って起きられるようになりました。受験期は登校前に2時間ほど勉強する朝型生活がで

私の周りの東大生

薬の開発・研究に携わり 世界中の人を救いたい

薬学部薬学科４年Ｏさん

今回登場するのは薬学部４年生のＯさんです。私と同じ水泳部員として部活動に励みながらも、研究にもきっちり取り組んでいたＯさんに、薬学部の魅力や研究に関する話を聞きました。

Ｏさんが薬学部に入ろうと決めたのは、大学２年生の学部選択直前のことだったそう(※)。もともと理学部で地学を学ぼうと思っていたものの、東大で勉強するうちに生物に興味がわき、化学や生物を幅広く学べる薬学部に進学を決めました。薬学部には４年制のコースと６年制のコースがあり、彼女は薬剤師になるための勉強ができる６年制のコースを選択しています。このように、自分の興味・関心に応じた進路を入学後に選ぶことができるのは東大ならではの魅力だと思います。

研究を「楽しむこと」が大切

薬学の魅力は、医療における「影響力の大きさ」だと話すＯさん。薬の開発や病気の治療法の研究は、成功すると世界中の人を救うことができます。そのスケールの大きさにＯさんは魅力を感じており、現在は東大病院の薬剤部と連携している研究室で、医療技術への貢献をめざした研究を行っています。また、研究室では１日にいくつもの実験をすることも多く、なかには結果が出るまでに何時間も要するものがあるため、スケジュール管理も重要だといいます。始発の電車で大学へ向かい、朝７時からの部活動の朝練前に研究室に行き、前日仕掛けておいた実験サンプルの回収や、新しい実験の仕込みなどをしてから朝練に来ていたこともあって、本当にタフだなと驚きました。

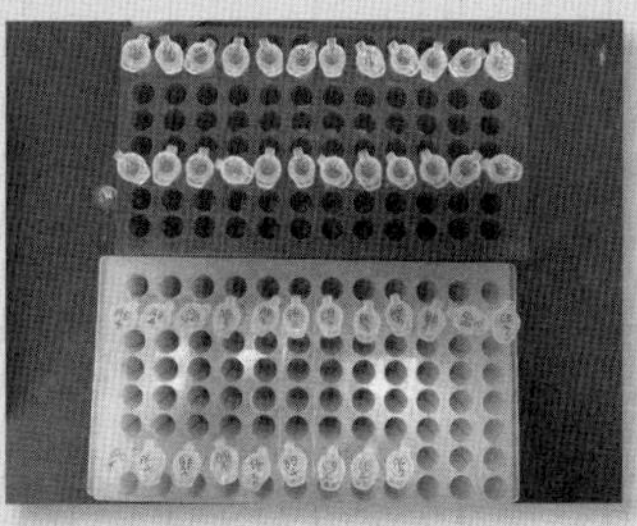
Ｏさんが行っている実験の試料

そんなＯさんに薬学部の学生について聞くと「とにかく自分から動く人が多い」とのこと。「この日までにこれを終わらせるように」というノルマが与えられていなくても、自分で考えて動ける学生が多いのだといいます。その原動力は、実験や研究自体を楽しむこと。長期間継続してコツコツ取り組まないといけないものが多いなかで、自主的に楽しみながら実験や研究を続けられるのはすごいと思いました。今回のインタビューで研究に全力で向きあっている様子を知ることができ、Ｏさんの今後の活躍がますます楽しみになりました。

※東大では１年生、２年生は全員が教養学部で幅広く学び、３年生から各学部に所属するシステムとなっています。

はろくま
東大理科一類から工学部都市工学科都市計画コースへ進学した東大女子。趣味はピアノ演奏とラジオの深夜放送を聴くこと。

きたのも、必ずなにかを口にしていたからかもしれません。

今回は間食と朝ごはんに関して、中高生のみなさんに知っておいてほしいことをあげました。買いものをするときに、一度裏面の成分表示を見てみるのもいい勉強になるでしょう。

スポーツで活躍したいという人だけでなく、集中して勉強したいという人にも今回の内容は役立つので覚えていてくれたら嬉しいです。勉強も部活動も栄養面が大きくかかわるので、まずは意識するところから始めてみてください！

キャンパスデイズ 十人十色

東京工業大学

環境・社会理工学院
建築学系　2年生

大濱（おおはま） 利揮（りき）さん

家族の影響もあり建築学の道へ 大学院までを見据えて深く学ぶ

Q 東京工業大学（以下、東工大）を志望した理由を教えてください。

祖父が東工大出身で、「いい大学だよ」という話を聞いていたのが大きな理由です。加えて、自宅からも30分程度で通えること、理系に特化した国立大学として国内トップレベルであることなども魅力的だと感じました。

また、受験の方式が自分に合っていたことも理由の1つです。私は数学が得意な一方、国語は少し苦手だったので、数学の配点が高く、国語を二次試験では使用しないという東工大の入試方式なら力を発揮しやすいと考えました。

専門性を高められる独自のシステム

Q 東工大の持つ学院・系の仕組みとはどんなものですか？

東工大は大学院進学率が高いことで知られており、約9割の学生が大学院へ進みます。そのため、大学院の2年間を含めた6年間で効率よく学ぶために整えられているのが、現在の学院・系のシステムです。私が所属する「環境・社会理工学院」のほか5つの学院があり、それぞれに対応する系が分野ごとに用意されています。

1年生は、各学院が混ざった「ユニット」という13人〜14人のグループごとに講義を受けます。基本的には必修の講義がほぼ決まっていて、文系の教養科目などは、いくつか用意されているなかから興味のある内容を選べる選択必修の形です。

その後、2年生に進級するタイミングで系を選び、より専門的な学びを進めていきます。そこで自分の所属していない学院の系を選ぶこともできますが、一定以上の成績を収めている必要があります。

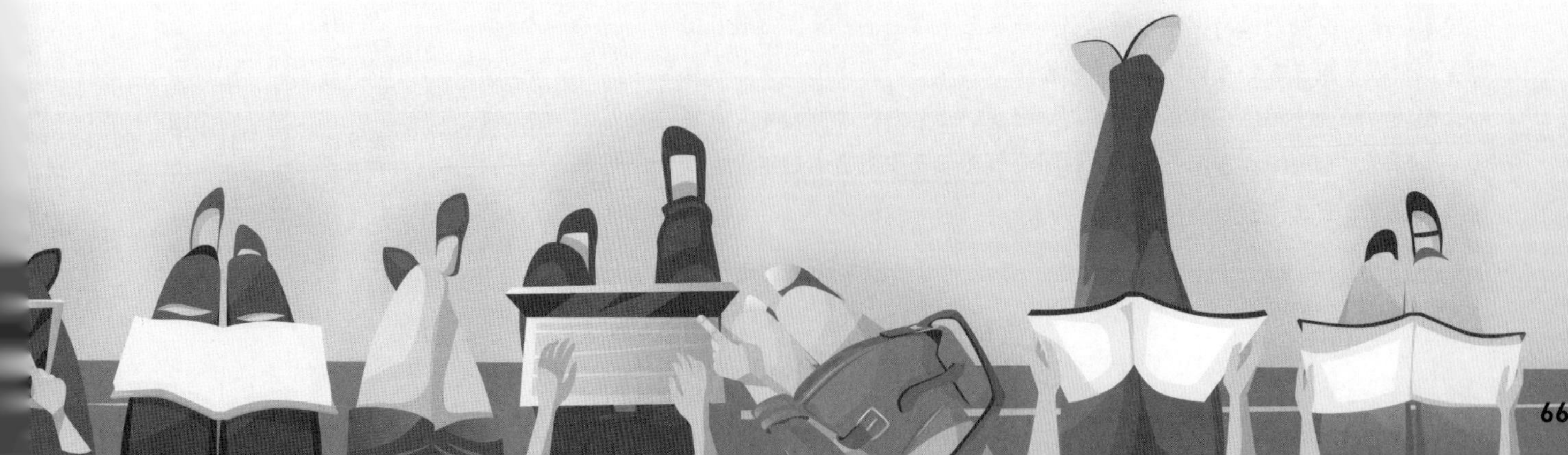

大学院課程にあたる5年目以降は、卒業後の目標に合わせてさらに細分化されたコースに所属します。大学院での研究を見据えて深く学べるシステムになっているので、やりたいことが決まっている人にはおすすめの大学です。

Q 現在所属している系について教えてください。

2年生になった今年から、建築学系に所属して学んでいます。建築を学ぼうと思ったきっかけは、高校生のときに自分の作品を兄に褒められたことです。美術の授業内で作ったポスターを見て、兄に「発想やセンスを活かせる建築の分野に進むといいのでは」と言われたことから興味を持ちました。

現在は、建築製図（建物を図面で表したもの）の描き方など、基礎的なことを勉強しています。今後さらに専門的な内容を履修し、都市開発について学ぶコースに進む予定です。

Q 印象に残っている講義はありますか？

建築学系ならではの講義として、「造形演習」があげられます。建築を学ぶ学部・学科では受験時にデッサンの試験を課す大学もあるほど、絵を描く力は重要とされているんです。

東工大では絵を描かせる試験をしない分、入学してから描き方を学ぶ機会があります。この「造形演習」では、美術大学から講師を招いて、遠近法に関する知識や、影のつけ方などを学習します。

こうした知識を活かして今年挑戦した、別荘についての講義も印象に残っています。別荘を建てる土地を実在する場所から選定して、その土地の法律や傾斜などを考慮したうえで、設計図を完成させるというものです。

私は、以前家族旅行で訪れたことがある山梨県の清里というところを選び、斜面に建てる想定で設計図を作りました。建物の形だけでなく、そこでの過ごし方まで考えて設計することが求められるため、周囲の自然を見て楽しめるよう窓の位置を調整するなど工夫をしました。そのほか、建物の柱の太さなど細部まで決める必要があります。

製作は2カ月ほどと短い期間で、色々なことを考えながら製図するのは大変でしたが、いい経験になったと思います。

Q 読者にメッセージをお願いします。

中高時代は様々なことを楽しみつつ、勉強とどう両立していくかを考えてほしいと思います。ぼんやりとしているとあっという間に時間が過ぎ去ってしまうので、自分が将来なにをやりたいか具体的に考えながら、充実した日々を過ごしてください。

TOPICS

やるべきことを書き出し計画的に進めよう

大学ではサッカー部に所属して活動しており、週5日ほど練習があります。建築学系に所属してからは専門的な学習も多く、時間をかけなければならない課題も増えたため、勉強と部活動の両立はかなり大変です。部活動で朝練がある日は、練習が終わってから講義までの時間で課題をこなすなど、工夫して進めています。

中学生のみなさんにもおすすめなのは、まず「やるべきことを書き出してみる」ことです。そして、それぞれにかかる時間や優先順位を考えてみましょう。定期テストや受験に向けた勉強をするときはとくに、当日から逆算して、やらなければならないことを可視化して整理するのが大切です。

高校時代をともに過ごした友人との1枚。仲のよさがこちらにも伝わってきます

大濱さんが作成した別荘の模型。専門的な知識が必要なため、友人たちと情報共有しながら進めたそう

中高時代から続けているサッカー部での活動は、仲間とともに切磋琢磨できてやりがいを感じるといいます

現役東大生に聞きました

母校の魅力 早稲アカ大学受験部の魅力

開成高編

高校受験で一番大変だったことは？　実際に入学して驚いたことはある？
大学受験に向けてはどうやって勉強したの？
気になるあれこれを、先輩に教えてもらいましょう！
早稲田アカデミー大学受験部で学び、東京大学へ進学した田村洋大さんに、
卒業生だから知る開成高の魅力と、高校受験・大学受験の経験を
振り返っていただきました。

田村 洋大（たむら ようた）さん

東京大学　文科一類　1年
開成高等学校　卒業

「最高峰に挑みたい」海外からの開成高受験

ぼくは中学1年生から3年生までベトナムで暮らしていました。開成高を第一志望校に決めたのは、中学3年生になる直前の春休みです。現地の塾や日本人学校の先生に日本の高校のことを教えてもらうなかで開成高のことを知り、憧れを抱くようになったんです。どうせ受験するなら〝日本一〟といわれる高校に挑みたい。そう考えて、開成高を第一志望校に決めました。

海外での受験生活は不安では？と思うかもしれませんが、メリットもあります。例えば、海外生活で培った英語力は、入試でも大きな武器となりました。また、周囲の様子に惑わされることなく自分のペースで学習に打ち込める点も、ぼくには合っていたと思います。日ごろは早稲田アカデミーからテキストなどを送ってもらい、それを使いながら学習していました。

入試直前の冬休みに受講した冬期講習会や正月特訓では開成高を目指すライバルたちの気迫に大きな刺激を受けました。遠い距離を隔てて、届くかどうかわからない高い目標に挑戦した高校受験。合格したときは、「あの開成高に自分が受かったんだ！」と、本当にうれしかったです。

高1春からの通塾が大きなアドバンテージに

開成高への入学前、中学3年生の春休みに早稲アカ大学受験部の春期講習会に参加し、そのまま入塾しました。春期講習会で高校の学習を先取りし、「これから勉強していくことは、中学までとは少し違うんだな」と実感できたことが、ぼくにとっては大きなアドバンテージになったと思います。

入学前からある程度想像していましたが、開成高の学びは想像以上にハイスピードでハイレベルでした。高校1年生の間は中学入試で入学した生徒と別のクラスで学習します。その理由は、カリキュラムの進度が大きく違うからです。先に進んでいる中学入学組に追い

つくため、特に高校1年生の数学は驚くほど速く進みます。それに何とか食らいついていけたのは、大学受験部に通っていたからだと思います。

また、開成高の場合、同級生の多くが東大を目指すうえでのライバルになります。校内模試で自分の順位を知ることで、大学受験に向けた意識が高まりました。一方で、開成高ではいわゆる「大学受験対策」のための授業は行われません。授業は、〝教養〟を身に付けるためのもの。だから、例えば文系であっても理科二科目は必修です。大学生になった今、高校生のうちに幅広い分野の素地を学べたことがとてもありがたかったな、と感じるようになりました。

高校1年生から大学受験部に通って基礎力をじっくり高められたおかげで、3年生からは大学入試に向けた実戦的な演習に集中して取り組むことができました。苦手科目の克服や精神面のフォローも含めて、大学受験部の先生方には本当にお世話になりました。

昼休みに突然先輩が⁉ 開成高のもう一つの魅力

入学後のある日の昼休み、突然教室に先輩方が〝乱入〟してきました。高校3年生の応援団の方々で、毎年恒例の筑波大附属高とのボートレースに向けた校歌と応援歌の指導にやってきたのです。許される返事は「オウ!」のみで、とにかく、めちゃくちゃ怖い……!「開成=超進学校」というイメージだったので、思い掛けない〝体育会系〟な雰囲気にすごく驚きました。でもその一方で、学ランの袖をまくって真剣に指導してくれる先輩の姿を「かっこいい!」と思ったんです。「質実剛健」という開成の校風を肌で感じた瞬間でした。

ボートレースや運動会などの開成高の行事は、そのほとんどを生徒がつくり上げています。ぼくも高校3年生のときには応援団長を務めました。応援団、委員会、競技など、関わり方はさまざまですが、誰もがそれぞれの立場から全力を尽くします。一緒に壁を越えていく経験を通して、開成高生は自分の役割を知り、居場所をつくり、最高の仲間になっていくんだと思います。

開成高は進学校です。でも、「大学受験のための高校」ではないし、開成高であっても全員が東大に合格できるわけでもありません。早くから目標を決めて学校の授業に真剣に取り組んだこと、大学受験部で着実に力を伸ばしていったことが、「東大合格」のポイントだったと思います。尊敬し合える優秀な仲間と、楽しみながら一緒に成長できた開成高での日々は、ぼくにとっての宝物です。

高校受験生へのメッセージ

高校受験の直前、早稲田アカの先生に「自分のピークをコントロールすることが大事だよ」と教えていただきました。入試の時期には、何校もの試験が続きます。自分でペースを調整し、第一志望校の入試日に照準を合わせて気力、体力、そして学力の最高地点をつくっていくのがとても大切だと思います。

ぼくが応援団員の先輩方に驚いたように、皆さんも高校に進学してから思ってもみなかった経験をするかもしれません。そんなときは、ぜひ積極的に挑戦してみてほしいです。はじめは戸惑うかもしれないけれど、やってみることで実感できる価値が必ずあると思うからです。充実した高校生活を送るためにも、第一志望校合格に向けて頑張ってください!

早稲田アカデミー 大学受験部

【学び続けるLEARNERSを育てる】

品川翔英(しながわしょうえい)高等学校【共学校】

㊤多様な学びの場が用意されています。ICTも有効活用㊦学年担任団から自分に合った教員をメンターとして選ぶことができる「メンター制」

昨春の共学化以降、新しく掲げている教育内容に大きな注目が集まっている品川翔英高等学校。その教育内容に迫りました。

2020年4月、女子校から男女共学校となり、校名も変更して新たなスタートを切った品川翔英高等学校(以下、品川翔英)。「品川翔英」という校名には、「品川から世界へ、未来へ、英知が飛翔する」という意味が込められています。

校訓「自主・創造・貢献」のもとに、これまでいくつもの学校で教育改革を手がけてきた柴田哲彦校長先生が先頭に立ち、「学び続けるLEARNERS(学習者)を育てる」ことを教育目標に掲げています。

LEARNERSとは「あらゆることを自分ごととして捉え、自分を律しながら、そして愉しみながら行動できる人で、同時に、他人の意見に耳を傾け、他人と協働しながら、批判的な思考力を持って新たな価値を創り出し、社会に貢献するよう尽力できる人」のことだと品川翔英は定義しています。

そのLEARNERSを育てるために、卒業時に身につけてほしい力として「品川DP7」(愉しむ力、主体性、自律性、協働性、批判的思考力、創造力、貢献力)を設定。

2022年度から導入予定の「品川翔英ゼミ」や、ICTを活用した個別最適化学習、学年担任制・メンター制などの品川翔英独自の取り組みでこうした力を育てていきます。

「品川翔英ゼミ」で生徒個々に最適化した学びを

「生徒が自由に進路を選択できるようにする」(柴田校長先生)ことを目的に、高1から卒業必修単位(74単位)を優先的に学ぶことで、高2、高3次に自由に選択できる授業を多く設けます。これが「品川翔英ゼミ」です。生徒が希望する大学進学に必要な講座だったり、興味・関心を持つ分野の講座だったりと、その内容は多岐にわたります。

「こうしたカリキュラム設定により、生徒が本当に学びたいことを学ぶことができます。そうすれば、おのずと学力も伸びていくことでしょう」と柴田校長先生は「品川翔英ゼミ」の狙いを説明されます。

また、品川翔英には、生徒の希望進路に応じた3つのコースが設定されています。

「理数選抜コース」は、科学で世界に貢献できる人を育てるコース。「国際教養コース」は、英語の授業をオールイングリッシュで行うなど、グローバル教育により力が入れられているコース。そして、「進学コース」と「総合進学コース」は「特別進学コース」に分かれており、文系・理系を問わず1人ひとりの興味関心を大切にして大学進学をサポートするコースです。どのコースでも前述の「品川翔英ゼミ」があり、理数選抜コースの生徒が英語をさらに学びたい、国際教養コースの生徒がもっと理数系の力をつけておきたい、といった希望にも応じることができるのも特徴です。

「本校では、生徒たちがいつの間にか思い込んでいるさまざまな面での心理的限界点を解除して、いろいろな成功体験を味わうことができるように環境を整えて、みなさんをお待ちしています。私たちといっしょに、大きく羽ばたいてみませんか」(柴田校長先生)

Event Information

学校説明会〈要予約〉
9月19日㊐、10月16日㊏、10月30日㊏、11月 6日㊏、11月20日㊏、11月27日㊏、12月 4日㊏ すべて14:00〜

個別相談
11月21日㊐、11月28日㊐、12月5日㊐、12月11日㊏ すべて9:00〜

文化祭
10月2日㊏、10月3日㊐ ともに9:00〜

School Information

所在地:東京都品川区西大井1-6-13
アクセス:JR横須賀線・湘南新宿ライン・相鉄線「西大井」徒歩6分、JR京浜東北線・東急大井町線・りんかい線「大井町」徒歩12分
TEL:03-3774-1151
URL:https://www.shinagawa-shouei.ac.jp/highschool/

圧倒的な基礎学力を身につけ、母語の運用能力を高め、セカイに通用する「英語力」と「第二外国語」教育を行う

神田女学園高等学校

かんだじょがくえん

女子校

「エイゴ」が当たり前の時代がくるまでに、高い英語力と第二外国語を習得することは、社会にでたときの大きなアドバンテージになります。母語で考え、英語で伝え、相手の言語で理解しあえる……そんな力を身につけることができる革新的女子教育校です。そして「ジブン」の「ドラマ」を「デザイン」できる主体的な学校生活が「アナタ」を待っています。

〒101-0064　東京都千代田区神田猿楽町2-3-6
tel.03-6383-3751　fax.03-3233-1890　https://www.kandajogakuen.ed.jp/

「水道橋駅」徒歩5分（JR総武線／都営三田線）「神保町駅」徒歩5分（地下鉄半蔵門線／都営三田線・新宿線）
「御茶ノ水駅」徒歩10分（JR中央線／地下鉄丸ノ内線）「新御茶ノ水駅」徒歩12分（地下鉄千代田線）
「九段下駅」徒歩12分（地下鉄東西線）「後楽園駅」徒歩12分（地下鉄丸ノ内線・南北線）

「多言語教育」で身につく本物のコミュニケーション力

神田女学園高等学校（以下、神田女学園）では、多言語教育として、母語＋英語＋第二外国語の三か国語を学んでいます。「これは、英語が当たり前の時代になったときでも、母語で考えて英語で伝える力をつけてほしいという思いからです。これからは、英語を話すだけでなく、英語で伝える力が求められ、そのためには母語の力が欠かせません。まず、圧倒的な基礎学力を身につけたうえで、CEFR C1の運用能力（英検1級程度）をめざします。ネイティブとバイリンガル教員が20名以上もいる教育環境で、自然と英語力を高めていきます。そして、英語で伝えるだけでなく、相手の言語でもコミュニケーションができれば、本当の相互理解につながります」と語るのは校長の宗像諭先生です。第二外国語は韓国語・中国語・フランス語・日本語（帰国生対象）の中から、1言語を選び、3年間の学びで、日常会話には不自由しない程度まで、活用できるようになります。

宗像 諭（むなかた さとし）校長先生

生徒主体の行事で充実した学校生活を創り上げる

神田女学園では、女子教育という環境を活かして、学校生活に主体的にかかわり、意欲的に行動することを大切にしています。「神田女学園は、アナタの学校である」というコンセプトに基づき、生徒にとって一番よい生活環境を生徒自らが考え、創り上げています。生徒会や生徒が主体となり、学校生活の多くのことが改善されました。たとえば「KANDA三大マツリ」をはじめとするたくさんの学校行事にも主体的に参加し、行動することで、充実した学校生活をおくれるようになりました。

「ジョシ」だからこそ挑戦できるコース・クラス設定

「ジブン」の「ドラマ」を「デザイン」できるコース・クラス設定は、中長期留学をめざす「ロングステイプログラムクラス」や海外現地校を卒業する「ダブルディプロマプログラムクラス」、国公立難関大学進学をめざす「フューチャーデザインクラス」、充実した学校生活で夢の実現をめざす「ディプロマクラス」など、学校生活や学力向上をサポートするコースがメインとなり「ジブン」の「ドラマ」を創り上げます。

さらに次世代での活躍が期待される「ジョシ」だからこそ挑戦してほしいコース・クラスも充実。その1つが高度医療社会を想定し、「真の医療人」「国際医療人」を目標とする「メディカルテクノロジークラス」です。医学部や看護学部をはじめ、医療技師や医療従事者、研究者として活躍したいという夢をかなえることができるクラスです。そして、真のグローバル人材になるために多言語を扱う「ランゲージアーツクラス」も開講。第二外国語を2つ学ぶことで、トリリンガルを超えた「マルチリンガル」な「ジブン」になることができるクラスです。

生徒の夢の実現のため、多様なコース・クラスを設定し、「革新的女子教育校」としてさらなる注目を集める神田女学園高等学校です。

■学校説明会・公開行事

※要予約（文化祭は予約不要）

9月18日 土	14:00～	高校体験会
9月25日 土	14:00～	高校体験会
10月2･3日 土 日	9:00～	文化祭（姫竹祭）
10月 9日 土	14:00～	教育内容説明会
10月16日 土	14:00～	教育内容説明会
10月23日 土	14:00～	教育内容説明会
11月 7日 日	10:00～	教育内容説明会
11月13日 土	14:00～	個別相談会
11月20日 土	10:00～	授業見学会
11月27日 土	14:00～	教育内容説明会
12月 4日 土	13:30～	個別相談会
12月19日 日	10:00～	出題傾向説明会
1月 8日 土	14:00～	出題傾向説明会

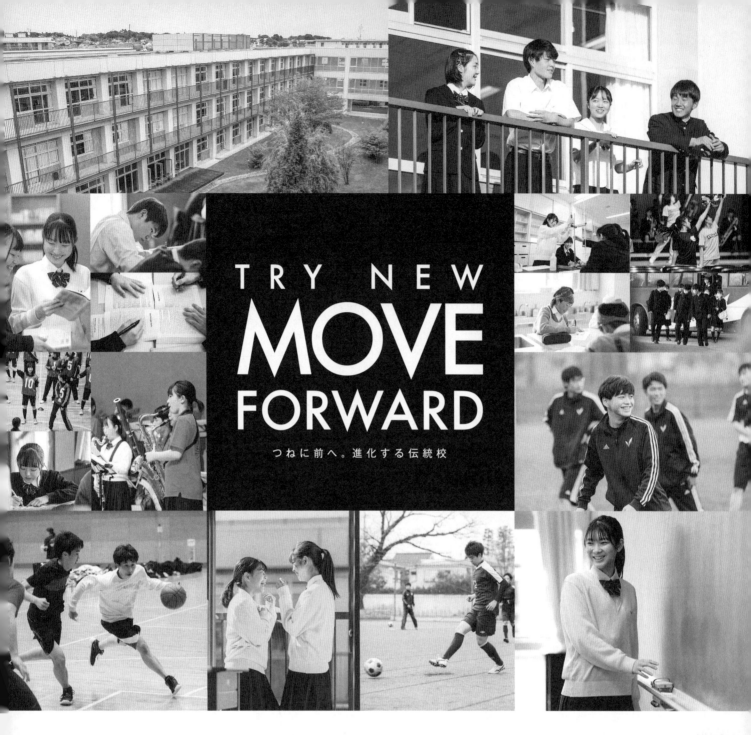

TRY NEW

MOVE FORWARD

つねに前へ。進化する伝統校

高等学校

学校説明会

予約（予定）

〈第1回〉 **9/11**［土］ 14:00-15:20

〈第2・3回〉 **10/23**［土］ 10:00-11:50 / 14:00-15:50

〈第4・5回〉 **11/20**［土］ 10:30-11:50 / 14:00-15:20

中高同時開催

中高施設見学会 10:00-12:30/13:30-16:00

要予約

〈第5回〉 **12/25**［土］

紫紺祭（文化祭）

予約（予定） **9/25**［土］ 10:00-16:00　**9/26**［日］ 9:30-15:30

※要予約 予約(予定)の場合、申込方法はホームページをご覧ください。
※ご来校の際は、上履き・靴袋をご持参ください。

スクールバス発着駅

京王線「調布」駅より 約**20**分
「飛田給」駅より 約**10**分
（渋滞回避のため、朝7:30〜8:15は飛田給駅を利用）

JR中央線「三鷹」駅より 約**25**分
JR南武線「矢野口」駅より 約**25**分

※本校では、原則としてスクールバスを利用して通学します。

※新型コロナウイルスの影響による日程変更の可能性がありますので、直前に本校ホームページでご確認ください。

明治大学付属
明治高等学校・明治中学校

〒182-0033 東京都調布市富士見町4-23-25
TEL.042-444-9100（代表） FAX.042-498-7800

https://www.meiji.ac.jp/ko_chu/

真の文武両道を追求しよう!
2021年度・大学合格者数
国公立大学　90名　早慶上理　52名
医歯薬看護系　74名　G-MARCH 168名
（医学部医学科）（10名）
至誠館
全国大会から県大会出場まで各部活が活躍
全国大会出場！ 女子バレーボール部・水泳部（中・高）・吹奏楽部（中・高）
HIP HOP部・パワーリフティング部・スキー部
県大会出場！ 男子バスケットボール部・男子バレーボール部
男子テニス部・囲碁将棋部・男子ソフトボール部
女子ソフトボール部・競技かるた部・柔道部
野球部・女子バドミントン部

学校説明会【生徒による説明会】（登録制）

＊登録はHPにてご案内します。

9月26日（日）10:00～11:30
10月10日（日）10:00～11:30
10月30日（土）10:00～11:30

個別相談会（完全予約制）

＊予約受付はHPにてご案内します。

10月17日（日）　10月24日（日）
11月14日（日）　11月21日（日）
11月28日（日）　12月12日（日）
12月19日（日）

（全日程 9:00～12:00、13:00～15:00）

ナイト説明会（登録制）

＊登録はHPにてご案内します。

9月17日（金）19:00～20:00
会場：越谷コミュニティセンター
（新越谷駅、南越谷駅より徒歩3分）

2022年度 入試日程

第1回 1月22日（土）　第2回 1月24日（月）　第3回 2月 1日（火）

新型コロナウイルス感染拡大の状況に応じて、各説明会・相談会実施日の2週間前を目安に、実施の有無を判断し、ホームページに掲載いたします。最新情報をホームページでご確認のうえ、お越しください。

春日部共栄高等学校

〒344-0037 埼玉県春日部市上大増新田213　TEL.048-737-7611
東武スカイツリーライン／東武アーバンパークライン 春日部駅西口からスクールバス7分
https://www.k-kyoei.ed.jp

Challenge × Creation × Contribution

2022 年
新3コース制
スタート!

先進文理コース・文理コース・インターナショナルコース

■ 説明会・行事

9月18日㊏ 14:00	第1回学校説明会	9月25日㊏・26日㊐	夢工祭 学校説明会・個別相談会
10月16日㊏ 14:00	第2回学校説明会	10月29日㊎ 10:00	体育祭 進学相談コーナー（雨天順延）
11月6日㊏ 13:00	第3回学校説明会	11月23日㊗㊋ 13:00	部活動体験会・ミニ学校説明会
11月27日㊏ 14:00	第4回学校説明会	12月4日㊏ 14:00	第5回学校説明会

全て予約制となっています。公式 web サイトよりご予約下さい。

■ ICT教育

生徒一人一人が BYOD で PC を所持し、プロジェクト中心の授業を展開しています。図書館には 3D プリンタを設置した「Fab スペース」もあり、さまざまに活用しています。

■ グローバル教育

3か月留学、夏期短期研修、グローバルプロジェクト、MoGなど多彩な海外研修をラインナップ。国際的な私立学校連盟の「Round Square」にも加盟しており、世界中の学校と積極的に交流を行っています。

■ 高大連携教育

工学院大学八王子キャンパスに隣接しており、大学施設の供用や大学の先生による授業、探究論文の指導、大学ソーラーカーチームとの協働など、大学との連携が広がっています。

■ 高大接続型入試

工学院大学には本校生徒を対象とした高大接続型入試があります。この入試で工学院大学に合格後に他の大学をチャレンジすることも可能です。また本校生徒を対象とした指定校制度もあります。

スクールバス：八王子駅・南大沢駅・北野駅・拝島駅　　無料シャトルバス：新宿駅西口

工学院大学附属高等学校
SENIOR HIGH SCHOOL OF KOGAKUIN UNIVERSITY

〒192-8622　東京都八王子市中野町 2647-2
Tel：042-628-4914　Fax：042-623-1376
E-mail：nyushi@js.kogakuin.ac.jp

ちょっと得する

読むサプリメント

ここからは、勉強に疲れた脳に、ちょっとひと休みしてもらうサプリメントのページです。
ですから、勉強の合間にリラックスして読んでほしい。
このページの内容が頭の片隅に残っていれば、もしかすると時事問題や、
数学・理科の考え方で、ヒントになるかもしれません。

参考記事
読売新聞8月12日（木）夕刊
NHK NEWSWEB
https://www3.nhk.or.jp/news/html/20210618/k10013092141000.html

マレーシアで発売予定の「あずきバー」（写真提供：井村屋グループ）

海外でも人気の「和風」アイス

暑い日が続くと、ついついアイスクリーム（アイス）に手が伸びる機会が増えるという方も多いと思います。日本のアイスは海外でも人気で、とくに2020年からは海外でもコロナ禍で自宅にいる時間が増えたことによる「巣ごもり需要」からアイスの売り上げも増加。2021年1月～6月までの輸出額は32億1322万円と最高額を記録しました。

2013年に「和食」が国連教育・科学・文化機関（ユネスコ）の無形文化遺産に登録されたこともあり、日本の食文化が感じられるような商品はとくに人気です。日本でもおなじみの「雪見だいふく」（株式会社ロッテ）は「YUKIMI」としてタイやベトナムなど20カ国で、「あずきバー」「やわもちアイス」（いずれも井村屋株式会社）はアメリカや台湾でも販売されています。

アイス輸出量は今後さらに増える見込みで、その理由の1つに輸出入の壁が低くなりつつあることがあげられます。現在、日本から輸出したアイスが海外で販売される場合、輸送費や関税が上乗せされて日本の倍近い値段になることがほとんど。しかし、「環太平洋経済連携協定（TPP）」など各国間で結ばれる貿易協定には関税の引き下げや撤廃が盛り込まれており、それぞれ段階的に実施される予定です。

現地の風土に合わせた生産もスタート

輸出するだけでなく海外で現地生産する動きもあります。前述の「あずきバー」は、マレーシアで現地生産した商品の販売が今年の秋から始まる予定です。人口の半数以上がイスラム教徒であることからハラル認証（※）取得の原材料を使用する、現地の好みに合わせて甘さを控えめにするなど、工夫が施されています。マレーシアをはじめ東南アジアなどの温暖な地域ではアイスの需要が高いとされ、今後さらなる展開が期待されています。

※イスラム教において合法の食品であると承認を受けること

The most Advanced Sciences Navigation 018

マナビー先生の

最先端科学ナビ

FILE No.018

ドローン物流

開会式で人々を驚かせた 進んでいるドローンの技術

「東京オリンピック２０２０」が幕を閉じた。その開会式をテレビで見ていた人、いるかな。開会式ですごいなと思ったのがドローンを使ったパフォーマンスだ。過去の大会でもドローンを使ったパフォーマンスはあったけれど、１８２４機ものドローンが、まるで意思を持っているように動くのはすごかった。あれだけの数のドローンをコントロールしてオリンピックエンブレムから地球の姿に変えていった映像が、いまでもまぶたの裏に浮かぶよ。

ドローン技術が進んでいることが改めてわかったわけだけど、今回はドローンを使った輸送と配達の話だ。

いまコロナ禍の影響で多くの人が商品を自宅まで届けてもらっている。例えば自転車に乗って黒い箱型バッグをかついだ人をよく見かけるけど、あれはおもに食事の宅配サービスだ。コロナ禍が収まっても、このような配達サービスはこのまま文化となり、定着するともいわれている。

問題もある。いま物流を支える人手はかなり不足していて、人手だけに頼った配送サービスはすでに限界に近いところまできているんだ。

配送を支えるＩＴ技術を見てみると、ソフトウェアや※ＩｏＴ技術は色々と進んできたけれど、問題なのは最後の最後の宅配部分だ。この部分はどうしても人の力に頼っている。

都会の飛行は問題が多いが 離島や山間部の活躍に期待

そこでいま、大きな期待を背負って登場しようとしているのがドローンだ。人間が行っている配達をドローンが代わればいいというわけだね。

では、ドローン物流の現状や未来はどうなっているんだろう。

都会でいますぐドローンで荷物を運ぶのは、いくつかの規制のため難しいのが現状だ。でも、国内にはドローンを使って配達できたら、とても助かる場所がたくさんある。

例えば山小屋への輸送はどうだろうか。現状では大量の物資を運ぶときは、ヘリコプターで運んでいる。でも、それには輸送費がかかる。だから必要なものがある程度の量になったときに初めてヘリコプターを手配することになる。いまほしいものを手軽に運んでもらうことはできないわけだ。人が背負って運ぶこともあるけれど、人手が足りないのはここでも同じだ。物資が届けられないと山小屋も運営できないので、人手不足から廃業してしまう山小屋も少なくない。

でも山道なら、ドローンに対する規制も、都市部とは違って少ない。空を飛んで運ぶので、人がかついで運ぶより大幅に時間を短縮できる。

マナビー先生

大学を卒業後、海外で研究者として働いていたが、和食が恋しくなり帰国。しかし科学に関する本を読んでいると食事をすることすら忘れてしまうという、自他ともに認める“科学オタク”。

※従来の情報機器のみならず、日常生活や産業を取り巻くあらゆるものにセンサーと通信機器を取りつけ、インターネット経由で結び、その位置や状態をつねに把握したり遠隔操作したりすることで、様々なサービスを実現する技術。

困っている人のところに素早く必要物資を届ける

実験では15kg程度の荷物を、人の手では2〜3時間かかるものを10分ほどで運ぶことができるそうだ。

山小屋で必要なものは多岐にわたる。食料、水はもちろん、料理するにも調味料がなくてはね。このほかにも山に登って疲れた身体を休めるために必要な物資は多いよね。

山小屋だけではない。山間部の村や、瀬戸内海に浮かぶ離島でもドローンの利用が検討されている。空を飛ぶドローンだけでなく、自動走行のロボットのような運搬装置も色々と検討されているよ。ここまで読んでもらった小さな物流だけでなく、軽トラック程度の量の物資を運べるドローンの研究も進んでいる。

今後どのようなことを考えて技術を進めていけば、ドローンの未来は開けてくるのだろうか。

飛行タイプのドローンに関していえば、航続距離、航続時間を長くとれる機体が求められている。そうなると、ある程度大きな機体が必要になる。また、通信や機体のソフトウエアをハッキングされたりして運送ができなくなっては困るから、安全面の配慮も必要だね。

そうした安全のため、飛行が可能なルートを決めておくことも大事になる。大量の荷物を運べる離発着基地も必要だ。

現在のドローンは人が操縦しているわけだけれど、自動操縦でも安全に飛べるようにすることも必要になるね。オリンピックの開会式で見たドローンのコントロールを考えると、自動操縦についても、かなり研究が進んでいることがわかる。

いま山間部や離島など、使える場所からドローンを利用した運用が始まろうとしている。

国は、2022年度をめどにドローン使用のサービス実現をめざすと宣言した。それって来年だよ。山に登ったとき、ふと見上げるとドローンが物資を運んでいる光景を見ることができるようになる日が近いかもしれないね。

機体の下に荷物を取りつけて、ドローンで食材を配送するサービス。山梨県小菅で実証実験がスタートした【2021年4月28日／提供・朝日新聞社】

なぜなに科学実験室

科学を育む芽は「好奇心」と「感動」から生まれます。「おもしろい」から、もう一度見たいと考え、「不思議だ」の驚きが「なぜだろう」につながるのです。

このページは中学生のみなさんに、そんな好奇心と感動を心に刻んでもらえるような「科学実験」を提供することで、理科、科学に興味を持ってもらおうと企画・編集されています。

例えば「水」は、みなさんの身近にいつも存在するものですが、気体、液体、個体と瞬時に変化することができる性質を持っています。

でも、私たちの日常に深く入り込んでいるため、その不思議さは見逃されがちです。今回はそんな「不思議な水の世界」にご案内します。

不思議な「水」の世界

みなさんこんにちわん！ 「なぜなに科学実験室」の案内役、ワンコ先生です。

今回の実験では「水」の不思議に迫ります。ただ、この実験の過程では水を沸騰させますので、熱湯を扱うことになります。このため、やけどの危険が伴います。１人ではなく保護者といっしょに、必ず軍手をして行うなど、指示に従って慎重に実験してください。

ワンコ先生

用意するもの

❶耐熱で電子レンジ使用可のガラスコップ（８分目ほど水を入れておきます）
❷氷片（２、３個）
❸軍手
※このほか電子レンジを使用します

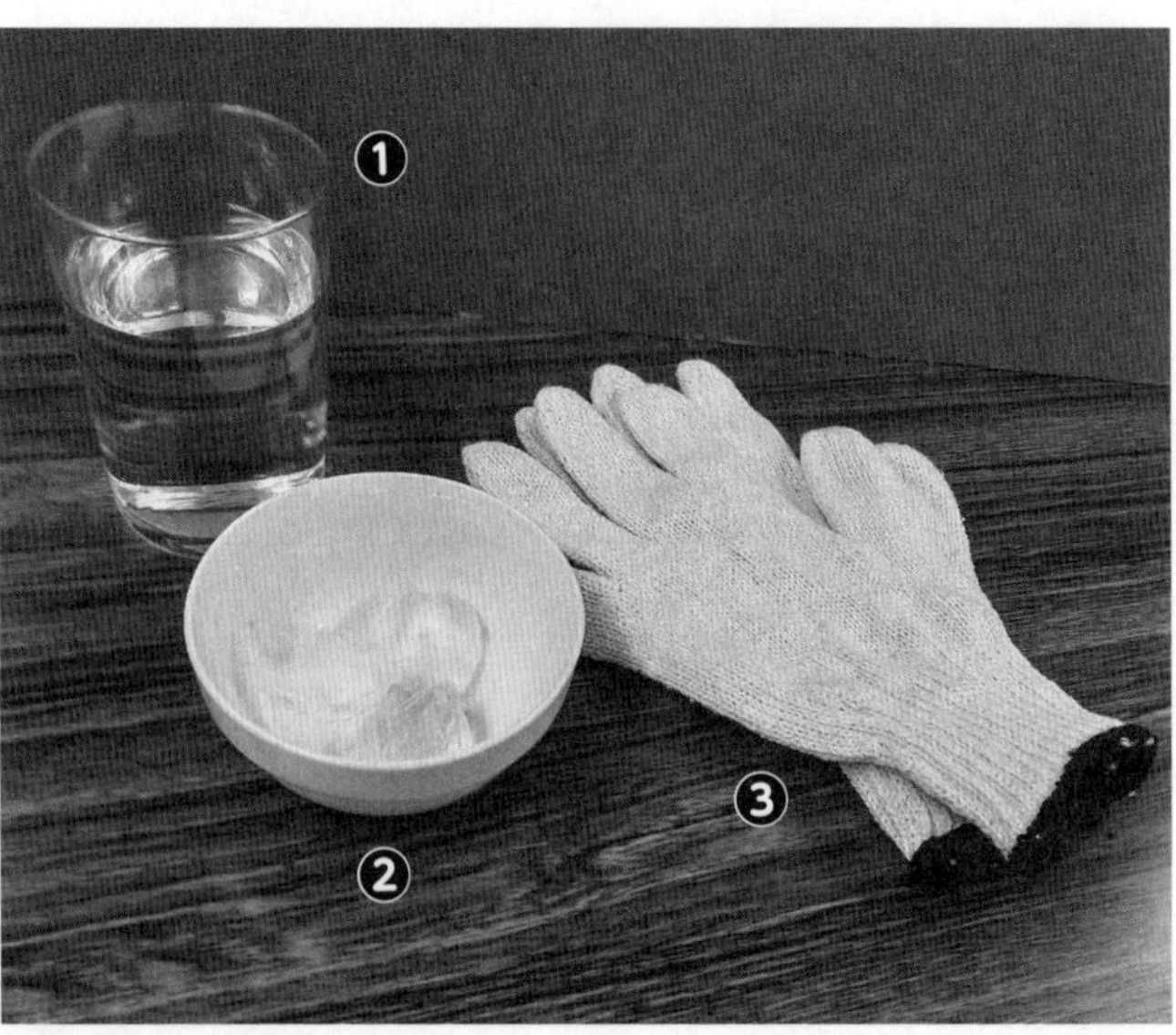

② コップを電子レンジのなかへ

水を入れた耐熱コップ（洗剤でよく洗ったもの）を電子レンジのなかに入れます。

③ 電子レンジで温める

コップの水を電子レンジで温めます。500Wで2分、600Wで1分30秒、700Wで1分ほどですが、あくまでも目安なので水の様子を見ながら温めます。温めすぎると電子レンジのなかで爆発的に沸騰し、熱湯が噴き出して危険です。過熱後、写真のように泡を吹いているときは、そのまま動かさずに泡が落ち着くまで冷まします。

④ 熱湯が入ったコップを取り出す

熱湯が入ったコップを取り出します。このとき、やけどに注意して、コップを揺らさないようにそっと取り出します。

危ないよ！

（作業③〜⑤の注意事項）

87ページで解説しますが、水などの液体を温めると突然、爆発するように沸騰して周囲に液体が飛び散る、危ない現象が起こることがあります。

水は温度が沸点（1気圧のもとでは約100℃）に達すると沸騰します。

しかし、電子レンジのように静かに加熱されるときには、沸点を超えても、ヤカンや鍋で温めたときのように泡をたてての沸騰が起こらず、熱が溜まっていく過沸騰や加熱と呼ばれる状態になっていることがあります。

この状態で、容器を揺するなどのショックが加わると熱湯が周囲に飛び散って大やけどを負うおそれがあります。実際にこれまでも、電子レンジで豆乳を温め、取り出したときに、豆乳が噴き上がりやけどしたという事故が起こっています。

家庭でも、電子レンジで水やスープなどを温めるときには、十分に注意しなければなりません。鍋などで温めた場合は、沸騰すると激しく泡がたつなど、目に見える現象が起きますが、電子レンジでは泡がたたず静かに沸点に達することもしばしば起きるのです。

ですから、この実験の③〜⑤の作業は慎重に進めてください。この現象がどのように起こるのかについては87ページで詳しく解説します。

⑤ コップをそっとテーブルに

電子レンジから取り出した、熱湯が入ったコップをそっとテーブルにおきます。

⑥ 氷の一片を拾い上げて

用意してあった氷の一片を拾い上げます。

⑦ 氷をコップのなかへ

拾い上げた氷を、そっとコップのなかに落とします。これで水の温度はもっと下がるはず。熱湯がはねないよう、気をつけましょう。

⑧ えっ、びっくり。水がまた沸騰！

うわっ、びっくり。一瞬ですが、水はボコボコと激しく沸騰しました。氷で温度が下がったはずなのに不思議ですね。

※⑦⑧では危ないのでコップの上からのぞきこまないようにしましょう

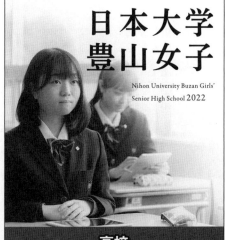

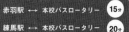

解説 衝撃による振動で水は再沸騰した

今回の科学マジックでは、熱湯に小さな氷を落とすと、水は激しく沸き立ちました。冷たい氷を入れたのに、どうして沸騰したのでしょうか？

コップのなかの水が再沸騰したのは、じつは氷が転がり込んだことによる温度の変化が原因ではなく、その衝撃から生まれた振動が原因だったのです。ですから衝撃を与えたのが氷でなくとも同じ現象は起こります。

水が沸騰する温度（沸点）は、1気圧下では約100°Cとされています。ところが、実際に水を加熱していくと、100°Cになっても沸騰しないことがあります。沸騰が起こるためには、なにかきっかけが必要なのです。

普通は、水のなかにある不純物やヤカンや鍋のキズなどで泡ができ、沸騰のきっかけになりますが、水をきれいな容器で加熱すると、沸点を超えてもなかなか泡が発生せず沸騰しません。このことを「過沸騰」や「過熱」と呼んでいます。

電子レンジのように静かに加熱するときには、沸点を超えても沸騰が起こらず、熱が溜まっていく過沸騰や加熱の状態になっていることが、よくあります。

「突沸」という危ない現象

液体を温めていくと、突然、爆発するように沸騰する、「突沸（とっぷつ）」という現象があります。振動など、きっかけがあると同時に一気に沸騰が起こって爆発する現象です。

85ページで説明した通り、突沸によるアクシデントは家庭のキッチンなどでも起こっています。

過沸騰の状態は、とても不安定なので、ほんの少しのきっかけで突沸を起こします。今回の実験では、沸騰がおさまった直後の過熱したお湯に氷を入れました。

小さな氷のかけらが、再び沸騰を呼び起こすきっかけになり突沸が起こったのです。

突沸を防ぐためには、温め過ぎない、前もってコップのなかに木製のスプーンなどを入れておく、などの方法があります。木製のスプーンには細かい穴があります。これがきっかけとなって泡ができ沸騰してしまいますから、突沸は起こりません。

似たような現象は温度が下がるときにも起きます。水を冷やしていっても凍らない、「過冷却」と呼ばれる現象です。水は、ある程度の大きさの氷の核ができないと凍り始めることができないのです。容器をたたいてショックを与えると全体が一気に凍ります。

過冷却という現象は、同じく「続・不思議な水の世界」として、このページでご紹介する日もくるでしょう。

動画はこちら▶
氷を入れることにより突沸が起こる様子を、こちらの動画でご覧ください。

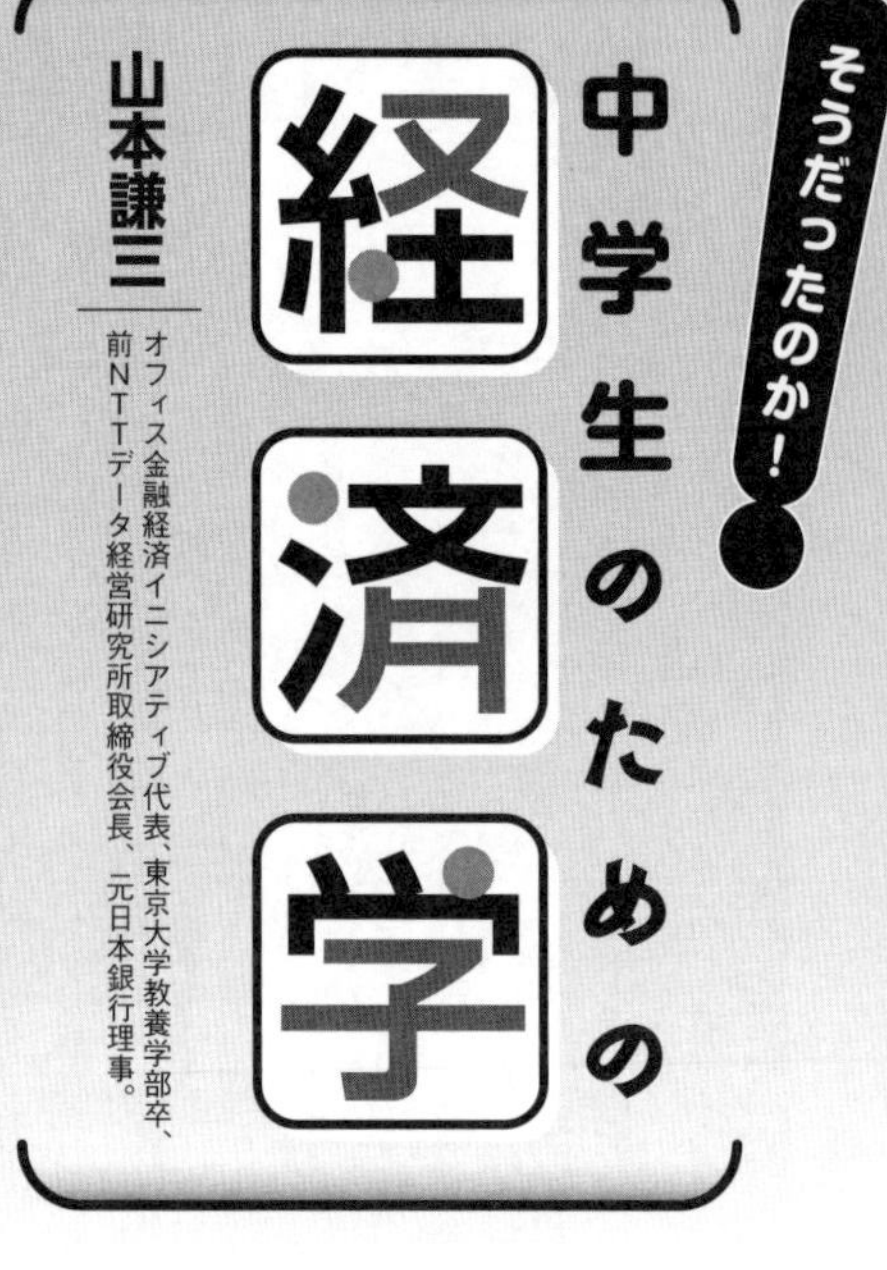

山本謙三
オフィス金融経済イニシアティブ代表、東京大学教養学部卒、前NTTデータ経営研究所取締役会長、元日本銀行理事。

「経済学」って聞くとみんなは、なにか堅～いお話が始まるように感じるかもしれないけれど、現代社会の仕組みを知るには、「経済」を見る目を持っておくことは欠かせない素養です。そこで、経済コラムニストの山本謙三さんに身近な「経済学」について、わかりやすくお話しいただくことにしました。今回は「経済学」そのものについてのお話です。

©R-DESIGN/PIXTA

経済学ってどんな学問？

当コラムのタイトルは「中学生のための経済学」です。今回は改めて経済学とはどのような学問なのかを考えてみたいと思います。

私たちは、中学校では公民のなかの「公民の分野」で、高校では社会科の「政治・経済の分野」で経済学の基礎を学びます。大学では、経済学部や経営学部、商学部などで、より深く研究することになります。

社会科がカバーする経済や政治、法律などの分野は「社会科学」、理科がカバーする分野は「自然科学」と呼ばれます。自然科学が電流や重力、化学変化、生物など自然現象を対象とするのに対し、社会科学は人間と社会のかかわりあいを対象とします。このうち、とくに人々の経済活動に焦点を当て、一定の法則を見つけ出して、社会に役立てようとするのが経済学です。ある仮説を立て、データと照らしあわせて、法則が当てはまるかどうかを検証するのは、自然科学と同じです。

人間相手は難しいけどおもしろい

「モノを買うときは人々は安い価格を望み、売るときは高い価格を望む」といった仮説を立ててみます。この仮説が正しければ、これを基に「モノの価格は需要曲線（買う力）と供給曲線（売る力）の交点で決まる」という法則が導き出されます。

例えば、昨年のコロナ禍で起きたマスク不足を考えてみましょう。買いたい人（需要）の急増で一時は高い値段でしか手に入らなくなりました。放置すれば、マスクを買えるのはお金持ちだけになりかねません。これを不公平とみなし、高額の取引を禁じれば価格は抑えられますが、利益が減って製造業者によるマスクの生産（供給）は増えません。この場合は、政府や自治体が買い取り、一定のルールで人々に割り当てる必要が出てきます。

一方、高額の取引を容認すれば、お金持ちしか手に入れられず、初めは不公平感が高まるでしょう。しかし、利益が出るので製造業者は生産を増やし、いずれ値段は落ち着いてきます。どちらを選ぶかは政治の判断ですが、こうした判断材料を国民に提供するのが経済学の役目となります。

ただし、経済学は人間を相手とするだけに自然科学とは異なる難しさがあります。例えば、人々は突然行動を変えることがあります。昨日までは二酸化炭素（CO_2）の排出量の削減は特段考えないとしていたにもかかわらず、今日からは費用がかかっても排出量を減らすといったことです。また、一般に合理的と考えられる法則だとしても、人々がその通りに行動しないケースもあります。先ほど「モノを買うときは安い価格を望む」といいましたが、面倒くさがって値段を比べることなく、いつも同じ店で買うといったことです。

経済学は、そうした行動の実態や変化を取り込んで、経済活動をできる限り正確に記述しようとする学問です。そこが難しくもあり、おもしろいところです。

PICK UP NEWS
ピックアップニュース！

東京2020オリンピックの開会式で入場行進する日本選手団。（2021年7月23日撮影、東京・国立競技場）写真：時事通信フォト

今回のテーマ

東京2020オリンピック

東京2020オリンピックが、205の国と地域、そして難民選手団から１万1000人あまりが参加して、７月23日から８月８日までの17日間の日程で開催されました。東京での開催は1964年の第18回大会以来57年ぶりです。

当初は2020年に開催予定でしたが、新型コロナウイルスの感染拡大の影響で、丸１年延期しての開催となりました。オリンピックが予定期間をずらして開催されたのは初めてです。

前回のブラジル・リオデジャネイロ大会は28競技306種目で行われましたが、今回は史上最多の33競技339種目で熱戦が繰り広げられました。新たに空手、スケートボード、スポーツクライミング、サーフィン、野球、ソフトボールが加わりました。このうち野球とソフトボールは2008年の中国・北京大会以来の復活です。

今大会で日本は金メダル27個、銀メダル14個、銅メダル17個を獲得しましたが、金メダルの数は1964年の東京大会と2004年のアテネ大会の各16個を大きく上回りました。スケートボードの女子ストリートの西矢椛（にしやもみじ）選手は13歳で、日本で最年少の金メダリストとなりました。また同女子パークで銀メダルを獲得した開心那（ひらきここな）選手は12歳で、日本で最年少のメダリストとなりました。

大会は東京都を中心に９都道県で開催されましたが、2011年の東日本大震災からの復興を記念して、福島県では野球とソフトボール、宮城県ではサッカーの一部が、また猛暑の関係から競歩とマラソンが北海道・札幌で開催されました。

今大会の大きな特徴は新型コロナウイルスの感染拡大のなかで実施されたことです。競技は原則、無観客で行われ、マラソンなどの沿道での応援も自粛が要請されました。選手団や関係者は選手村などに滞在、外出を大きく制限され、移動も決められた手順で行われました。それでも選手団や関係者から感染者が相次ぎ、出場辞退を余儀なくされる選手も出ました。

東京都では大会期間中に感染者が１日に5000人を超える日もあり、猛暑対策とも相まって課題を残す大会となりました。次回は2024年、フランス・パリで開催されます。

ジャーナリスト **大野 敏明**
（元大学講師・元産経新聞編集委員）

思わずだれかに話したくなる
名字の豆知識

第20回

木村の村ってどんな村？

「木村」の由来は樹木の多い村落から

日本で多い名字の18位は「木村」です。全国に約57万3100人いると推定されています。青森で4位、茨城で6位、滋賀、京都で8位、和歌山で11位、香川で12位、大阪で13位、群馬、奈良で14位、北海道、宮城で16位、東京で17位、埼玉、神奈川、広島で18位、山口で19位です。高知と沖縄以外のすべての都道府県で200位以内に入っており、全国的に普遍的な名字といえます。

下に「村」がつく名字としては、8位の「中村」の次に多い名字です。「木村」の次は42位に「西村」、55位に「田村」があります。逆に上に「村」がつく名字の順位のトップは、35位の「村上」です（新人物往来社『別冊歴史読本 日本の苗字ベスト10000』より）。

「木村」は文字通り、樹木の多くある村ということで、海洋民族というよりは、山村民族的な要素を強調した名字です。村落には木々がありますが、木よりも竹が多ければ「竹村」、木も竹も少なく、水田が広がっていれば「田村」といった具合です。

和歌山県はかつて紀伊国といわれましたが、これは木の多い国、すなわち「木の国」のことでした。江戸時代、火事になると紀伊国から材木が運び込まれ、運び込んだ商人の紀伊國屋文左衛門が大儲けしたのは有名な話です。

713年、奈良時代に入って間もなく、国名や地名を整備するときに、嘉字（縁起のよい字）をあてて2字にするようにとの「二字嘉名の詔」が出され、「木の国」の「木」は「紀伊」となりました。

ちなみにこのとき、隣の「泉の国」は「和泉」として2字にしました。同様に「越の国」は「越前」「越中」「越後」に、「毛の国」は「上野」「下野」に、「総の国」は「上総」「下総」に、「吉備（黍）の国」は「備前」「備中」「備後」に、「筑紫の国」は「筑前」「筑後」に、「火の国」は「肥前」「肥後」に、「豊の国」は「豊前」「豊後」にそれぞれ2字の国名になりました。

話がそれましたが、「木村」はこうして樹木が豊富な村落という意味から地名になり、そこに住んだ人が「木村」を名乗ったのです。

意外に少ない？「木村」がつく地名

近江国蒲生郡木村（現・滋賀県東近江市木村町）からは、紀成高が出て、のちに木村姓になります。大坂の陣で活躍した木村重成はこの紀成高の子孫ということになっています。木村重成は冬の陣の和議で徳川家康の血判状の受け取りをしたとされ、夏の陣で討ち死にしています。

「木村」という地名は全国にさぞ多いと想像

されますが、そうでもありません。全国の大字以上ではわずか3カ所だけです。1つは先ほど紹介した滋賀県東近江市木村町です。

滋賀県の木村は1889年までは村名でしたが、それ以降は桜川村の「木」という大字になり、1955年、蒲生町の大字になって再び「木村」に戻り、いまは「木村町」です。これなど、元来が「紀」であったことと関係があると思います。

すなわち、もとは「木」が「紀伊」になり、それが「紀伊村」となり、それが「木村」となり、さらに「木」となり、「木村」に戻ったというわけです。

もう1つは兵庫県豊岡市但東町木村です。1889年までは村名で、その後、資母村の大字となり、1956年から出石郡但東町の大字となり、現在は豊岡市です。

3つ目は、南北朝時代までは「紀伊」といっていたものが、「木村」となったものです。これなども、「木」と「紀伊」が同じであることを示しています。現在は兵庫県加古川市加古川町木村として残っています。

福澤諭吉と渡米した木村喜毅

江戸時代に「木村」という大名はありません。華族にもいません。

旗本の木村家は20家あります。石高のトップは木村弥吉、750石余、次いで木村左門、500石。最低は浜御殿奉行、木村喜之、20俵2人扶持です。20俵は8石なので、旗本としては最下級でしょう。

この木村喜之の子孫から木村喜毅が出ます。彼は幕末、日米修好通商条約の批准書交換のための遣米使節団の一員として、咸臨丸に乗ってアメリカに行きました。福澤諭吉はこの木村喜毅の従者ということにしてもらって渡米しますが、木村は福澤と2人きりになると、「福澤先生」と呼んだそうです。司馬遼太郎は木村のことを「江戸の上澄みのような人物」と好評しています。

また、大相撲の行司に木村家があります。立行司は2人ですが、格上が木村庄之助です。横綱の取り組みしか裁きません。大相撲の行司は木村家と式守家しかありませんが、現在の現役行司45人中28人が木村姓だそうです。

ミステリーハンターQのタイムスリップ歴史塾

十字軍

今回のテーマは世界史から。11～13世紀にかけて、ヨーロッパ諸国がエルサレム奪回をめざして遠征を行った十字軍について勉強しよう。

勇 中世ヨーロッパで、ヨーロッパ各国が軍隊を組織して、イスラム教徒と戦争をしたことがあったんだってね。

MQ 十字軍のことだね。

静 どんな戦争だったの？

MQ 1096年から13世紀後半まで、7回から9回※にわたって、現在のイスラエルのエルサレムを奪回しようと遠征した戦争だ。

勇 ヨーロッパ各国は、なぜエルサレムを奪回しようとしたの？

MQ エルサレムには、キリスト教で神の子とされるイエス・キリストの墓があるので、キリスト教徒であるヨーロッパ人からすると聖地だからだよ。

静 当時、エルサレムはどうなっていたの？

MQ イスラム教徒によって支配されていたんだ。

勇 どうして突然、十字軍を出すことになったの？

MQ ビザンツ帝国と呼ばれた東ローマ帝国が、現在のトルコの大部分を支配していたけど、イスラム王朝のセルジューク朝の侵攻を受けたことが発端だ。ビザンツ帝国の皇帝が、ローマ教皇ウルバヌス2世に軍隊の派遣を要請したんだ。

静 ヨーロッパ各国は素直に軍隊を出したの？

MQ 参加者には罪を免除するという宣言が出され、第1回の十字軍はフランス兵を中心に組織されたんだ。略奪目的の兵も多かったようだ。第1回ではエルサレムを一時的に奪回したものの、イスラム側の抵抗も激しかった。その後も現在のドイツやイタリアなどの地域の兵が十字軍を組織したけど、結局、エルサレムの奪回はできなかった。

勇 イスラム側も強く抵抗したんだね。

MQ イスラム教からすると、エルサレムは預言者ムハンマドが昇天したところで、彼らにとっても聖地なんだ。

静 十字軍は失敗して、それっきりになったの？

MQ 十字軍のなかには略奪を繰り返したり、異教徒征服のために、エルサレム以外の地を攻撃したりする軍もあって、統制がとれなくなっていった。最終的に失敗したことで、ヨーロッパではローマ教皇の権威が衰え始め、逆にイスラムの地域との交易が盛んになった。

さらにイスラムの哲学、科学などがヨーロッパに流入するという副産物も生んだ。ヨーロッパの自由都市の発達も促進したんだ。こうした影響がのちに、ルネサンス（文芸復興）のいしずえになっていくんだね。

※十字軍の遠征回数には諸説あります。

ミステリーハンターQ（略してMQ）
米テキサス州出身。某有名エジプト学者の弟子。1980年代より気鋭の考古学者として注目されつつあるが本名はだれも知らない。日本の歴史について探る画期的な著書『歴史を堀る』の発刊準備を進めている。

山本 勇
中学3年生。幼稚園のころにテレビの大河ドラマを見て、歴史にはまる。将来は大河ドラマに出たいと思っている。あこがれは織田信長。最近のマイブームは仏像鑑賞。好きな芸能人はみうらじゅん。

春日 静
中学1年生。カバンのなかにはつねに、読みかけの歴史小説が入っている根っからの歴女。あこがれは坂本龍馬。特技は年号の暗記のための語呂合わせを作ること。好きな芸能人は福山雅治。

身の回りにある、
知っていると
役に立つかもしれない
知識をお届け!!

サクセス印のなるほどコラム

おいしい「かす」って？

先生、天ぷら好き？

また突然だね。いつものことだけど。

その言い方も、いつものことだよね。

うまく返してくるね（笑）。天ぷら好きだよ。

天ぷらの揚げ玉ってさ、なんで天かすっていうの？

そりゃ〜だって……、まあ、その〜。

はっきり言ってよ！

捨てるようなものだからだよ。「かす」は「不要な部分」という意味だよね。天かすは「天ぷらのかす」の略で、天ぷらを揚げるときに具材につけた衣が、具材から離れてしまったものをいうんだ。

捨てる？　もったいない……。

そうなんだよ。だから言いにくかったんだ。

天かすって揚げ玉だよね？

地域によって呼び名が変わるみたいだけど、まあ、そういうことだ。

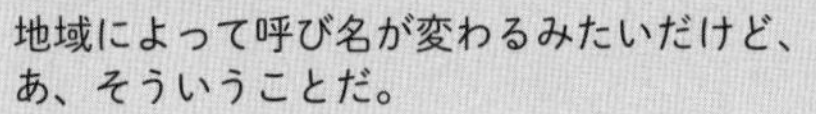

捨てるのはもったいないけど、確かに天かすが料理のメインになることってないよね。

そうでもないんだよ。京都に仕事に行ったとき、お店で「ハイカラ丼」って書いてあったから、なにが出てくるかを楽しみに頼んでみたんだ。

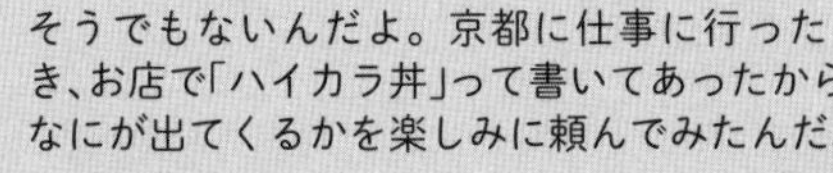

ハイカラ丼？　もしかして天かすがメイン？

そういうこと！　天かすの玉子とじ丼だった。これがうまい！

天かすが乗ってるたぬきそばみたいな感じで、たぬき丼とはいわないんだね。

そういえば、関西でたぬきそばを頼むと油揚げがトッピングされていて驚いたことがある。

どういうこと？　油揚げトッピングはきつねそばじゃないの？

そう、だから、きつねに化（ば）かされたからたぬきそばということらしい。

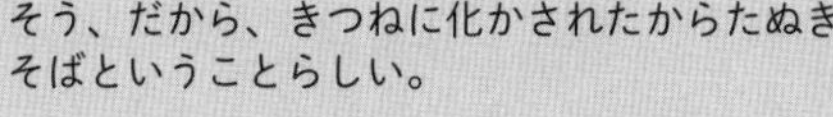

ますますわからない……。

関西ではそばよりもうどんをよく食べるから、きつねうどんに対してたぬきそばって感じで区別してるみたい。まあ、昔の話だけどね。

さっきの話だけどさ、ハイカラ丼のことを考えると揚げ玉を天かすって呼ぶのは揚げ玉に失礼だよね。

同感！　天かすは色々な食べものを脇役としておいしくしてくれるしね。

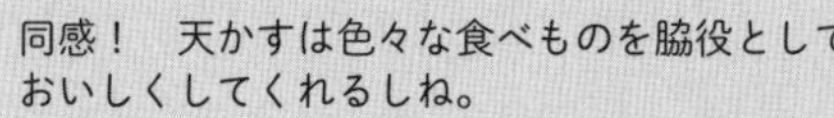

お好み焼きや焼きそばにも入れたりするよね。

おいしい「かす」はほかにもあるよ。例えばかすうどん！

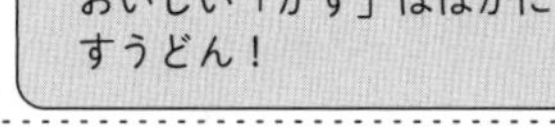

天かすのうどん？　それ、たぬきうどんじゃない？　また化かす？

かすはかすでも油かす。大阪名物かすうどん、らしい。

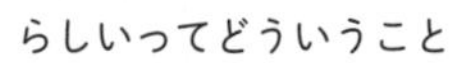

らしいってどういうこと？

食べたことないんだけど、関西の友だちが言ってた。おいしいらしいよ。

油かすって、なに？

牛の小腸（ホルモン）を細かく刻み、油でじっくりと揚げ、水分や余分な脂分を飛ばしたもので、高タンパク・低脂肪・コラーゲンたっぷりの食材らしく、うどんのトッピングになるみたい。食べてみたいんだけど、関東じゃなかなかお目にかかれないんだよね。

そうなんだ〜。どんな味なのかなあ。大阪に行くことがあったら本場のかすうどんを味わってみたい！

料理にはおいしい「かす」が色々あるね！

中学生でもわかる
高校数学のススメ

高校数学では、早く答えを出すことよりもきちんと答えを出すこと、つまり答えそのものだけでなく、答えを導くまでの過程も重視します。なぜなら、それが記号論理学である数学の本質だからです。さあ、高校数学の世界をひと足先に体験してみましょう！

written by
湯浅 弘一 ｜ ゆあさ・ひろかず／湘南工科大学特任教授・湘南工科大学附属高等学校教育顧問

Lecture! 2次式が因数分解できる条件

例題　次の３つの式を因数分解してください。
(1) x^2-2x+1　(2) x^2-1　(3) x^2-5x+4

今回は中学３年生レベルからのお話です。中３生なら取り組めたかな？

因数分解した結果は以下の通りです。
(1) $x^2-2x+1=\boldsymbol{(x-1)^2}$
(2) $x^2-1=\boldsymbol{(x+1)(x-1)}$
(3) $x^2-5x+4=\boldsymbol{(x-1)(x-4)}$
これらの式、じつは因数分解できる特徴があるのです。

なんと！　ax^2+bx+cのにおいて$\sqrt{b^2-4ac}$のルートがはずれるのです！

早速確かめてみましょう。
(1) x^2-2x+1の$\sqrt{b^2-4ac}=\sqrt{(-2)^2-4\cdot1\cdot1}=0$
(2) x^2-1であればx^2+0x-1とみて$\sqrt{b^2-4ac}=\sqrt{0^2-4\cdot1\cdot(-1)}=\sqrt{4}=2$
(3) x^2-5x+4の$\sqrt{b^2-4ac}=\sqrt{(-5)^2-4\cdot1\cdot4}=\sqrt{9}=3$
すべてルートがはずれました。なぜなら、元々、**「因数分解の係数は有理数である」**というルールがあるので、係数にはルートをつけてはいけません。
ですから、２次方程式$ax^2+bx+c=0$の解の公式、
$x=\dfrac{-b\pm\sqrt{b^2-4ac}}{2a}$の一部分の$\sqrt{b^2-4ac}$のルートがはずれないといけないわけです。これを使えば、与えられた２次式を因数分解で解くか？　解の公式で解くか？　の目安になります。

今回学習してほしいこと

xの２次式ax^2+bx+cが因数分解できるならば、
$\sqrt{b^2-4ac}$のルートがはずれる。

さあ、早速練習です！　左ページに上級、中級、初級と３つのレベルの類題を出題していますので、チャレンジしてみてください。

練習問題

上級

xの４次式x^4-4を因数分解しなさい。

中級

xの２次式$2x^2+5x+a$が因数分解できる負でない整数aは何個ありますか。

初級

xの２次式$A=12x^2+20x+3$は因数分解できますか。
できるならば、Aを因数分解しなさい。

解答・解説は次のページへ！

解答・解説

上級

４次式が登場するととまどうかもしれませんが、考え方は同じです。

$x^4-4=(x^2)^2-2^2$

と考えると

$x^4-4=(x^2+2)(x^2-2)$

と因数分解できます。

正解は$\boldsymbol{(x^2+2)(x^2-2)}$です。

[注意！]

よくこの式を

$x^4-4=(x^2+2)(x^2-2)$

$=(x^2+2)(x+\sqrt{2})(x-\sqrt{2})$

まで式を変形して答える人をときどき見かけますが、

これは因数分解とはいいません。

なぜなら、「Lecture！」のページで説明したように、

もともと、「因数分解の係数は有理数である」というルールがあるので、

係数にはルートがついてはいけないのです。

高校数学Ⅱ（高校２年生程度）においては、

このようなルートなどを含んだ因数分解を“実数係数因数分解”といい、

“因数分解”とは言葉を分けて教わりますので注意してください。

答え	$\boldsymbol{(x^2+2)(x^2-2)}$

中級

$2x^2+5x+a$が因数分解できるならば、$\sqrt{b^2-4ac}$のルートがはずれます。
そこで$\sqrt{b^2-4ac}$を計算すると
$\sqrt{5^2-4\cdot2\cdot a}=\sqrt{25-8a}$……①
①のルートのなかが0以上であることに注意すると、$25-8a\geqq0$
これを満たす整数aは3以下。

さらに"負でない整数"とは0以上の整数のことですから、$a=0, 1, 2, 3$

これを順に①に代入していくと、$a=0, 2, 3$の3つの数のときにルートがはずれます。よって答えは**3つ**。

[注意！]"負でない整数"とは"正の整数"ではありません。数の符号は正の数、負の数、そして0。

したがって、負でない整数には0が入ることをお忘れなく！

答え　3個

初級

$A=12x^2+20x+3$の$\sqrt{b^2-4ac}$を計算すると$\sqrt{20^2-4\cdot12\cdot3}=\sqrt{256}=16$
ルートがはずれましので、このAを因数分解することができます。
たすきがけをします。2次式の係数12に注意してください。

$$
\begin{array}{ccc}
2 & \searrow\nearrow & 3=18 \\
\times & & \times \\
6 & \nearrow\searrow & 1=2 \\
\hline
12 & & 3 \quad 20
\end{array}
$$

したがって、$A=12x^2+20x+3=$ **$(2x+3)(6x+1)$と因数分解できます。**

答え　$(2x+3)(6x+1)$と因数分解できる

海のなぞに挑む科学者たちが 深海のわくわくに魅せられる理由とは

今月の1冊

『なぞとき 深海1万メートル』
暗黒の「超深海」で起こっていること

著／蒲生俊敬、窪川かおる
刊行／講談社
価格／1980円（税込）

深海……。筆者の世代ならフランスの作家ジュール・ベエルヌの想像から生まれた『海底二万里』という海洋冒険小説に胸を躍らせたものだが、いま深海は、宇宙と同じように、想像の世界から「行くことができる」場所に変わりつつある。

じつは日本は深海に囲まれていて、研究者にとっては非常に恵まれた環境なのだという。さらに「超深海」と呼ばれる深度6000mを超える海溝が手の届くところにあるのだとも。

日本には「しんかい6500」という有人潜水船があり、その活躍は聞いたことがあるかもしれない。しかし、世界にはしんかい6500では潜れない深度1万mを超える超深海が存在し、海外にはその最深部にも行ける有人潜水艇が数台存在する。そこは1000気圧を超える水圧に耐えられなければならない場所なわけで、その建造は費用も含め容易ではない。

この3年、アメリカ、中国で相次いで超深海にも耐えられる有人潜水艇が建造され、世界最深といわれるマリアナ海峡にある最大深度1万920mの海淵への科学的探査を何度も成功させている。

なぜ科学者たちは、これほどまでに超深海に魅せられるのだろうか。著者はこう述べている。「海面からは決して見えず、簡単に行くこともできない深海、さらに超深海は、なぜそんなに深いのか、そこにはどんな風景が広がり、どのような海水があり、どんな生物がいるのか（いないのか）。そんなわくわくするなぞに引き寄せられる」と。

彼らのつきない興味のおかげで、深海でも海水は流れ続け上下にかきまぜられていること。大きな水圧がかかる水深1万mあたりにもナマコが生息していること。海底には温泉の噴出口があることなどが解明されてきた。

その温泉が生命誕生のカギを握っているのではないか、との研究も進められている。

深海のロマンに懸ける男が登場する探検譚も興味深い。

さあ君も、この本を開いて彼らの「わくわく」に、ちょっとつきあってみては。

映画にまつわる物語

ウォルト・ディズニーの約束

2013年／アメリカ
監督：ジョン・リー・ハンコック

「ウォルト・ディズニーの約束」
ディズニー公式動画配信サービス、ディズニープラスで配信中
© 2021 Disney
Blu-ray、DVDも発売中

知られざる名作誕生秘話

世界的に有名なミュージカル映画「メリー・ポピンズ」製作の舞台裏を描いた一作です。

長年にわたりウォルト・ディズニー本人が熱望していた「メリー・ポピンズ」の映画化。原作者のP.L.トラヴァースはその打診を断り続けてきましたが、ついに契約のためウォルトの会社を訪れます。

ところがそこでもトラヴァースはスタッフの脚本やアイディアをかたくなに拒否し続けるために製作は難航。スタッフは困り果てますが、彼女がそんな態度をとるのには、ある理由がありました。いったいその理由とはなんなのでしょうか？

原作者のバックグラウンドを知ることで“夢の世界”の尊さを改めて知ることができるとともに、映画製作に携わるスタッフの情熱や作品への愛情も感じられます。

キツツキと雨

2012年／日本
監督：沖田修一

「キツツキと雨」
DVD発売中
価格：5,170円（税込）
発売元・販売元：KADOKAWA

映画がつないだ一期一会の縁

静かな山あいの村で木こりとして生計を立てる克彦は、ある日、B級ゾンビ映画を撮影するために村へやってきた新人映画監督の幸一らと出会い、なぜかそのままエキストラとして撮影に参加することに。とまどいながらも、徐々に映画製作の楽しさを知っていきます。

一方、気が弱いせいで現場を思うようにまとめられず悩む幸一も、克彦との出会いをきっかけに少しずつ成長を遂げていきます。そんな２人の交流を機に、村の人々も映画製作にかかわることになり……。

人と人との出会いは、ときに人の気持ちをも大きく動かします。活気づく撮影隊や村の人々の表情を見ているうちに、きっと観ている方の気持ちも前向きになることでしょう。人と出会うことのすばらしさを実感できる映画です。

ヒューゴの不思議な発明

2011年／アメリカ
監督：マーティン・スコセッシ

「ヒューゴの不思議な発明」
Blu-ray発売中
価格：2,075円（税込）
発売元：NBCユニバーサル・エンターテイメント
DVD（1,572円）も発売中

少年がたどる映画の歴史

舞台は1930年代のフランス・パリ。身寄りがないために、駅の時計台のなかに隠れ住んでいる少年・ヒューゴは、亡き父が遺した壊れた機械人形を修理することを夢見ながら、たった１人孤独な日々を送っていました。

そんなヒューゴの運命は、駅構内にたたずむおもちゃ屋の店主・ジョルジュと、彼の養女であるイザベルと出会ったことで、大きく動き出していきます。じつは機械人形にはある秘密が隠されており、その秘密はジョルジュ、そして映画の歴史にかかわるものだったのです。

巨匠マーティン・スコセッシ監督が映画への愛を随所に散りばめた本作は美しい映像や音楽も見どころで、アカデミー賞で５部門（撮影賞、美術賞、視覚効果賞、録音賞、音響効果賞）を受賞しています。

6月号の答えと解説

解答 ウ

解説

C～Eについて、それぞれ最もよかったときの順位を［1］、最も悪かったときの順位を［3］と表して、A～Eの5人の発言を整理すると図1のようになります。

図1

	A	B	C	D	E
1回目	3位		［1］	［1］	［2］
2回目		3位	［3］	［2］	［3］
3回目			［2］	［3］	［1］

C～Eは、最もよかったときの順位が3位以上でなくてはなりません。よって、CとDの1回目の順位は、Aが3位であることから、どちらか一方が1位で他方が2位となります。すると、Eの1回目の順位は、最も悪いのが2回目であることから、4位でなくてはなりません。これより、Bの1回目の順位は5位と決まります。

図2

	A	B	C	D	E
1回目	3位	5位	2位	1位	4位
2回目	1位	3位	4位	2位	5位
3回目			3位		

次にC～Eは、最も悪かったときの順位が3位以下でなくてはなりません。よって、CとEの2回目の順位は、Bが3位であることから、どちらか一方が4位で他方が5位となります。ところがEの1回目の順位が4位ですから、2回目の順位は5位となり、Dは4位と決まります。また、Dの2回目の順位は最もよいのが1回目であることから、2位でなくてはなりません。これより、Aの2回目の順位は1位と決まり、さらに、Dの1回目の順位は1位、Cは2位と決まり、Cの3回目の順位は3位と決まります。（図2）

図3

	A	B	C	D	E
1回目	3位	5位	2位	1位	4位
2回目	1位	3位	4位	2位	5位
3回目	2位	4位	3位	5位	1位

図2より、2回目が終わった時点でAの合計得点は6＋10＝16点、Dの合計得点は10＋8＝18点です。ですから、Aの合計得点が5人中トップになるためには、3回目にDよりも4点以上多く得点しなくてはなりません。したがって、3回目のAとDの順位はAが2位以上で、Dが4位以下と決まります。これより、Aの合計得点は、（16＋10＝）26点か（16＋8＝）24点です。　……㋐

また、3回目のEの順位は2位以上なので、Bの順位は4位以下となります。したがって、Bの合計得点は（2＋6＋4＝）12点か、（2＋6＋2＝）10点です。このとき、Aの合計得点がBより12点多いので、Aの合計得点は、（12＋12＝）24点か、（10＋12＝）22点です。　……㋑

㋐、㋑より、Aの合計得点は24点と決まりますから、3回目の順位はAが2位、Bが4位、Dが5位、Eが1位と決まります。（図3）

今月のプレゼント！

小さくて機能的な「ルーズリーフミニ」

無地や色つきなど様々な種類をそろえる、マルマンの「書きやすいルーズリーフ」シリーズ。みなさんも店頭で見たことがあるのではないでしょうか？　そんな定番シリーズから、ミニサイズで便利な「ルーズリーフミニ」をご紹介します。

縦86ｍｍ×横129mmと通常のB5サイズよりもはるかに小さく、多様な使い方ができるのが魅力です。あらゆるサイズのバインダーに対応しており、付箋感覚で使用できてスケジュール管理やToDoリストの整理に最適。ミニサイズ用のバインダーもあり、オリジナルの単語帳作りにもぴったりです。

今回は、使いやすい「メモリ入6mm罫」のルーズリーフミニと、専用バインダー「INTO ONE＋」をセットにして5名さまにプレゼントします。

今月号の問題

英語クロスワードパズル

カギを手がかりにクロス面に単語を入れてパズルを完成させましょう。
最後にa～fのマスの文字を順に並べてできる単語を答えてください。

1		2		■	3	4		5c	
	■		■	6	■		■		■
7	e		■	8					9
	■	10			■		■	■	
			■		■	11	12	a	
13		b	14	■	15	■		■	
	■	■		■	16			■	
17	18				■		19d		
■		■		■		■		■	
20			f		■	21			

ヨコのカギ
1 ____ in.（お入りなさい）
3 ⇔ white
7 the color of blood or fire
8 ____ controller（リモコン）
10 ⇔ live
11 試験、検査
13 Have you ____ been to Paris?
（今までにパリに行ったことがありますか。）
16 使う、用いる
17 歌手
19 走る、（水が）流れる
20 布、服地
21 型、タイプ

タテのカギ
1 不注意な、軽率な
2 There is a small island in the ____ of the lake.
（湖の真ん中に小さな島がある。）
4 限界、限度
5 切る、切り離す
6 ____ time（自由時間）
9 ⇔ exit
12 気力、エネルギー
14 ⇔ wrong、left
15 確かな、確信して
18 ≒ sick

応募方法

下のQRコードまたは104ページからご応募ください。
◎正解者のなかから抽選で右の「**ルーズリーフミニ**」をプレゼントいたします。
◎当選者の発表は本誌2022年２月号誌上の予定です。
◎応募締切日 2021年10月10日

6月号パズル当選者（全応募者28名）

高　梓音さん　（中１・埼玉県）
重元　隆佑さん　（中２・神奈川県）
洲崎　俊仁さん　（小６・茨城県）
水野　裕梨恵さん　（中３・東京都）

読者が作る おたよりの森

テーマ
おもしろい友だち

食べものの好き嫌いが独特な友だち。キノコは好きだけどエリンギだけ食べられないとか、カレーのタマネギはいいけど肉じゃがのタマネギはだめとか。なんでだろう？
（中１・なんでも食べますさん）

先生が話したギャグの意味がわからずに「え、どういうことですか？」と**いちいち質問する**人。傍から見ていると、本当に脇腹が痛いです。
（中２・うみんちゅさん）

友だちはよく**不思議な歌**を作って歌っています。ついつい私も覚えて口ずさんでしまうんですよね。
（中３・ぽっぽさん）

植物に詳しい友だちは**草花の名前**を聞くとなんでも答えてくれます。愛読書は植物図鑑らしい。
（中１・アイビーさん）

一発ギャグを作るのが趣味の友だち。大体すべってるけど、たまにツボに入るのであなどれません。
（中２・R2さん）

なんでも**ダンスで表現**するダンス部の友人。この前は「梅干しがすっぱすぎたダンス」を即興で踊ってた。
（中１・テミン推しさん）

テーマ
お気に入りの癒しスポット

祖父の家の縁側。そこで祖父と将棋をさすのがぼくの癒しの時間。
（中２・将棋部期待の星さん）

コロナ禍になる前はよく、**すみだ水族館**に行ってペンギンを見ていました。また気兼ねなく行けるようになったらいいな。
（中２・相関図がすごい！　さん）

学校の図書館の**図書委員しか入れないスペース**が、少し狭いけど特別感があって好き。
（中１・O.Nさん）

キャンプになかなか行けないので、**庭**にテントをはってキャンプ気分を味わっています！
（中２・△さん）

自宅から自転車で30分のところにある**海**が癒しスポット。夕日が水平線に沈んでいくのがきれい。
（中１・ひよこさん）

新宿御苑の藤棚です！　好きな映画の舞台にもなったところで、藤の花が咲く５月ごろに行くのがおすすめです。
（中３・うちゃさん）

テーマ
秋の思い出

中１のときの**合唱コンクールで優勝**し、クラス全員でやった三本締め！
（中３・YRさん）

なぜかセーターを着ている男子がかっこよく見えてしまう私。だから秋は**ひと目惚れ率**が高くて……。
（中２・恋する中２さん）

小学生のときに**モミジの落ち葉で作ったしおり**をいまも大切に使っています。
（中１・籾山さん）

ブドウ狩りに行き、おいしくて食べ過ぎてしまいお腹を壊した。なにごともやり過ぎはよくないね。
（中３・それでも食べたいさん）

コロナ禍以前は、毎年祖父母の畑で**イモ掘り**をしていました。自分で掘ったイモで作る焼きイモは格別においしいので、また行きたいな！
（中３・OIMOTSさん）

必須記入事項

名前／ペンネーム／学年／郵便番号／住所／本誌をお読みになっての感想／投稿テーマ／投稿内容

右のQRコードからケータイ・スマホでどしどしお寄せください！
住所・氏名は正しく記入してください

Present!! 掲載された方には抽選で３名に**図書カード**をお届けします！
（500円相当）

募集中のテーマ

「我が家のユニークな習慣」
「やってみたいスポーツ」
「１人時間の楽しみ方」

応募〆切2021年10月10日

ここから応募してね！

ケータイ・スマホから上のQRコードを読み取って応募してください。

掲載にあたり一部文章を整理することもございます。個人情報については、図書カードのお届けにのみ使用し、その他の目的では使用いたしません。

10月号

表紙：早稲田大学本庄高等学院

FROM EDITORS 編集室から

色々な研究を取り上げるコーナー「研究室にズームイン」。今号では初めて京都大学の先生に取材しました。松岡先生は脊椎動物の化石研究を専門としている方です。研究室はまるで博物館のように、様々な化石や標本があって、思わず目を奪われました。そして、化石研究に必要なデータを集めるため、自ら現存する動物の解剖をしていると聞き、とても驚きました。

取材をして最も印象に残ったのは、松岡先生がご自身の研究について、終始とても楽しそうに語ってくださったこと。その話を聞いていて、なにか物事に取り組むときに一番大切なのは、「楽しむ気持ち」なのだと教えてもらった気がします。（S）

Next Issue　秋・増刊号

Special

君を成長させてくれる大学とは

絵で残す議事録 グラフィックレコーディングを学ぼう

※特集内容および掲載校は変更されることがあります。

Information

『サクセス15』は全国の書店にてお買い求めいただけますが、万が一、書店店頭に見当たらない場合は、書店にてご注文いただくか、弊社販売部、もしくはホームページ（104ページ下記参照）よりご注文ください。送料弊社負担にてお送りします。定期購読をご希望いただく場合も、上記と同様の方法でご連絡ください。

Opinion, Impression & ETC

本誌をお読みになられてのご感想・ご意見・ご提言などがありましたら、104ページ下記のあて先より、ぜひ当編集室までお声をお寄せください。また、「こんな記事が読みたい」というご要望や、「こういうときはどうしたらいいの」といったご質問などもお待ちしております。今後の参考にさせていただきますので、よろしくお願いいたします。

サクセス編集室 お問い合わせ先

TEL : 03-5939-7928　FAX : 03-3253-5945

今後の発行予定

発行日	号	発行日	号
10月15日	秋・増刊号	2022年3月15日	2022年4月号
11月15日	12月号	2022年5月15日	2022年6月号
2022年1月15日	2022年2月号	2022年7月15日	2022年8月号

FAX送信用紙

※封書での郵送時にもコピーしてご使用ください。

101ページ「英語クロスワードパズル」の答え

氏名　　学年

住所（〒　　-　　）

電話番号

（　　　）

現在、塾に

通っている　・　通っていない

通っている場合

塾名

（校舎名　　　）

面白かった記事には○を、つまらなかった記事には×をそれぞれ３つずつ（　）内にご記入ください。

（　）05 これぞ新時代！ 自動運転バスがかなえる 自由な移動
（　）12 Special School Selection 早稲田大学本庄高等学院
（　）18 公立高校WATCHING 東京都立立川高等学校
（　）22 ワクワクドキドキ　熱中部活動 桐光学園高等学校　文藝部
（　）28 志望校はどう決める？ まずは公立高校か私立高校か？
（　）31 第１志望校はこう決める
（　）34 受験生のための明日へのトビラ
（　）36 スクペディア　開智未来高等学校
（　）37 スクペディア　京華商業高等学校
（　）38 高校受験質問箱
（　）42 帰国生が活躍する学校 中央大学杉並高等学校
（　）49 中学生の未来のために！ 大学入試ここがポイント
（　）50 東大入試突破への現代文の習慣
（　）53 その研究が未来を拓く 研究室にズームイン
（　）64 こちら東大はろくま情報局
（　）66 キャンパスデイズ十人十色
（　）68 現役東大生に聞きました 母校の魅力 早稲アカ大学受験部の魅力 開成高 編
（　）81 耳よりツブより情報とどきたて
（　）82 マナビー先生の最先端科学ナビ
（　）84 なぜなに科学実験室
（　）88 中学生のための経済学
（　）89 ピックアップニュース！
（　）90 思わずだれかに話したくなる 名字の豆知識
（　）92 ミステリーハンターQの タイムスリップ歴史塾
（　）93 サクセス印のなるほどコラム
（　）94 中学生でもわかる 高校数学のススメ
（　）98 Success Book Review
（　）99 サクセス映画館
（　）100 解いてすっきり　パズルでひといき
（　）102 読者が作る　おたよりの森

FAX.03-3253-5945

FAX番号をお間違えのないようお確かめください

サクセス15の感想

高校受験ガイドブック2021 ⑩　Success15

発　行：2021年９月17日 初版第一刷発行
発行所：株式会社グローバル教育出版　〒101-0047 東京都千代田区内神田2-5-2 信交会ビル3F
ＴＥＬ：03-3253-5944
ＦＡＸ：03-3253-5945
Ｈ　Ｐ：http://success.waseda-ac.net/
e-mail：success15@g-ap.com

郵便振替口座番号：00130-3-779535
編　　集：サクセス編集室
編集協力：株式会社 早稲田アカデミー

【個人情報利用目的】ご記入いただいた個人情報は、プレゼントの発送およびアンケート調査の結果集計に利用させていただきます。